Angela Schickhoff

Schule ist kein Naturgesetz

Wie ein Dogma unsere Demokratie gefährdet

Eine Streitschrift

Zum Buch
Die Corona-Krise legte einige Probleme unseres Schulsystems deutlich offen. Zum Beispiel, dass unser gesamtes Wirtschaftssystem in eher unrühmlicher Weise auf diesem beruht. Die Kinder müssen aufbewahrt werden, während die Eltern arbeiten. Ohne den Zwang zum Schulbesuch könnte unsere heutige Arbeitswelt nicht funktionieren.
Wir glauben, dass Schulen für unsere Bildung unentbehrlich sind. Aber vielleicht unterliegen wir damit einer jahrhundertealten kollektiven Illusion. Womöglich garantiert der Schulbesuch überhaupt keine Bildung, sondern eine bestimmte Wirtschaftsordnung. Schulen sollen die bestehenden wirtschaftlichen Verhältnisse reproduzieren. Sie führen zu Zertifikaten, für die Noten – nicht Bildung – wichtig sind und damit zu verschiedenen Lebenschancen.
Heute leben wir in einer Demokratie, die verantwortungsvolle und mündige BürgerInnen benötigt, um zu funktionieren. Können diese in Schulen geschaffen werden? Oder wird dort das dafür notwendige Selbstbewusstsein unserer Kinder zerstört?
Die Krise zeigte auch, dass Homeschooling keine Alternative zu Schulen darstellt. Es verschiebt nur schulischen Unterricht – mit all seinen Problemen – nach Hause.
Wir brauchen aber ein ganz anderes Bildungswesen, eines, in dem junge Menschen sich selbstbestimmt bilden können, um unsere Demokratie zu erhalten und zu entwickeln. Und wir können uns ein solches Bildungswesen schaffen, denn: Schule ist kein Naturgesetz!

Zur Autorin
Angela Schickhoff, Jahrgang 1970, lebt mit Mann, vier Kindern und zwei Katzen in Potsdam. Seit mittlerweile 20 Jahren beschäftigt sie sich mit schulkritischen Themen und ist zu der Überzeugung gelangt, dass wir Schulen, wie sie heute existieren, ersatzlos abschaffen und ein ganz anderes Bildungswesen erschaffen müssen. Drei ihrer Kinder besuchen seit einigen Jahren keine Schule mehr, so dass sie den Nutzen von Selbstbestimmter Bildung in der eigenen Familie beobachten konnte. In einem früheren Leben hat die Autorin ein Studium der Germanistischen Linguistik und Geschichte abgeschlossen. Ein Studium der Bildungswissenschaft brach sie ab, da sie mittlerweile Pädagogik als Gesamtkonstrukt stark in Frage stellt. Zurzeit studiert sie Jura.

Angela Schickhoff

Schule ist kein Naturgesetz

Wie ein Dogma unsere Demokratie gefährdet

Eine Streitschrift

Originalausgabe
Zweite, durchgesehene Auflage
Copyright 2021 by Autumnus Verlag, Berlin
Das Werk ist urheberrechtlich geschützt.
Kein Teil des Werkes darf in irgendeiner Form
(durch Photographie, Mikrofilm oder andere Verfahren)
ohne schriftliche Genehmigung des Verlages reproduziert
oder unter Verwendung elektronischer Systeme
verarbeitet, vervielfältigt oder verbreitet werden.
Covergestaltung: Haakon Auster
Printed in Europe
ISBN 978-3-96448-038-5
www.autumnus-verlag.de

Inhalt

Worum es geht	7
Begriffsbestimmungen: Bildung, Erziehung, Sozialisation	10
Die Rolle der Pädagogik	27
Der Geburtsfehler von Schule	43
Schulen als Orte des Lernens	70
Die Funktionen von Schulen	98
Über die Reproduktion von Demokratie	111
Die häufigsten Argumente für eine Schulpflicht	124
Kinderrechte	152
Freie Alternativschulen	156
Die Rolle von LehrerInnen	162
Bildungspflicht statt Schulpflicht!?	167
Schulisches vs. Selbstbestimmtes Lernen	172
Maßnahmen gegen Menschen, die Nein sagen	181
FreilernerInnen in Deutschland	195
Drapetomanie	207
Über die Zustimmung der Mehrheit	211
Gehorsam als die Wurzel allen Übels	219
Angst vor Kontrollverlust	228
Skizze eines anderen Bildungswesens	237
Schule in Zeiten von Corona	253
Mut zur Demokratie!	277
Aufruf zum Widerstand!	288

Gewidmet meinen drei Töchtern und meinem Sohn, die ihr
Recht wahrgenommen haben,
Nein zu sagen.

„Die Grundlage der Demokratie ist die Volkssouveränität und nicht die Herrschaftsgewalt eines obrigkeitlichen Staates. Nicht der Bürger steht im Gehorsamsverhältnis zur Regierung, sondern die Regierung ist dem Bürger im Rahmen der Gesetze verantwortlich für ihr Handeln. Der Bürger hat das Recht und die Pflicht, die Regierung zur Ordnung zu rufen, wenn er glaubt, dass sie demokratische Rechte missachtet."

Gustav Heinemann

Worum es geht

„Wie – ich muss da jetzt jeden Tag hin?"
　　　　　　　　　　　　　Unser Sohn nach seiner Einschulung.

Für ein Kind, das bald eingeschult wird, ist die Welt meist voller Aufregung und freudiger Erwartung. Hat es doch immer wieder gehört, dass es in der Schule nun endlich etwas lernen, dass es jetzt ein großes Kind wird. Eltern, Verwandte, zukünftige Lehrkräfte – alle versprühen Begeisterung und Stolz. Es gibt ein Fest und Geschenke und natürlich eine Zuckertüte. Vielleicht durfte das Kind auch schon in der zukünftigen Schule schnuppern. Alle dort waren vermutlich freundlich und zugewandt, es durfte nach Herzenslust gespielt, gemalt, gebastelt werden. Die Vorfreude ist also groß. Schule – das muss ein ganz toller Ort sein...

Im September 2017 wurde der 300. Jahrestag der Schulpflicht gefeiert, wobei dies nur ein Jubiläum unter vielen möglichen ist. Es bezog sich auf deren Einführung in Preußen im Jahre 1717. Auch 2019 wurde der Schulpflicht gedacht. Gemeint war dieses Mal ihre Festlegung für ganz Deutschland in der Weimarer Reichsverfassung im Jahre 1919.

Über das Datum ihrer Einführung kann also offensichtlich gestritten werden. Aber klar ist, dass die Schulpflicht heute von den meisten Menschen als positive und unbedingt notwendige Einrichtung angesehen wird. Einige – darunter auch ich – lehnen diese und unser darauf basierendes Schulsystem jedoch vollständig ab.

„Eigentlich müsste die Schulpflicht abgeschafft werden.", höre ich mich heute noch sagen, als ich beim Spaziergang mit meinem Mann über die ersten Schultage unserer ältesten Tochter sprach – und diesen Satz gleichzeitig selbst als unerhört und weltfremd empfand. Das war im Jahr 2005. Nicht lange her – und doch vor einer Ewigkeit. Seitdem sind noch zwei weitere Töchter und ein Sohn eingeschult worden, und wir Eltern haben eine geradezu spektakuläre Metamorphose durchlebt.

Unsere Ablehnung von Schulen in ihrer heutigen Form entspringt keiner spontanen Laune. Wir haben uns Gedanken darüber gemacht, was falsch läuft und wie es besser gehen kann. Wir mussten feststellen, dass keiner unserer Gedanken wirklich neu ist und sich dennoch nichts ändert. Wir sind immer wieder denselben Aussagen begegnet, die Veränderungen im Weg stehen. Sie zeugen von Anpassung an das bestehende System und Angst vor Neuem und Anderem. Aber es ist uns auch kaum jemand begegnet, der gesagt hätte, dass Schule doch eine tolle Erfahrung gewesen wäre. Nein, es heißt: „Uns hat es doch auch nicht geschadet." und „Schule muss sein, sonst lernen wir doch nichts." Oder – was ich besonders furchtbar finde: „Das Kind muss die schlechten Erfahrungen in der Schule machen, um für das Leben gewappnet zu sein."

Viele Menschen verbinden schmerzliche Erinnerungen mit ihrer Schulzeit, mit einer Lebensphase, in der der Mensch die Welt um sich herum kennen lernt, einer Zeit, die geprägt sein sollte von Neugier und Abenteuerlust, von Zuversicht und Lebensfreude. Manche erholen sich nie von ihren Schulerfahrungen, glauben beispielsweise ihr Leben lang, dass sie zu nichts taugen, oder überschätzen sich. Einige schaffen es erst viele Jahre nach dem Ende ihrer Schullaufbahn, sich von ihren infolge der ständigen Fremdbestimmung und -bewertung in dieser Zeit tief verinnerlichten Selbstbildern, die sich an ihren vermeintlichen Schwächen und Stärken orientieren, zu befreien.

Im Folgenden werde ich die Idee Schule komplett in Frage stellen. Meine Gedanken sind vornehmlich die einer Mutter – eines einfachen Mitgliedes unserer Gesellschaft. Obwohl ich unter anderem auch Bildungswissenschaft studiert habe, soll es nicht vordergründig um wissenschaftliche Erkenntnisse gehen. Wir können heute zu allen Positionen viele Pros und Kontras finden. PädagogInnen und PsychologInnen sind mit endlosen Diskussionen über diese gut beschäftigt. Mir am wichtigsten sind jedoch die gesellschaftspolitischen Folgen unseres Schulwesens für unsere Demokratie. Daher ist dieses Buch vor allem politisch.

Ich habe mir auch darüber Gedanken gemacht, wie ein ganz anderes Bildungswesen aussehen könnte, und werde diese Ideen als Anregung für Veränderungen darlegen.

Betonen möchte ich, dass es hier nicht um die Ablehnung von Bildung geht, nur denke ich, dass Schulen, wie sie zurzeit existieren, diese nicht gewähren können. An einigen Stellen spreche ich euch LeserInnen direkt an. Da ich glaube, dass das Siezen Machthierarchien unterstützt, nutze ich konsequent das Du.

Insgesamt hoffe ich im Folgenden schlüssig aufzeigen zu können: Schulen sind nicht die für die Bildung unserer Kinder einzig richtigen und unbedingt notwendigen Orte, als die wir sie uns selbst gern weismachen.

Begriffsbestimmungen:
Bildung, Erziehung, Sozialisation

Zunächst möchte ich einige Grundbegriffe der Pädagogik besprechen. Es handelt sich dabei vor allem um meine persönlichen Gedanken, die jedoch durchaus von pädagogischer Literatur beeinflusst sind. Sie spiegeln meinen derzeitigen Erkenntnisstand wider und dienen als Grundlage für meine kommenden Ausführungen.

PädagogInnen umkreisen ihre Grundbegriffe Bildung, Erziehung und Sozialisation mit verschiedenen Beschreibungen. Sie einigten sich darüber, dass es Spannungsfelder gibt, innerhalb derer sich die Begriffsdefinitionen bewegen. Und meines Erachtens liegen sie mit ihrem verbalen Umkreisen der Begriffe auch gar nicht so falsch. Denn es ist eines von deren wichtigsten Charakteristika, dass sie für jeden Menschen bei vielen grundlegenden Gemeinsamkeiten immer auch etwas ganz Eigenes bedeuten.

***

Bildung

„Was immer Bildung ist, sie sollte aus Ihnen ein einzigartiges Individuum machen, keinen Mitläufer. Sie sollte Ihnen einen originellen Geist ermöglichen, mit dem Sie die großen Herausforderungen annehmen können. Sie sollte Ihnen erlauben, Werte zu finden, die Ihnen auf dem Weg durchs Leben eine Landkarte liefern. Diese sollten Sie reich im Geiste machen, zu einer Person, die liebt, was sie tut, wo immer Sie sind und mit wem. Sie sollte Ihnen beibringen, was wichtig ist: wie man lebt und wie man stirbt."

John Taylor Gatto

Meiner Meinung nach ist Bildung all das, was der Mensch in Auseinandersetzung mit der ihn umgebenden Welt an Weltwissen, Fertigkeiten, Menschenbildern, Weltanschauungen sowie Denk- und Handlungsmustern erwirbt. Ich distanziere mich ausdrücklich von Definitionen, die behaupten, dass Bildung durch andere Menschen von außen zielgerichtet angeregt werden kann. Infolge der Tatsache, dass wir in der Regel mit anderen Menschen in Gemeinschaft leben, sind wir jedoch füreinander Vorbilder und orientieren uns aneinander.

Der US-amerikanische Entwicklungspsychologe Peter Gray definiert Bildung als kulturelle Überlieferung. Sie bestehe aus einer Reihe von Prozessen, durch die in jeder sozialen Gruppe jede neue Generation von Menschen die Fähigkeiten, das Wissen, die Überlieferungen und die Werte der vorhergehenden Generationen dieser Gruppe erwirbt. Diese Definition ähnelt meiner. Ich möchte jedoch die Begriffe Kultur beziehungsweise Gruppe nicht verwenden, da sie in unseren modernen Gesellschaften kaum noch definiert werden können. Vermutlich gab es niemals eine Gruppe mit nur einer für alle Mitglieder gleichen Gruppenkultur, da immer auch individuelle Aspekte mitwirken. Man könnte auch sagen, es gibt so viele Kulturen wie Menschen auf unserem Planeten. Außerdem ist der Mensch heute in der Regel Mitglied mehrerer Gruppen, die sich in ihrer Ausgestaltung sehr unterscheiden. Das können die eigene Familie, Schulen, aber auch Sportvereine, Freundeskreise, Religionsgemeinschaften, der Kreis der ArbeitskollegInnen und viele andere sein. Daher spreche ich lieber von der jeweils einen Menschen umgebenden Welt. Die Beschaffenheit der Bildung eines Menschen hängt unmittelbar von deren Zustand ab. Deswegen erwerben Menschen in ähnlichen Umgebungen eine ähnliche Bildung. Aber selbst, wenn sie – ganz oder teilweise – denselben Gruppen angehören, enthält ihre Bildung immer auch individuelle Elemente. Denn die Art und Weise der Auseinandersetzung mit seiner Umwelt hängt auch von den persönlichen Interessen sowie den körperlichen und geistigen Gegebenheiten des jeweiligen Menschen ab. Das soll jedoch nicht heißen, dass es keine vielen Menschen gemeinsame Bildung geben kann. Natürlich werden wir uns, wenn wir eine ähnliche Umwelt teilen, grundlegende Kulturtechniken in ähnlicher Art und Weise aneignen, wie zum Beispiel das Lesen und Schreiben.

Bildung ist somit zum einen individuell bestimmt, sie ist aber zum anderen auch für jeden einzelnen Menschen in ständigem Wandel begriffen. Immer neue Erfahrungen verändern sie. Daher hat es auf jeden Fall Sinn, Menschen möglichst vielfältigen Situationen auszusetzen und ihnen viele Möglichkeiten zum Lernen, also zur Auseinandersetzung mit der sie umgebenden Welt, anzubieten. Dass wir allerdings steuern können, was andere Menschen wie lernen, was sie von den ihnen vorgesetzten Inhalten wirklich behalten und wie sie dies dann im Leben gebrauchen, das halte ich für weitgehend unmöglich. Die Angebote werden sie eventuell gar nicht interessieren und, falls doch, von ihnen individuell be- und verarbeitet und zu ganz eigenen Überzeugungen führen, die nur zufällig denen gleichen, die ihre ErzieherInnen oder LehrerInnen beabsichtigt hatten.

Bildung ist etwas, das andere Menschen an uns wahrnehmen können. Wir bringen sie in unserem Verhalten zum Ausdruck – wir sind auf eine jeweils spezielle Art und Weise, von anderen wahrnehmbar, gebildet, nennen wir das nun Habitus oder Persönlichkeit.

Im Unterschied zu dem bisher Dargestellten wird Bildung im Alltagsverständnis, aber auch von WissenschaftlerInnen, oft als ein Bildungskanon verstanden. Es geht hierbei um Inhalte, mehrheitlich um das Wissen bestimmter Sachverhalte – Jahreszahlen, Namen, Ereignisse, aber auch physikalische Gesetze oder mathematische Lösungswege und vieles mehr –, das einen Menschen zu einem gebildeten Menschen macht. Diese Inhalte werden in der Regel von den dominierenden Schichten der Gesellschaft definiert. So war es bereits bei den „Sieben freien Künsten" der Antike und so ist es bis hin zu den heutigen Lehrplänen geblieben. Dadurch ist der Begriff Bildung mit Wertung verbunden. Wer über die durch die europäische Antike vorgeprägten und heute noch hoch gehaltenen Inhalte unseres Bildungskanons nicht genügend weiß, gilt als ungebildet, egal, wie viel er vielleicht über Dinge außerhalb dieses Kanons weiß. Das könnte zum Beispiel bedeuten, dass ein Mensch, der nichts mit Goethe und Schiller anfangen kann, jedoch in einem bestimmten modernen Literaturgenre, sagen wir Comics, sehr kundig und eventuell sogar beruflich erfolgreich ist, auf dem Gebiet der Literatur als ungebildet gelten würde.

Die Einteilung in sehr gut und kaum Gebildete, abhängig davon, wie gut sich diese in den Themen unseres Bildungskanons auskennen, hat zur Folge, dass vor allem Menschen, die nicht den dominierenden Schichten der Gesellschaft angehören und sich daher auch in deren Bildungskanon nicht heimisch fühlen, als bildungsfern, bildungsarm und ähnlich bezeichnet werden. Ich bevorzuge die Begriffe ressourcenarm und ressourcenreich. Diese sagen etwas über die Menge an Lernangeboten, aber auch an finanziellen, emotionalen und sozialen Ressourcen im Umfeld des jeweiligen Menschen aus, die, unabhängig von dessen sozialem Status, sehr unterschiedlich ausgeprägt sein kann. Diese Ressourcenausstattung beeinflusst Qualität und Quantität der Bildungsmöglichkeiten, die einem Menschen zur Verfügung stehen. Mit dem Ressourcenbegriff wird also die ungleiche Verteilung von Bildungsvoraussetzungen beschrieben. Er qualifiziert Menschen jedoch nicht ab, indem ihnen Bildungsferne oder -armut, also eine gewisse Art von persönlicher Unzulänglichkeit, unterstellt wird. Dies ist ein arrogantes und diskriminierendes Verhalten derjeniger, die sich selbstgefällig in der angeblichen Überlegenheit einer selbst definierten „besseren" Bildung sonnen. Nicht mehr und nicht weniger.

Die Fähigkeit, sich zu bilden, besitzen alle Menschen, wenn auch individuell geprägt. Sie führt infolge verschiedener Lebensbedingungen zu unterschiedlichen Ausformungen von Bildung. Nach der von mir verwendeten Definition des Begriffes kann es jedoch eine Einteilung in besser oder schlechter gebildete Menschen nicht geben. Da jeder Mensch sich anhand der ihn umgebenden gesellschaftlichen

Bedingungen bildet, um in genau diesen bestehen zu können, ist er letztlich immer seiner Lebenssituationen angemessen gebildet. Es kann also nicht sein, dass beispielsweise ein Mensch mit einem ressourcenarmen Familienhintergrund bildungsfern oder -arm ist. Er ist lediglich anders gebildet. Wir müssen natürlich nicht alle Lebensbedingungen, vor allem sehr prekäre, gutheißen. Und es spricht auch nichts dagegen, dass eine Gesellschaft bestimmte Fähigkeiten und Fertigkeiten mehr schätzt als andere. Wir sollten aber verstehen, dass wir, wenn wir die Bildung von Menschen im Sinne bestimmter Bildungsinhalte beeinflussen wollen, dafür sorgen müssen, dass diese für deren Leben in unserer Gesellschaft relevant sind. Sie müssen also das Gefühl haben, dass sie diese brauchen.

In Schulen wird versucht, unseren Bildungskanon allen Menschen gleichermaßen zu vermitteln. Dies ist zweifach problematisch. Zum einen ist es fraglich, ob dieses Bemühen erfolgreich ist, überhaupt erfolgreich sein kann. Zum zweiten sind die Lehrplaninhalte nicht für alle Menschen gleich relevant, so dass die Beschäftigung damit einigen leichter und anderen schwerer fällt. In der Folge werden Menschen sowohl bevorzugt als auch benachteiligt.

Ich halte es zudem für falsch, geradezu gefährlich, speziell ausgewähltes Wissen so darzustellen, als wäre nur dieses wichtig und als wäre es ein für alle Mal festgelegt, als gäbe es allgemeingültige Wahrheiten – wie es in unseren Schulen oft geschieht. Wir lernen auf diese Art, vorgegebene Fragen und Antworten als absolut zu akzeptieren, was unseren Verstand und Forschergeist herabwürdigt. Wir verlieren unsere Flexibilität im Denken und laufen Gefahr, irgendwann selbst keine eigenen Fragen mehr zu stellen und/oder auf alle Fragen einfache und eindeutige Antworten von anderen zu erwarten. Dies schränkt uns in unserer Entwicklung ein und macht uns meines Erachtens nach auch empfänglich für Indoktrination.

Oder wir lernen wegzuhören, weil das Vorgetragene für uns uninteressant ist. So entwickeln wir Strategien, die zwar unser Überleben in Schulen trotz unseres Desinteresses möglich machen, die aber auch nur in der Schulumgebung nützlich sind. Das verschwendet unsere Lebenszeit und knebelt unseren Geist, der nach nutzbringender Auseinandersetzung mit seiner Umwelt sucht.

***

Erziehung und Sozialisation

„Tatsächlich ist Lernen diejenige menschliche Tätigkeit, die am wenigsten der Manipulation durch andere bedarf. Das meiste Lernen ist nicht das Ergebnis von Unterweisung. Es ist vielmehr das Ergebnis unbehinderter Teilnahme in sinnvoller Umgebung."

Ivan Illich

Wir Menschen nehmen aufeinander Einfluss. Das ist gar nicht zu vermeiden. Der Mensch lernt in seiner Auseinandersetzung mit dem Verhalten der anderen Personen um ihn herum, wie er sich in einer bestimmten Umgebung verhalten muss, um so gut wie möglich zu (über)leben. Daher sind möglichst viele verschiedene Vorbilder in möglichst vielen verschiedenen Lebenssituationen sehr wichtig.

Führt ein Mensch jedoch eine Handlung aus, um damit bewusst ein von ihm gewünschtes Verhalten bei einer anderen Person auszulösen, nenne ich das Manipulation. PädagogInnen und viele andere jedoch nennen es Erziehung.

Damit ist allerdings noch nichts darüber gesagt, ob das vom Erziehenden gewünschte Ziel auch tatsächlich erreicht wird.

Wie eine Person die Handlungen anderer empfindet, verarbeitet und in eigene Handlungen umsetzt, nenne ich Sozialisation. Der wichtige Unterschied ist für mich, von wem die Aktion ausgeht. Beim Erziehen ist der Mensch, der erziehen will, aktiv, und der zu erziehende Mensch erlebt dessen Handlungen passiv. Wie er darauf reagiert, ist dann seine aktive Sozialisationstätigkeit. Zum Beispiel kann eine Lehrperson mit einer strengen Notengebung erzieherisch beabsichtigen, dass ein junger Mensch sich intensiver mit den Lernthemen beschäftigt. Dessen Ziel ist jedoch vordergründig gar nicht die Aneignung des Lernstoffes, sondern eine bessere Note, so dass er sich Wege überlegen wird, diese zu erreichen und daher unter Umständen für den nächsten Test bessere Spicker vorbereitet, sich für das Abschreiben vom Nachbarn strategischer platziert oder auch besser auswendig lernt. Möglicherweise ist das Ergebnis eine bessere Note, die eine scheinbar bessere Leistung widerspiegelt. Oberflächlich gesehen könnte die Lehrperson zufrieden sein. Tatsächlich hat sie jedoch ihr eigentliches Ziel, dass der junge Mensch sich mit den Lerninhalten auseinandersetzt, verfehlt. Und – was hat dieser dabei tatsächlich gelernt?

Es ist ein immenser Unterschied, ob ein Mensch aus eigenem Antrieb etwas tut, weil er den Sinn verstanden, die Notwendigkeit akzeptiert oder einfach Spaß daran hat, oder ob er gezwungen ist, den Ausführungen und Anweisungen eines anderen Menschen zu folgen, der ganz eigene Ideen davon hat, was sein Gegenüber lernen oder wie es sich benehmen soll. In der Regel sind Menschen an der sie umgebenden Welt interessiert und werden das meiste, was sie davon nicht verstehen, von anderen Menschen gern erläutert bekommen. Den richtigen Moment dafür müssen sie jedoch selbst bestimmen.

Die Widersprüche zwischen den Erziehungsversuchen von Eltern, PädagogInnen und anderen und der Sozialisationstätigkeit der Zielpersonen dieser Bemühungen führen nicht selten zu „Erziehungsproblemen", in Schulen wie auch in Familien.

Lernen, Sichbilden und Sozialisation sind für mich beinahe deckungsgleiche Begriffe, denn sie beschreiben alle die individuelle Auseinandersetzung mit der den jeweiligen Menschen umgebenden Umwelt, die zu bestimmten individuellen Verhaltens- und Denkweisen führt. Im Einzelnen sind sie vielleicht unterscheidbar. Mir ist jedoch nur wichtig, dass die Aktivität immer vom lernenden, sich bildenden oder sich sozialisierenden Menschen ausgeht.

Schulen gehören für mich zu den Orten, an denen „Erziehungsprobleme" gar nicht zu vermeiden sind. Denn dort wird massiv versucht, auf andere Menschen Einfluss zu nehmen, ob diese das wollen und akzeptieren oder nicht. Das, womit sie sich selbst auseinandersetzen wollen, spielt meist keine oder nur eine sehr eingeschränkte Rolle. Wesentlich wichtiger ist das, was ihnen andere gern anerziehen möchten. Die Ergebnisse dieser Erziehungsversuche sind jedoch sehr häufig ganz andere als die gewünschten. Dafür, dass wir vor allem lernen, wie wir in der Schulumgebung überleben, spricht der Heimliche Lehrplan Bände.

***

Exkurs: Der Heimliche Lehrplan

Der Begriff existiert in Deutschland seit den späten 60er Jahren des letzten Jahrhunderts und beschreibt Mechanismen außerhalb von Lehrplänen und pädagogischen Intentionen. Der Heimliche Lehrplan ist ein Grundkurs in den sozialen Regeln und Routinen in Schulen, die junge Menschen kennen sollten, um in diesen während der eigenen Schullaufbahn keinen Schaden zu nehmen. Beschrieben wird damit auch der Mechanismus der sozialen Reproduktion der bestehenden gesellschaftlichen Verhältnisse. Beim Erlernen dieser Regeln und Routinen stützen sich die jungen Menschen nicht auf das, was sie vielleicht im Unterricht über „richtiges" Verhalten hören, sondern auf das, was sie erleben. Es geht also – wie in der menschlichen Sozialisationstätigkeit üblich – im Wesentlichen um das Erlernen individueller Strategien, mit deren Hilfe die Schulzeit möglichst gut überstanden oder sogar erfolgreich gemeistert werden kann. Diese können so vielseitig sein wie die jeweiligen Menschen selbst. Die SchülerInnen lernen beispielsweise Unterordnung, Konkurrenz, sich zu verstellen, sich (für vermeintlich schlechte Leistungen) zu schämen, Bulimielernen (also auswendig lernen, auskotzen, vergessen), Aufmerksamkeit zu heucheln, für gute Noten zu betrügen oder alles mögliche andere zu tun, sich bei LehrerInnen anzubiedern, aber auch Ausweichstrategien (wie Weghören, Abschalten oder Schwänzen), Frust- und Angstverhalten, Misstrauen und noch vieles mehr. Ich persönlich glaube, dass auch Gewalt und Mobbing in Schulen erlernt werden. Dass LehrerInnen ihre SchülerInnen bewerten, ständig fremdbestimmen und zu normieren versuchen, ist ohne weiteres als Gewalt und Mobbing zu begreifen. Die SchülerInnen übernehmen diese Verhaltensweisen, die ja offensichtlich im Schulleben als normal oder sogar nützlich angesehen werden. Auch die Förderung von Konkurrenzverhalten im Kampf um die besten Noten und Zertifikate schürt Mobbing.

Vieles davon entsteht aus Machtlosigkeit und Angst – vor Bewertungen, Disziplinierungen, Auseinandersetzungen – und wird vermutlich durch das Fehlen der Möglichkeit, widersprechen oder den Ort der Demütigung verlassen zu dürfen, verstärkt.

Theoretisch könnte der Heimliche Lehrplan auch Empathie, Hilfsbereitschaft, Freude am Lernen und anderes fördern. Da Schulen aber nun einmal so strukturiert sind, wie im Folgenden beschrieben, werden eher die oben genannten Verhaltensweisen zum Überleben in diesen benötigt und damit auch gefördert.

***

Glauben, Wissen und die Diktatur des Dogmas

„Man vergißt, daß alle pädagogischen und psychologischen Untersuchungen und alle schultechnischen Versuche und Einrichtungen ganz überflüssig würden, wenn man das Kind selbst entscheiden ließe, indem man ihm die Freiheit seines Lebens ließe."

Walther Borgius

An dieser Stelle möchte ich auf die beiden Begriffe Glauben und Wissen eingehen. In der Wissenschaft wird zwischen beiden streng unterschieden. Wenn wir etwas nur glauben, haben wir keine wissenschaftlichen Belege dafür. Wissen könne dagegen nur auf wissenschaftlicher Basis entstehen. Aber ist das so einfach?

Wie bereits erläutert, erwerben wir Wissen während unseres Sozialisationsprozesses in Auseinandersetzung mit unserer Umwelt, weil es uns als nützlich für unser (Über) Leben erscheint. Was in einer Gesellschaft als Wissen akzeptiert wird, hängt aber auch davon ab, welches Dogma der Wissenssuche zugrunde liegt. In unserer westlichen Welt gilt, dass wissenschaftliche Methoden echtes Wissen hervorbringen. Dabei müssen wir davon ausgehen, dass diese Methoden der richtige Weg sind. Ich selbst hänge durchaus der Wissenschaft an. Aber es gab und gibt andere Dogmen. So spielt Wissenschaft in anderen Gesellschaften keine oder eine viel unwichtigere Rolle als bei uns. Trotzdem sind deren Mitglieder nicht ohne Wissen. Sie besitzen in der Regel alles Wissen und Können, das sie brauchen, um in ihrer Umwelt zurechtzukommen, wobei sie sogar zu enormen Erkenntnisleistungen in der Lage sind, auch wenn sie darüber keine Doktorarbeiten schreiben können.

Grob kann gesagt werden, sie wissen, wie es geht, aber häufig nicht, warum dem so ist. Daniel Everett schrieb beispielsweise über die Pirahã (gesprochen: pidahán), einem kleinen Volk im Amazonasgebiet Brasiliens, dass diese bei der Jagd auf Fische die Brechung des Wassers beachteten, ohne den Grund dafür zu kennen. Sie haben eine Beobachtung gemacht und ihr Verhalten darauf eingestellt. Sie mussten nicht wissen, warum dieses Phänomen auftritt, um es nutzen zu können. Everett erwähnte auch, dass die Pirahã wussten, dass es Geister gibt, und sich entsprechend verhielten, diese zum Beispiel sahen oder ansprachen. Geister waren Teil ihrer Umwelt und ihres Wissens von der Welt. Jeder junge Mensch, der in diese Pirahã-Welt geboren wurde und sich integrierte, erfuhr dieses Wissen. Außerdem berichtete Everett, dass diese Menschen keine Zahlen kannten und es ihm auch unmöglich war, ihnen diese nahezubringen. Sie gehörten einfach nicht zu ihrer Welt. Und sie brauchten dieses Wissen offensichtlich auch nicht. Wobei ich hinzufügen muss, dass dies der Stand der 70er Jahre des letzten Jahrhunderts ist. Mittlerweile haben Schulen auch bei den

Pirahã Einzug gehalten und reißen sie mit Sicherheit aus ihren alten Gewissheiten.

Wir Menschen der Industrienationen erdreisten uns, anderen Menschen ihre Weltsicht streitig zu machen, und das aufgrund unseres Dogmas, dass nur wir echtes Wissen generieren können und dass nur wir wissen, wie Menschen denken und leben sollten. Das ist geistiger Kolonialismus. Ich lehne das ab, denn die Pirahã haben bis dahin ein gutes Leben geführt. Everett nannte sie „das glücklichste Volk". Der sogenannte Fortschritt, den wir ihnen in arroganter Überheblichkeit bescheren, bringt ihnen ja auch dessen negative Folgen, denen wir gerade mühsam versuchen, Herr zu werden. So glücklich wie zu der Zeit, als Everett sie besuchte, werden die Pirahã vermutlich nicht geblieben sein.

Das liegt aber auch daran, dass unser „Fortschritt" kein rein wissenschaftlicher ist. Würden wir unsere Gesellschaft nach bestem Gewissen und vernunftgeleitet gemäß optimalen wissenschaftlich erarbeiteten Problemlösungen gestalten und organisieren, wäre zum Beispiel unsere Umwelt vermutlich längst nicht so zerstört, wie sie es derzeit ist. Denn zusätzlich zu den verschiedenen Dogmen darüber, was als Wissen zu gelten hat, gibt es auch noch die gesellschaftspolitischen und wirtschaftlichen Dogmen, die die Wissenschaft mehr oder weniger bestimmen und häufig darüber entscheiden, ob ein Ergebnis wissenschaftlicher Forschung überhaupt angewendet und in welche Richtung geforscht wird.

Wie mit wissenschaftlichen Forschungsergebnissen gesellschaftspolitisch umgegangen wird, kann beispielsweise gut an Folgendem dargelegt werden: Der menschengemachte Klimawandel gilt unter etwa 99 Prozent der sich mit diesem beschäftigenden WissenschaftlerInnen als bewiesen. Im Einzelnen mag er noch nicht vollständig verstanden sein, aber es gibt einen starken wissenschaftlichen Konsens darüber, dass der Mensch einen großen negativen Einfluss auf unser Klima ausübt. Politik und Gesellschaft werden jedoch durch VertreterInnen der Idee eines wirtschaftlichen Wachstums und eines alles regulierenden Marktes dominiert. Die Behauptung, dass Wachstum letztlich allen Menschen Wohlstand bringt und der Markt die Verteilung der Güter für alle Menschen zufriedenstellend regeln wird, ist jedoch nichts weiter als ein Heilsversprechen. Letztlich kann doch jeder Mensch, der mit offenen Augen durch die Welt geht, selbst sehen, dass ein immerwährendes Wachstum in einer endlichen Welt nicht möglich ist. Diese Ideologie sorgt für Ausbeutung, Konflikte infolge von Kämpfen um Ressourcen, die Zerstörung unserer Umwelt, das rasante Aussterben von Tieren und Pflanzen und kann letztlich auch uns selbst ausrotten. Jedem, der die derzeitige Entwicklung beobachtet, sollte nicht entgehen, dass der stetig wachsende Reichtum einiger auf der Armut vieler basiert und dass das Versprechen eines Wohlstandes aller Nonsens ist. Dieses gesellschaftspolitische Dogma des Wachstums hindert uns jedoch daran, wirksam gegen den Klimawandel vorzugehen. Denn das würde Einschränkung, Genügsamkeit, Rücksicht und Zusammenarbeit bedeuten, was nicht den bisherigen Verheißungen dieses Dogmas entspricht. PolitikerInnen scheuen sich, diesbezüglich Klartext mit den Menschen zu sprechen, denen sie bisher anderes versprochen haben, und stehen außerdem unter dem massiven Einfluss der Wirtschaftslobby. Hier wird also wissenschaftliches Wissen zugunsten des Glaubens an ein Dogma größtenteils ignoriert.

Dasselbe gesellschaftspolitische Dogma liegt aber letztlich auch der Idee von Schulen zugrunde. Es geht um Leistung, Wettbewerb, wirtschaftlichen Erfolg. Und es geht auch darum, Kinder unterzubringen, damit die Familien diesem Dogma frönen, das heißt vor allem möglichst viel arbeiten, können. Es gibt überhaupt keine wissenschaftlichen Belege dafür, dass Schulen erfolgreich Bildung ermöglichen oder die laut Lippenbekenntnissen gewünschten selbstbewussten jungen Menschen hervorbringen. Ganz im Gegenteil – es zeigt sich immer mehr, dass sie auf der ganzen Linie scheitern, ihre eigenen Bildungsziele nicht erreichen und Menschen schädigen. Und dennoch wird an dem Dogma festgehalten, dass sie nötig und unersetzlich sind. Die meisten Menschen können sich nicht vorstellen, ganz neue Wege in Sachen Bildung zu gehen. Ein – sicher vielen gesellschaftlichen AkteurInnen nicht bewusster – Grund dafür ist, dass Schulen notwendig sind, um das aktuelle gesellschaftspolitische Dogma von Leistung, Arbeit und Wachstum mit dem vagen Versprechen eines Lebens in Wohlstand für alle aufrechtzuerhalten. Sie transportieren diese Ideologie in die Köpfe der jungen Menschen, weniger durch den offiziellen Lehrplan, viel mehr durch die Schaffung des entsprechend organisierten schulischen Umfeldes, in das sich diese jungen Menschen sozialisieren, in dem sie überleben müssen, an das sie sich letztlich mehr oder weniger anpassen. Schulen ermöglichen außerdem die entsprechende Lebensweise, indem die Kinder betreut werden, während die Eltern der Lohnarbeit nachgehen.

Das heißt: Obwohl wir angeblich in einem wissenschaftlichen Zeitalter leben, wird unser gesellschaftspolitisches Handeln oft nicht wirklich von Wissenschaft geleitet. Es scheint, als würde eher der Glaube unsere Gesellschaft bestimmen, weniger das Wissen.

***

Exkurs: Wissenschaft als Zeuge vor Gericht

Wenn Eltern von FreilernerInnen beziehungsweise Unschoolern vor Gericht stehen, weil sie ihre Kinder nicht zur Schule zwingen, haben sie genügend wissenschaftliche Argumente in ihren Händen, die für sie sprechen. Es gibt schulkritische Forschung und zwar bereits seit Jahrzehnten. Sie zeigt auf, dass Schulen ihre eigenen Ziele nicht erreichen und den SchülerInnen vielfach schaden.

Wenn es vor Gericht um die Schulpflichtverletzung an sich geht, kann ich nachvollziehen, dass RichterInnen diese – aufgrund der derzeitigen Rechtsauffassung – nicht gutheißen und zum Beispiel Bußgelder verhängen. Dass die Schulpflicht sich in unserem Grundgesetz tatsächlich nicht findet, lassen wir hier einmal beiseite.

Doch häufig wird den Eltern auch eine Kindswohlgefährdung unterstellt. Wenn wirklich neutral darüber geurteilt werden soll, ob das Wohl von Kindern durch ihren Nichtschulbesuch gefährdet wird, ist es unabdingbar, wissenschaftliche Argumente, die dagegen sprechen, zur Kenntnis zu nehmen.

Das Dogma Schule ist jedoch derartig in den Köpfen aller verankert, dass keine objektive Betrachtung der entsprechenden Familien möglich ist. Und so werden wissenschaftliche Argumente vor Gericht nicht gehört und Sorgerechte entzogen. Es KANN in den Köpfen der meisten beteiligten JuristInnen nur schädlich sein, keine Schule zu besuchen. Die Wissenschaft hat keine Chance gegen das Dogma.

Literatur:
Das Eingangszitat des Unterkapitels „Glauben, Wissen und die Diktatur des Dogmas" stammt aus Walther Borgius' Buch „Die Schule – Ein Frevel an der Jugend", im Original aus dem Jahre 1930, als Neuauflage 2009 bei tologo erschienen.

Über die Pirahã kann vertiefend in „Das glücklichste Volk" von Daniel Everett nachgelesen werden, erschienen 2010 in der Deutsche Verlags-Anstalt.

Das Eingangszitat des Unterkapitels „Bildung" stammt aus John Taylor Gattos Buch „Verdummt nochmal! Der unsichtbare Lehrplan oder Was Kinder in der Schule wirklich lernen", erschienen 2009 im Genius Verlag.

Peter Grays Definition von Bildung ist seinem Buch „Befreit Lernen", 2013 im Drachenverlag erschienen, entnommen.

Das Eingangszitat zum Unterkapitel „Erziehung und Sozialisation" ist dem auch sonst sehr lesenswerten Buch „Entschulung der Gesellschaft" von Ivan Illich, erschienen in mehreren Auflagen, entnommen.

Die Rolle der Pädagogik
Oder: Von jener Macht, die Gutes will, doch Böses schafft

"Probleme kann man niemals mit derselben Denkweise lösen, durch die sie entstanden sind."

Albert Einstein

In den Diskussionen, die ich mit anderen Menschen über Schulen führe, habe ich immer wieder den Eindruck, dass viele von ihnen meine Kritik durchaus verstehen, aber dennoch fest davon überzeugt sind, dass Schulen unbedingt notwendig, wenn auch zu verändern, sind. Es wirkt auf mich, als glaubten nicht wenige Menschen, die Existenz von Schulen sei eine Art Naturgesetz, dem wir uns, selbst wenn wir wollten, nicht entziehen können. Als wäre unser Dasein als Menschen ohne Schulen unmöglich. Die Dogmen, die zum Thema Schule in uns allen tief verankert sind, werden daher – oft trotz eigener negativer Erfahrungen und entgegen eigener, den Dogmen widersprechenden, Beobachtungen – immer weiter tradiert.

Als Naturgesetze werden Regelmäßigkeiten von Vorgängen in der Natur bezeichnet, wie zum Beispiel die Schwerkraft eine ist. Sie können von uns Menschen zwar erkannt und beschrieben, aber nicht außer Kraft gesetzt oder sonst irgendwie beeinflusst werden. NaturwissenschaftlerInnen versuchen, diese Phänomene zu erklären. Ob ihre Theorien letztlich Sinn ergeben, können sie direkt in der Praxis prüfen, indem sie darauf basierende Technologien entwickeln oder Voraussagen treffen, die in diesem Fall eintreten müssten.

Funktioniert das, sind sie auf dem richtigen Weg, obwohl es immer zu weiteren Verfeinerungen der Theorien und hin und wieder auch zu großen Erkenntnissprüngen kommen kann, wie zum Beispiel infolge der Relativitäts- oder Quantentheorie.

Wie sich Planeten um ihr Zentralgestirn bewegen, können NaturwissenschaftlerInnen also berechnen, weil sie das Verhalten aller Planeten aus Naturgesetzen herleiten können. Auch einzelne Atome eines bestimmten chemischen Elements werden sich so verhalten, wie sie es vorhersagen, sobald sie die jeweiligen Prozesse einmal grundsätzlich durchschaut haben. Alle Planeten und Atome verhalten sich nach den zugrunde liegenden Naturgesetzen. Eventuelle Ausnahmen können ebenfalls aus diesen erklärt werden.

Zurzeit liegt der Fokus der Pädagogik ebenfalls verstärkt auf empirischer Forschung. Das heißt, es werden systematisch Daten gesammelt und analysiert, deren Auswertung bestimmte Theorien bekräftigen, aber auch widerlegen kann. Es wird also – ganz ähnlich zu den Naturwissenschaften – versucht, Prognosen über Erziehungs- und Bildungsprozesse zu erstellen und wirksame „Technologien" zu entwickeln. Das können bestimmte Lehrmethoden oder auch Theorien über verschiedene Bildungstypen (auditiv, visuell und so weiter) und andere mehr sein. Ich frage mich jedoch, ob wir nicht weit über das Ziel hinausschießen, wenn wir komplexe und vielschichtige Phänomene des menschlichen Verhaltens in den Sozialwissenschaften, und damit auch der Pädagogik, so erforschen, als wären sie mit ebenso klaren Formeln beschreibbar wie die Phänomene aus den Naturwissenschaften.

Lebewesen sind keine Planeten oder Atome. Wenn wir Menschen beobachten, betrachten wir Individuen, die zum einen sehr unterschiedlich handeln und zum anderen ihr Verhalten aufgrund neuer Erfahrungen verändern können. Es ist unmöglich, sowohl allgemeingültige Gesetzmäßigkeiten, nach denen sich alle Menschen in gleichen Situationen verhalten, als auch die genauen Auslöser für einzelne Verhaltensweisen exakt zu bestimmen. Wir können nur Wahrscheinlichkeiten ermitteln, die Aussagen über Tendenzen des menschlichen Verhaltens ermöglichen. Wir können – und dürfen! – daraus jedoch keine Rückschlüsse auf ein „normales" Verhalten von Menschen ziehen.

Ich glaube fest daran, dass der Versuch, dies zu tun, der derzeit zu beobachten ist, ein Irrweg ist, der dem Leben und uns Menschen nicht gerecht wird, aber leider sehr stark unser Menschenbild formt. Aus Beobachtungen werden Normkurven erstellt und das laut diesen am häufigsten vorkommende menschliche Verhalten wird zur Norm erklärt. Damit ist Verhalten, das seltener vorkommt, weniger normal. Tatsächlich ist aber jedes uns mögliche Verhalten menschlich, also prinzipiell auch normal für uns.

Eine solche Normierung hat unter anderem die Pathologisierung und Kriminalisierung von laut der Normkurve weniger normalem Verhalten zur Folge. Je mehr dieses von der Norm abweicht, umso schneller kann es als krankhaft (im PädagogInnenjargon auch: förderbedürftig) oder kriminell abgestempelt werden. In der Folge werden Menschen unter Druck gesetzt, ihr Verhalten zu ändern – der Norm anzupassen. Sicher kann ein bestimmtes menschliches Verhalten so weit entfernt von jeder gesetzlichen oder moralischen Norm sein, dass es gefährlich wird, zum Beispiel, wenn es um Gewalt gegen andere Menschen geht. Ein normales menschliches Verhalten in einer bestimmten Situation kann es trotzdem darstellen, etwa, wenn der entsprechende Mensch sich stark bedroht fühlt. Andersherum muss „Normalität" nicht unbedingt ein Zeichen für psychische Gesundheit darstellen. Menschen, die sich ganz „normal" verhalten, können psychische Erkrankungen aufweisen, die nicht erkannt werden, weil sie sich gut anpassen können. Ganz überraschend brechen sie dann in Gewalt aus. Hier eine Grenze zu ziehen, ist zugegebenermaßen nicht so einfach, aber eine Orientierung an Normkurven halte ich prinzipiell nicht für sinnvoll.

Noch bedenklicher wird es, wenn Normalität einfach postuliert wird, zum Beispiel mit der Behauptung, es sei normal, eine Schule zu besuchen. Hierfür gibt es überhaupt keine wissenschaftlichen Belege. Eine solche Aussage bewegt sich auch gar nicht im Rahmen des wissenschaftlichen Diskurses. Der Schulbesuch ist eine staatliche Vorgabe.

Aufgrund dieser Vorgabe werden die jungen Menschen, die sich zu weit von der postulierten Norm entfernen, also nicht in die Schule gehen wollen oder in dieser Probleme entwickeln, pathologisiert und kriminalisiert. Die Pathologisierung und das darauf beruhende Therapieren ziehen dann häufig tatsächlich einen psychischen Schaden bei den betroffenen Menschen nach sich. Ihnen wird suggeriert, sie seien nicht richtig. Oft haben sie schon in Schulen gelitten und müssen dann – nicht selten über Jahre – Therapien ertragen, die sie dazu bringen sollen, wieder Schulen besuchen zu wollen, also ihre tatsächlichen Schwierigkeiten noch nicht einmal aufgreifen. Die Kriminalisierung erfolgt über das Zuschreiben von kriminellen Verhaltensweisen, zum Beispiel Stehlen, Gewalttätigkeit, Handel mit Drogen und anderes. Hierzu folgen noch vertiefende Erläuterungen. Aber natürlich gilt der Nichtschulbesuch an sich bereits als kriminell.

Dies geschieht allerdings nicht durch die Pädagogik allein, sondern innerhalb ihrer üblen Verflechtung mit gesellschafts-politischen Dogmen und in Zusammenarbeit mit anderen Wissenschaftsrichtungen, zum Beispiel der Psychologie. Der Staat mag die Vorgabe gemacht haben, dass Schulen zu besuchen sind, aber die Pädagogik und auch die Psychologie liefern Daten und Therapien und sind somit die Handlanger einer Pflicht, deren Existenz nicht wissenschaftlich begründet werden kann und Menschen Schaden zufügt.

Bei der empirischen Erfassung von menschlichen Verhaltensweisen oder Gruppendynamiken ist auch aus einem anderen Grund Vorsicht geboten. Dadurch, dass die Gesellschaft ihre Mitglieder formt – denn diese sozialisieren sich ja in die sie umgebende Welt – sagen die Ergebnisse von empirischer Sozialforschung letztlich mehr über den Zustand der jeweiligen Gesellschaft aus als über ein irgendwie naturgesetzlich fundiertes menschliches Verhalten. Bestimmte Handlungsweisen aus einem uns prinzipiell möglichen Verhaltensrepertoire sind in der jeweiligen Gesellschaft womöglich erfolgversprechender als andere. Die Gesellschaft fördert diese also, so dass in bestimmten Gesellschaftsformen letztlich auch nur bestimmte Prozesse möglich beziehungs-weise wahrscheinlich sind. Aber damit entsprechen die Ergebnisse der empirischen Sozialforschung eher einer Diagnose der Gesellschaft und spiegeln nicht – wie bei den Naturwissenschaften – grundlegende Gesetze wider, denen menschliches Verhalten folgt.

Ich will nicht abstreiten, dass gewisse biologische Grundlagen unseres sozialen Miteinanders durchaus empirisch erforschbar sind, zum Beispiel die Abhängigkeit unseres Verhaltens von der Hormonausschüttung. Aber wie genau ein Mensch reagiert, der gerade Oxytocin oder Adrenalin ausschüttet, ist von der Situation, dem

Temperament der Person, von deren bisherigen Erfahrungen und sicher noch einigem mehr abhängig.

Dass also SozialwissenschaftlerInnen mittels empirischer Forschung ähnlich klare Mechanismen des menschlichen Verhaltens aufzeigen können, wie es NaturwissenschaftlerInnen bei Himmelskörpern, Atomen oder auch Zellen tun, wage ich zu bezweifeln. Letztere untersuchen Phänomene, die uns auf eine bestimmte Art und Weise und immer wieder gleich quasi „zustoßen". Sie können zum Beispiel fragen: Warum gibt es Sonnenfinsternisse? SozialwissenschaftlerInnen müssen andere Fragen stellen, denn solche klaren, genau beschreibbaren und immer wiederkehrenden Ereignisse wie Sonnenfinsternisse können sie am menschlichen Verhalten gar nicht beobachten.

Diese Fragen von SozialwissenschaftlerInnen, also auch von PädagogInnen, an ihre Forschungsobjekte sind durch gesellschaftspolitische Dogmen mitbestimmt. Dem können sie sich, da sie ja immer selbst Teil der Gesellschaft sind, die sie beobachten, nicht entziehen. Bestimmte Fragen werden dann gar nicht gestellt, weil sie die gesellschaftlich festgelegten Grenzen überschreiten und Dogmen in Frage stellen könnten, an denen lieber niemand rütteln möchte. Sie setzen dann stillschweigend die Existenz des Dogmas voraus und betreffen nur Prozesse oder Verhaltensweisen, die innerhalb der durch diese gesetzten Grenzen möglich sind.

***

Exkurs: Jugend in Brandenburg 2017

Vor einigen Monaten sandte mir ein Pädagoge einen Link zur Zusammenfassung der genannten Studie zu – mit der Bemerkung „Viel Freude beim Lesen." Ich sollte noch erwähnen, dass die Studie für viel Jubel bei PädagogInnen und der Presse gesorgt hatte. Die jungen Menschen wären zum Beispiel sehr zufrieden mit der Schule. Sicher wurde mir die Studie daher so triumphierend präsentiert. Beim Lesen stellte ich auch fest: 93 % der jungen Leute bewerteten den Schulspaß mit „Hoch" und „Eher hoch", was wohl auch vor allem der Grund der allgemeinen Freude gewesen war. Als ich genauer betrachtete, was sie gefragt wurden, relativierte sich das Bild:

1. Mal unabhängig vom Unterricht: In der Schule gibt es Situationen, wo wir richtig Spaß haben.
2. In der Schule lerne ich Dinge, die ich später im Leben gebrauchen kann.
3. In der Schule ist mir wichtig, dass ich mit meinen Kumpels/Freundinnen zusammen bin.
4. Es ist ein gutes Gefühl, wenn ich im Unterricht Dinge begreife, die mir vorher unklar waren.
5. Ich freue mich, wenn ich eine richtige Lösung für eine Aufgabe weiß.
6. Abgesehen vom Unterricht ist die Schule gar nicht so schlecht.

Die Fragen 1 und 6 schließen den Grund, warum junge Menschen Schulen besuchen müssen, vollkommen aus. Ja, auch ich würde sagen, dass Schule ohne Unterricht mit Sicherheit viel angenehmer ist. Aber dieser macht den wesentlichen Teil von Schule aus. Ohne Unterricht bliebe von unseren heutigen Schulen kaum etwas übrig. Was also sagen diese Fragen tatsächlich über den Schulspaß aus?

Die Fragen 4 und 5 treffen ja wohl auch allgemein auf das Leben zu. Jeder Mensch freut sich, wenn er etwas begriffen hat oder Probleme lösen kann. Auch das sagt nichts über Schulspaß aus.

Was Frage 2 mit Schulspaß zu tun haben soll, erschließt sich mir gar nicht. Die Antwort darauf können junge Menschen eigentlich auch nicht kennen. Denn sie wissen weder, was sie vom Schulstoff später brauchen, noch ob sie diesen bis dahin überhaupt im Kopf behalten werden. Sie wissen nur, dass ihnen gegenüber behauptet wird, dass sie den Schulstoff im Leben brauchen werden.

Aber Frage 3 ist schon eine Frechheit. Zig Studien haben bereits gezeigt, dass das Treffen mit FreundInnen für SchülerInnen den wichtigsten Grund für den Schulbesuch darstellt. Das hat aber auch nichts mit Schulspaß zu tun, denn ohne Schulpflicht könnten diese Treffen überall stattfinden. So, wie ihr Leben heute organisiert ist, können sich junge Menschen hauptsächlich nur in Schulen treffen. Vor allem mit dieser Frage wird schlichtweg die Statistik geschönt.

Ich möchte hier nicht die ganze Studie auseinander pflücken. Erwähnt sei noch, dass die Schul- und Lernmotivation gegenüber 2010 gesunken war. 33,9 % gaben sie als „Niedrig" und „Eher niedrig" an. 44 % wählten in der Kategorie „Schulstress/Schulangst" „Hoch" und „Eher hoch". Dieser Wert war gegenüber 2010 (28 %) deutlich angestiegen.

Obwohl ich das Gespräch mit dem Pädagogen, der mir die Studie hatte zukommen lassen, suchte, konnte ich nicht herausfinden, was genau er mir damit eigentlich sagen wollte. Ich persönlich empfinde sie – gerade bezüglich des hier Dargestellten – als erschütternd.

***

Wie positioniert sich nun die Pädagogik in unserer heutigen Gesellschaft?

Schule und Schulpflicht gehören zu unseren stärksten gesellschaftlichen Dogmen. Sie sind zudem gesetzlich geregelt. Die Teilnahme an Schulen gilt als Pflicht. Da aus dem Studium der Pädagogik die LehrerInnen, die in diesen arbeiten sollen, hervorgehen, nimmt diese Wissenschaft einen hohen Rang in unserer Gesellschaft ein.

Infolge ihrer starken Verwobenheit mit politischen Vorgaben genießt die Pädagogik quasi politische Rückendeckung, wodurch sie zusätzlich eine Sonderstellung unter den Wissenschaften innehat. Es ist zum Glück bisher in unserer westlichen Welt noch weitestgehend dem Menschen überlassen, nach welchen Ideen er sein Leben einrichten möchte, auch wenn gesellschaftspolitische Dogmen einen gewissen Druck ausüben. Wir dürfen trotzdem jegliche Wissenschaft anzweifeln und zum Beispiel als christliche Hardliner den Inhalt der Bibel zur einzigen Wahrheit erklären. Wir können verneinen, dass die Erde (mehr oder weniger) eine Kugel ist, wir können die Mondlandung oder den menschengemachten Klimawandel anzweifeln. Allein aus dem Ablehnen von bestimmten wissenschaftlichen Leistungen oder Erkenntnissen entsteht uns jedoch in der Regel kein Nachteil in Form von staatlicher Reglementierung.

Das Fatale an der Pädagogik ist nun aber, dass deren VertreterInnen ihre Forschungsergebnisse nicht nur interessierten Menschen zur Diskussion oder Problemlösung anbieten, wie es VertreterInnen anderer Wissenschaften tun. Nein, PädagogInnen dürfen von uns erwarten, dass wir uns ihnen und ihren Ideen widerspruchslos fügen. Keine andere Wissenschaft zwingt sich dem Menschen derart auf wie diese. Wir werden gezwungen, uns bestimmten grundlegenden Ideen zu fügen, beispielsweise, dass Bewertung aufgrund von in Tests gezeigten Leistungen richtig ist, dass nur in Schulen die richtige Sozialisation stattfindet und einigen mehr.

Ich vertrete durchaus nicht die Ansicht, dass Eltern mit ihren Kindern tun dürfen, was sie wollen. Dass zum Beispiel Gewalt gegen Kinder im Jahr 2000 gesetzlich verboten wurde, ist vollkommen richtig. Es ist ein Menschenrecht, frei von Gewalt zu leben. Ein staatliches Wächteramt ist hier durchaus sinnvoll. Wobei dann aber auch die Gewalt, die Kindern in und durch Schulen widerfährt, thematisiert werden sollte. Jedoch verhindert das Dogma von der grundsätzlichen Richtig- und Nützlichkeit von Schulen hier einen objektiven Blick und führt zu traurigen Entwicklungen. Dazu später mehr.

Dass aber, wie es vielerorts geschieht, PädagogInnen einer Mutter oder einem Vater vorschreiben möchten, wie diese ihr Kind zu erziehen haben, und häufig sogar Rechenschaft darüber verlangen – das geht entschieden zu weit. Wenn diese Eltern nämlich durchaus berechtigte Kritik am pädagogischen Verständnis von Erziehung oder am Schulsystem äußern, werden sie seitens der „ExpertInnen" belächelt, belehrt und letztlich nicht selten unter Druck gesetzt, das Gegebene hinzunehmen und ihre eigenen Vorstellungen aufzugeben. PädagogInnen verlangen also nicht nur von unseren Kindern Gehorsam, sondern auch von uns Eltern. Und wir sind dem hilflos ausgeliefert. Eltern und Familien haben aber ihre Kinder schon lange vor jeder Pädagogik ins Leben begleitet. Und wenn das nicht meist gut geklappt hätte, wären wir heute nicht mehr da.

PädagogInnen wissen es nicht prinzipiell besser als Eltern, andere Familienangehörige oder die betroffenen jungen Menschen selbst. Wenn sie behaupten, dass ein Kind bestimmte Dinge lernen oder sich auf eine bestimmte Art und Weise benehmen solle, muss Eltern und Kindern das unbedingte Recht eingeräumt werden, Nein zu sagen. Denn kein Kind ist wie das andere, und es gibt kein allgemeingültiges Richtig oder Falsch. Selbst wenn der Großteil aller Menschen in einer bestimmten Situation etwas Bestimmtes tut – der Mensch, der mir gerade gegenüber steht, muss nicht dazugehören. Er tut vielleicht etwas ganz anderes und dies kann trotzdem eine angemessene Verhaltensweise sein. So kann der mütterlichen oder väterlichen Intuition die stimmigste Handlungsweise gegenüber den eigenen Kindern, deren Verhalten sie gut kennen, entspringen, auch wenn noch so viele pädagogische Theorien dagegen sprechen.

Mit Sicherheit prägt die unglückliche Verquickung der pädagogischen Wissenschaft mit dem gesellschaftlichen Dogma Schule viele PädagogInnen in ihrer Arbeit. Zunächst absolvierten sie erfolgreich – im Sinne des Erreichens des höchsten Zertifikats – unser Schulsystem. Es hat ihnen also in der Regel genutzt. Selbst wenn sie als SchülerInnen darin schlechte Erfahrungen gemacht haben und vielleicht sogar in ihrer Berufsausübung etwas ändern möchten – die meisten bleiben in ihrer Kritik im System und stellen dessen Existenz sowie bestimmte Strukturen generell nicht in Frage.

Nicht zuletzt existiert ihr Arbeitsplatz nur, weil es Schulen gibt, die alle Menschen besuchen müssen, und aufgrund der Idee, es gäbe eine Art allgemeingültige Pädagogik für alle, die es zu erforschen und zu perfektionieren gilt. Es ist bekannt, dass Angehörige von Institutionen tendenziell bereit sind, sich mehr oder weniger auf die Bedürfnisse „ihrer" Einrichtung einzustellen. So werden auch PädagogInnen immer ein mehr oder weniger starkes Interesse am Erhalt der Strukturen haben, denen sie selbst angehören. Da seit Generationen alle Kinder eine Schule besuchen, konnte ein ungeheuer großer Apparat geschaffen werden, der vielen Menschen Karrieren ermöglicht, den Lebensunterhalt sichert und außerdem eng mit politischen Institutionen verflochten ist. Sprich: Die pädagogische Lobby ist sehr stark, der BeamtInnenapparat und die Bürokratie sind übermächtig. Selbst unproblematische Veränderungen, also solche, die sich innerhalb der vom Schul-Dogma gesetzten Grenzen bewegen, sind kaum umsetzbar. Geschweige denn, dass Schulkritik auch nur offen diskutiert werden könnte. Die Befürchtung, sie könnten ihren Platz im System oder dieses gleich vollständig verlieren, gibt den meisten PädagogInnen den erlaubten Diskussionsrahmen vor, an dem sie sich wie in vorauseilendem Gehorsam zum Großteil auch orientieren. Sie gehorchen dem System, dem sie dienen und das sie bezahlt. Ihre direkten AuftraggeberInnen sind eben leider nicht diejenigen, die gezwungen sind, ihre Methoden über sich ergehen zu lassen.

Innerhalb dieses vorgegebenen Rahmens wird vielfältig geforscht und diskutiert. Zum Beispiel, ob es Noten geben soll oder bewertende Texte und ab wann. So lange die Bewertung an sich nicht in Frage gestellt wird. Es kann gefahrlos über Klassengrößen oder Unterrichtsmethoden diskutiert werden. Aber Unterricht muss sein. Neue Schulfächer darf es geben, wie zum Beispiel „Nachhaltigkeit", „Dinge reparieren" oder „Meditation". Aber die Unterweisung anhand vorgegebener Lehrpläne steht nicht zur Debatte.

Der Zwang zum Schulbesuch, die Leistungsorientierung, die Lehrpläne, die Fremdbestimmung und Bevormundung und andere schulische Gegebenheiten werden konsequent nicht hinterfragt, sondern als absolut gesetzmäßig und notwendig vorausgesetzt. Natürlich werden auch wissenschaftliche Theorien und Forschungsergebnisse, die diesen Grundsätzen widersprechen, nicht zur Kenntnis genommen. Vielleicht häufig völlig unbewusst zielt die Forschung darauf, die Wichtigkeit von Pädagogik zu unterstreichen und das existente Schulsystem an sich nicht in Frage zu stellen. Kritik darf nicht über die durch die Politik und in der Folge auch die Wissenschaft selbst gesetzten Grenzen hinausgehen. Das heißt, dass beispielsweise die Schulpflicht trotz aller offensichtlichen negativen Folgen sakrosankt ist, ebenso wie die noch zu besprechende Selektionsfunktion von Schulen. Die Radikale Schulkritik, die es innerhalb der Pädagogik durchaus auch gibt, führt eine unbeachtete Randexistenz.

Meiner Meinung nach täte es der Pädagogik gut, von ihrem hohen Ross herabzusteigen, auf dem sie, nicht zuletzt infolge ihrer außerordentlichen gesellschaftlichen Rolle, bequem Platz genommen hat. Sicher würde sie ohne die gesellschaftspolitische Rückendeckung, die sie heute genießt, an Bedeutung verlieren. Sie wäre dann wieder nur eine Wissenschaft unter vielen. Jedoch glaube ich, dass pädagogische Forschung durchaus sinnvoll sein kann. In einem Bildungswesen, das auf einer freiheitlich-demokratischen Basis gegründet ist und keinem unwissenschaftlichen Dogma folgt, können PädagogInnen sogar wesentlich freier und erfolgreicher als bisher und ganz und gar im Sinne ihres Klientels, der Menschen, die etwas lernen wollen, forschen und lehren.

In der derzeitigen Situation ist meines Erachtens von der Pädagogik – abgesehen von den wenig beachteten kritischen Stimmen – leider nicht zu erwarten, dass sie sich in den Dienst eines freiheitlich-demokratischen Bildungswesens stellen wird. Stattdessen sollten die betroffenen jungen Menschen und deren Familien dieses politisch einfordern.

***

Exkurs: Pädagogische Forschung

Sicher gibt es über verschiedene pädagogische Theorien und Methoden einen gewissen Konsens. Und es spricht natürlich nichts gegen pädagogische Forschung an sich. Aber schon allein die Tatsache, dass die Forschung über Kinder und Jugendliche ausschließlich an SchülerInnen durchgeführt wird, was jedoch mangels NichtschülerInnen auch nicht anders möglich ist, schränkt die Ergebnisse ein. Wir sollten nicht einfach davon ausgehen, dass sich junge Menschen, die keine Schulen besuchen, jederzeit ebenso verhalten würden, wie wir es an SchülerInnen beobachten können. Es kann dann geschehen, dass wir ein Verhalten, das letztere zeigen, für junge Menschen als sehr wahrscheinlich erachten, obwohl es den speziellen Bedingungen von Schulen geschuldet ist und – ohne schulische Einschränkungen – mit höherer Wahrscheinlichkeit ein anderes Verhalten typischer wäre.

Ein Beispiel aus der Wolfsforschung kann das beleuchten. Zu Beginn fand diese an Wölfen statt, die in Gehegen lebten und wenig oder gar nicht familiär aneinander gebunden waren. Diese Tiere zeigten ein aggressives Sozialverhalten und fochten viele Rangkämpfe aus. So entstand zum Beispiel die Idee vom Alphawolf. Einige Jahre später begannen Forscher, wild lebende Wölfe zu beobachten, und stellten fest, dass ihre bisherigen Vorstellungen nicht stimmten. Heute wissen sie, dass Wolfsrudel Familien sind, in denen die Eltern gemeinsam führen und in denen es, wenn keine Stresssituationen entstehen, beispielsweise durch den Tod der Eltern, sehr sozial zugeht.

Schulen sind Gehegen durchaus vergleichbar, denn die jungen Menschen müssen sich für eine bestimmte Zeit darin aufhalten, ohne die Möglichkeit zu haben, sich zu entfernen. Auch die soziale Struktur in Schulen ist keine gewachsene oder vertraute, da sie infolge von bürokratischen Erfordernissen geschaffen wurde. Das heißt zum Beispiel, dass der Klassenverband vollkommen willkürlich zusammengestellt ist. Die jungen Menschen unterliegen außerdem einer ständigen Kontrolle und Fremdbestimmung. Wieso sollte also ihr Verhalten – ähnlich wie bei den Wölfen – durch diese Randbedingungen nicht stark beeinflusst sein?

Ich kann mich erinnern, dass meine LehrerInnen immer sehr erstaunt waren, wenn meine Eltern berichteten, wie ich mich zu Hause verhielt – und umgekehrt. Ich hatte also offenbar schulische und familiäre Verhaltensweisen entwickelt. Zwar verhalten sich Menschen in verschiedenen Gruppen natürlicherweise durchaus unterschiedlich. Das Problem ist aber, dass SchülerInnenverhalten als typisch kindliches Verhalten betrachtet wird und niemand die Frage stellt, ob die einschränkenden Gegebenheiten in Schulen vielleicht ganz bestimmte Verhaltensweisen fördern und andere blockieren. So wie bei mir, die ich in der Schule immer gehemmt, still und niemals so gelöst wie zu Hause war. Oder so wie bei Wölfen, die – eingesperrt im Gehege und ohne familiären Rückhalt – ein viel aggressiveres Sozialverhalten zeigen, als es bei ihnen typisch ist. Diese Frage wird nicht nur nicht gestellt. Ganz im Gegenteil. Die schulische Sozialisation gilt sogar als eines der wichtigsten Argumente pro Schule. Und das, obwohl das Leiden vieler Kinder durchaus gesehen wird. Jedoch wird dann leider viel zu oft behauptet, da müssten sie durch, um zu lernen, wie das Leben nun einmal sei. Und zwar sowohl von Eltern wie auch von PädagogInnen und PsychologInnen.

Pädagogische Forschung fragt nicht, ob Schulen schon infolge ihrer Struktur einen Nährboden für Mobbing und Gewalt bieten. Stattdessen wird in schulischen Gruppendynamiken nach den Mechanismen von Mobbing gesucht, nicht aber nach den Ursachen. In der Folge wird mit Trainings und Workshops versucht, das Verhalten der SchülerInnen zu beeinflussen, um Mobbing zu verhindern. Dabei werden dann genau dieselben schulischen Methoden angewandt – Belehrung, Fremdbestimmung, Bewertung und mehr –, die eventuell das Vorbild für das Mobbing unter den SchülerInnen dargestellt haben. Es wird quasi versucht, den Teufel mit dem Beelzebub auszutreiben. Wenn aber die Machtstrukturen an Schulen eine erhebliche Ursache für Mobbing darstellen, kann eine Intervention, die unter Beibehaltung der verursachenden Strukturen versucht, das Verhalten der jungen Menschen zu verändern, nur wenig bis gar nicht zum Erfolg führen. Und so sind die zunächst eventuell vorhandenen positiven Effekte solcher Interventionen erfahrungsgemäß auch nicht langlebig.

Literatur:
Einen kurzen Überblick über die „Geschichte der Pädagogik" gibt Winfried Böhm in seinem gleichnamigen Buch, erschienen bei Beck 2007.
Das Eingangszitat von Albert Einstein stammt von: http://www.poeteus.de/autor/Albert-Einstein/2, abgerufen am 16. März 2020.
Die Unter-Überschrift lehnt sich an Goethes Faust an: „Ich bin ein Teil von jener Kraft, die stets das Böse will und doch das Gute schafft."

Der Geburtsfehler von Schule

„Die Schulen, die heute gang und gäbe sind, sind nicht das Ergebnis von wissenschaftlichen Erkenntnissen und logischer Schlussfolgerung – sie sind ein Produkt der Geschichte. Geschichte ist nicht logisch, sie ist nicht zielgerichtet und sie führt nicht notwendigerweise zu Fortschritt im Sinn eines besseren menschlichen Daseins."

Peter Gray

Die treibende Kraft bei der Entstehung von Schulen war nicht der Gedanke an eine möglichst umfassende Bildung für alle. Im Gegenteil – ihre Erfindung sollte einzelnen Individuen dabei helfen, ihre Interessen durchzusetzen und ihre Macht zu festigen. Die Bildung aller, die heute ein Menschenrecht und eine Grundlage unserer Demokratie darstellt, war nicht deren Ziel. In den jeweiligen historischen Zusammenhängen war wohl auch kaum etwas anderes zu erwarten.

Hätten wir damals jedoch eine von jedem politischen und wirtschaftlichen Dogma freie Bildung für alle im Sinn gehabt und hätten wir nur beobachtet, wie Lernen funktioniert, und daraus Schlüsse über den richtigen Umgang mit unseren nachwachsenden Generationen gezogen – ich bin mir sicher, Schulen, wie wir sie heute kennen, würde es nicht geben.

***

Was das Patriarchat mit Schulen zu tun hat

„... daß sie ihre Kinder während der Schul-Jahre ... ansehen müßten, als wenn sie mehr dem Staate denn ihnen zugehörten."
Friedrich II. von Preußen

Im Allgemeinen wird unter Patriarchat eine „Männerherrschaft" verstanden, so wie sie beispielsweise in der Allmacht des pater familias der römischen Antike zum Ausdruck kommt. Aber so weit müssen wir gar nicht zurückgehen. Noch vor etwas mehr als 100 Jahren hatte die Frau in Deutschland ihrem Mann in jeder Hinsicht zu gehorchen.

Die von mir favorisierte Definition des Patriarchatbegriffs geht jedoch darüber hinaus. Ich sehe nach Max Weber im Patriarchat eine persönliche, auf Gewalt und Gehorsam beruhende Form der Herrschaft. Diese Herrschaft kann von jedem Menschen ausgehen, nicht nur von Männern, und auch von abstrakten Gebilden, wie dem Staat, oder Institutionen, wie der Schule.

Der Begriff mag einer Orientierung an der Männerherrschaft entspringen, aber selbst in zutiefst von dieser geprägten Zeiten konnte patriarchale Herrschaft immer auch von Frauen ausgehen (Hatschepsut oder Kleopatra im Alten Ägypten oder Maria Theresia in Österreich - der Beispiele gibt es viele). Wichtig ist, dass die Art und Weise der Herrschaft gleichen Regeln folgt. Es geht um das Verneinen der Gleichwertigkeit aller Menschen sowie daraus folgend um Paternalismus, also eine vormundschaftliche Beziehung zwischen Herrschenden und Beherrschten, und den Druck zum Gehorsam.

Jungen Menschen tritt diese patriarchale Gewalt in Form von Erziehung entgegen. PädagogInnen glauben, dass Erziehung in dem Moment notwendig wurde, in dem der Mensch Wissen und Fertigkeiten weiterzugeben hatte, die nicht mehr genetisch in uns angelegt sind, wie zum Beispiel den Werkzeuggebrauch. Dies ist aber keineswegs eine so logisch richtige Schlussfolgerung, wie es auf den ersten Blick den Anschein hat. Bei Tieren wird immer wieder beobachtet, dass Fertigkeiten, die bei diesen ebenfalls nicht instinktiv sind, über Nachahmung weitergegeben werden. Ein bekanntes Beispiel sind Schimpansen, die sich Termiten mit Stäbchen aus deren Bau angeln. Beeindruckend ist auch die Schimpansin Washoe, die in den 60er Jahren des letzten Jahrhunderts etwa 250 Worte der Gebärdensprache erlernte und einige davon an ihren Adoptivsohn weitergab – ganz ohne Erziehung. Der junge Schimpanse lernte die Zeichen, weil Washoe diese gebrauchte. Aber auch in Jäger- und Sammlergruppen wird das Wissen weitergegeben, indem die jungen Menschen sich alle notwendigen Fertigkeiten von den Älteren abschauen. Es ist hier viel mehr der Vorgang der Sozialisation als der der Erziehung am Werk.

Was also tatsächlich wichtig war, als der Mensch immer mehr Kenntnisse und Fertigkeiten ansammelte, war dessen Fähigkeit zur Sozialisation in seine Gesellschaft, die von ihm selbst ausging und keine Gewalt durch Erziehende erforderte. Und vermutlich hat dies auch über einen Großteil unserer Geschichte sehr gut funktioniert, obwohl dabei sehr viele Kulturtechniken – also keine instinktiven Verhaltensweisen – von Generation zu Generation weitergegeben wurden.

Das Leben der Jäger und Sammler hatte sich noch nach den natürlichen Gegebenheiten der Umwelt gerichtet, wodurch eine gewisse Flexibilität und eine hohe Kreativität der Menschen gefordert war. Sie unterschieden vermutlich nicht zwischen Arbeit und Freizeit oder Spiel. Das Leben bestand gleichzeitig aus allem. Herausforderungen wurden spielerisch gemeistert, notwendige Tätigkeiten erledigt, wenn die Menschen Lust dazu hatten. Kaum etwas geschah regelmäßig. Darauf weisen jedenfalls Untersuchungen an heute noch existenten Jäger- und Sammlergruppen hin.

Dann geschah vor etwa 10.000 Jahren unsere Sesshaftwerdung – die neolithische Revolution. Neben dem Eigentum an Land, Tieren und Waren brachte diese vor allem das Entstehen von Arbeit mit sich. Das Anbauen von Getreide, Obst und Gemüse sowie die Weidewirtschaft mussten planmäßig erfolgen und verlangten das Ausführen von regelmäßig wiederkehrenden Tätigkeiten, die oft schwer und eintönig waren. Die Arbeit als planmäßige, häufig mühevolle und einseitige Tätigkeit war geboren. Für diese wurden nun auch Kinder, die in Jäger- und Sammlergesellschaften ihre Zeit noch mit Spiel und der eigenen Sozialisation verbringen konnten, verstärkt herangezogen. Sie hüteten die Tiere, halfen bei der Versorgung jüngerer Geschwister und einiges andere mehr.

Und genau hier setzte meines Erachtens Erziehung ein, nämlich infolge des Wunsches der Eltern, dass die Kinder bestimmte Tätigkeiten – entgegen ihren eigenen Bedürfnissen – ausführen sollten. Und damit dies auch wirklich geschah, kamen auch Strafen – und damit Gewalt – ins Spiel. Peter Gray nennt in seinem Buch „Befreit lernen" das Extrembeispiel der papua-neuguineischen Baining, bei denen Arbeit den höchsten Stellenwert hat und Kinder zuweilen sogar bestraft werden, wenn sie spielen.

Neben der Arbeit trat, wie gesagt, auch das Eigentum in unser Leben und parallel dazu auch dessen Ungleichverteilung, da einige Menschen geschickter in dessen Vermehrung waren als andere, sicher nicht immer mit friedlichen Mitteln. Zudem war bald die Notwendigkeit entstanden, die Versorgung der Menschen mehr oder weniger zentral zu organisieren. Im Zuge dessen bündelte sich letztlich Macht bei bestimmten Menschen und Familien.

Da auch der Handel eine immer wichtigere Rolle zu spielen begann, in größerem Stil sicher getragen von den wohlhabenderen Bevölkerungsteilen, wurde irgendwann die Fixierung von Informationen unumgänglich, um den Überblick über alle Besitztümer und Waren zu behalten. Das war der Anfang von Schrift. Nach heutigem Erkenntnisstand geschah dies in der mesopotamischen Kulturlandschaft Sumer im 4. Jahrtausend vor unserer Zeitrechnung. Die Idee einer Donauzivilisation, die bereits früher über eine Schrift verfügte, ist umstritten. In Sumer dienten die Schriftzeichen wohl zunächst der Zählung von Waren für den Handel und die Vorratshaltung. Erst später begannen die Menschen, Texte zu schreiben. Zunächst thematisierten diese, neben der Wirtschaft, Götter und Herrscher, deren Macht sie darstellen sollten. Im Laufe der Zeit entwickelte sich unsere heutige Vielfalt an Textformen.

Schrift wurde also ursprünglich nicht, wie es heute gern gesehen wird, erfunden, um Nachkommenden Wissen zu vermitteln, sondern zur Verwaltung des Reichtums einiger weniger. Zwar übernahmen diese – vor allem in den entstehenden Städten – auch die Planungs- und Verwaltungstätigkeiten, die für die Versorgung der wachsenden Bevölkerung notwendig wurden. Diese Bevölkerung begab sich damit jedoch auch in die zunehmende Abhängigkeit von den wenigen sie letztlich beherrschenden Familien, bis hin zu Leibeigenschaft und Sklaverei. Fortan war das gesellschaftliche Miteinander vom Wunsch nach Gehorsam geprägt, der Kinder gegenüber den Eltern, der UntertanInnen gegenüber den HerrscherInnen und gegenüber den nun patriarchalen Gottheiten. Es entstanden die ersten großen Reiche – streng geführt von MonarchInnen, die jedoch auf einen BeamtInnenapparat angewiesen waren.

Und diese BeamtInnen mussten Lesen und Schreiben können. Es war also im ureigensten Interesse der jeweiligen HerrscherInnen, einigen ihrer UntertanInnen zu ermöglichen, diese Fertigkeiten zu erlernen. Für diese BeamtInnen lohnte sich das wiederum, weil sie damit entweder bereits zur Oberschicht des jeweiligen Reiches gehörten und dort bleiben oder aber in diese aufsteigen konnten. Für einen Großteil der – meist bäuerlich lebenden – Menschheit war die Kunst des Lesens und Schreibens jedoch vermutlich noch für lange Zeit nicht sehr interessant oder galt als Wissen von Privilegierten – PriesterInnen, BeamtInnen oder MonarchInnen.

In Sumer sind folgerichtig auch erste Schulen nachweisbar, in denen vor allem das Lesen und Schreiben erlernt werden konnte. Zugang hatten wohl eher die Angehörigen der Oberschicht. Vermutlich war der soziale Aufstieg oder der Erhalt der Position der Eltern der wichtigste Grund, Kinder in diese Schulen zu schicken. Eine allgemeine Bildung des Volkes über das eigene Bedürfnis nach fähigen BeamtInnen hinaus wird der jeweilige Monarch jedoch nicht im Sinn gehabt haben.

Von Anfang an gehörte zu Schulen die körperliche Züchtigung. Nach dem bisher Gesagten sollte das nicht überraschen, denn auch hier bestimmten – wie nun üblich – andere Menschen darüber, was die Kinder zu tun hatten, und verlangten unbedingten Gehorsam. Das Erlernen der viele hundert Zeichen umfassenden ersten Schriften war kein leichtes Unterfangen und dauerte wohl mehrere Jahre. Im Alten Ägypten begann die schulische Ausbildung etwa mit dem 5. Lebensjahr. Sicher hatten so junge Menschen anderes als das ständige Wiederholen von Schriftzeichen im Sinn, und es war leider nur konsequent, dass sie mehr oder weniger zur Teilnahme gezwungen werden mussten.

Und genau das ist der Geburtsfehler von Schule. Von Sumer über die Antike und das Mittelalter bis in die Neuzeit sollte in Schulen gelernt werden, was deren Träger in ihren ureigensten Macht- und Wirtschaftsinteressen für richtig und notwendig erachteten. Sie wünschten untertänige und an das bestehende Gesellschaftssystem angepasste Menschen, die ohne Widerstand das taten, was ihnen gesagt wurde, und an der Gestaltung der Gesellschaft nur soweit mitwirkten, wie es eine jeweilige Oberschicht wünschte.

Unsere moderne Idee, dass Schulen der Bildung von Menschen dienen, ist zur Zeit ihrer Entstehung ganz sicher kein Beweggrund gewesen und ist es in meinen Augen bis heute nicht.

Nach dem, was ich weiter oben erläutert habe – nämlich, dass Menschen sich im Rahmen ihrer Sozialisation die notwendigen Fertigkeiten ihrer Gesellschaft selbst aneignen – hätten sich die daran interessierten Sumerer oder Alten Ägypter die Schrift selbstständig aneignen können. Die Voraussetzungen dafür wären erstens der freie Zugang zum entsprechenden „Alphabet", zu Texten, zu

Übungsmöglichkeiten und natürlich zu Vorbildern gewesen sowie zweitens die Notwendigkeit dieser Kulturtechnik im eigenen Leben. Letzteres war vermutlich über lange Zeit nicht wirklich gegeben. Die bäuerlichen Gesellschaften kamen gut ohne Schrift aus, und es wäre ein Fehler, sie deswegen als ungebildet zu betrachten. Alles, was sie für ihr Leben wissen und können mussten, wussten und konnten sie mit Sicherheit. Notwendig sind Fertigkeiten im Lesen und Rechnen eventuell gewesen, um sich im Handel oder sonstigen Warenverkehr vor Betrug schützen zu können. Wir können heute letztlich nicht wissen, wie weit diese tatsächlich verbreitet waren.

Darüber hinaus stellt sich die Frage, ob die herrschende Schicht überhaupt daran interessiert war, dass alle Menschen lesen und schreiben konnten, ob sie also bereit gewesen wäre, einen freien Zugang für alle Menschen zu dieser und weiteren Kulturtechniken zu ermöglichen. Dies war vermutlich nicht der Fall. Wie in Monarchien üblich, ergab es viel mehr Sinn, das Monopol auf derartige Fertigkeiten zu besitzen, und die UntertanInnen nur so weit zu beteiligen, wie es für den Erhalt der Monarchie notwendig war.

So mussten auch schon die alten Ägypter in Schulen auch das richtige Verhalten als UntertanInnen des Pharaos erlernen. Die spartanischen Männer wurden zu entschlossenen Kriegern erzogen, wofür sie bereits mit sieben Jahren aus ihren Familien genommen wurden und eine militärische Ausbildung erhielten. Spätere christliche Kirchen wünschten Nachwuchs an Mönchen und Priestern, die mittelalterlichen Städte weltlich gebildete Menschen, die sich in Handel und Verwaltung auskannten. Nach der Reformation sollten die Menschen im jeweils „rechten Glauben" gebildet werden. MonarchInnen wünschten gehorsame UntertanInnen. In der

DDR sollte die sozialistische Persönlichkeit erzogen werden. Die Liste ließe sich leicht erweitern. Und auch Demokratien – antike wie moderne – hielten daran fest, Menschen in ihrem Sinne formen und mittels eines Bildungssystems bestehende Ungleichheiten stabilisieren zu wollen, was heute allerdings in verschiedenen Ländern unterschiedlich, in Deutschland jedoch extrem stark, ausgeprägt ist.

Wenn die Verfassung eines Staates die politische Mitbestimmung vieler Menschen vorsieht, wird es zwingend notwendig, dass diese eine gewisse Grundbildung besitzen. In der Folge gab es immer Bestrebungen, einen verbindlichen Bildungskanon zu entwickeln, so geschehen im antiken Athen und später auch in der römischen Republik. Bildung bekam spätestens hier einen eigenen Wert und wurde nicht mehr nur unmittelbar zum Zweck der Berufsausübung angestrebt. In der Regel konnten Angehörige der Oberschicht dem Bildungskanon jedoch besser entsprechen als Angehörige der Unterschicht, so dass ersteren ein höherer Bildungsweg und damit auch mehr Ansehen vorbehalten blieben. Die Fähigkeit des Lesens und Schreibens war jedoch weit verbreitet und zumindest die Lesefähigkeit auch allenorts notwendig.

In der römischen Kaiserzeit blieb der antike Bildungskanon weitgehend erhalten, jedoch trat eine Entwicklung ein, die auch anderen Monarchien eigen ist. Die römischen Kaiser nahmen zunehmend Einfluss auf Schulen, so dass gegen Ende des antiken Roms von einem staatlichen Schulwesen gesprochen werden kann. Die antiken Bildungsinhalte waren zwar nach wie vor von Bedeutung, aber MonarchInnen haben in der Regel kein Interesse an der politischen Mitbestimmung durch ihre UntertanInnen. Vielmehr können sie über das Schulwesen auf diese einwirken, um sie untertänig und gehorsam zu halten. Dies kann auch in vielen späteren Monarchien beobachtet werden, zum Beispiel wenn die elementare Grundbildung im Deutschland des 19. Jahrhunderts vor allem darin bestand, die gottgegebene Ordnung zu legitimieren, oder Sonntagsschulen die Menschen von sozialdemokratischen Einflüssen fernhalten sollten.

Das römische Schulwesen verfiel nach dem Untergang Westroms zusehends. Sich etablierende christliche Dom- und Klosterschulen waren vor allem an der Erziehung von Mönchen und Priestern interessiert. Erst als im Hoch- und Spätmittelalter ein höherer Bedarf an BeamtInnen und VerwalterInnen entstand, wurde allgemein wieder mehr Wert auf die Kunst des Lesens und Schreibens gelegt. Bald entstanden in den sich entwickelnden Städten mit ihrem aufstrebenden Bürgertum auch Schulen, die sich der berufspraktischen Ausbildung von HandwerkerInnen, HändlerInnen und anderen Berufsgruppen widmeten.

Im Zuge von Renaissance und Aufklärung entstand eine Vielzahl von Bildungstheorien, in deren Mittelpunkt zunehmend der Mensch als Individuum rückte. Sie unterschieden sich beispielsweise in der Frage, ob der Mensch von Geburt an gut oder schlecht sei oder wie ein aus dem jeweiligen Blickwinkel richtig gebildeter Mensch zu verwirklichen wäre. Doch diese Ideen beinhalteten nach wie vor den – patriarchalen – Gedanken, dass der Mensch geformt werden muss. Die verschiedenen Pädagogen und Philosophen – ja, es waren meines Wissens keine Frauen beteiligt – entwickelten jeweils ein Bild vom Menschen, wie er ihrer Meinung nach zu sein hatte und empfahlen dann Erziehungsmethoden, mit denen dieser Mensch geschaffen werden sollte.

Die neuen Konzepte enthielten durchaus positive Gedanken, zum Beispiel, wenn die Züchtigung von SchülerInnen abgelehnt oder die Forderung nach einer gleichen Bildung für alle Menschen aufgestellt wurde. Aber sie zogen auch schlimme Entwicklungen nach sich, wie zum Beispiel die pietistische Pädagogik von August Hermann Francke, der meinte, dass der Eigenwille der Kinder gebrochen werden müsse und diese einer strengen Zucht zu unterwerfen seien, und der diese Ideen in seiner „Anstalt" in Halle (ab 1695) auch verwirklichte.

Spätestens seit Renaissance und Aufklärung konkurrieren die Ansprüche der jeweiligen Landesfürsten oder anderer Schulträger, die vor allem ihre Herrschaft stabilisieren und für ihre Bedürfnisse wichtige Berufsgruppen ausbilden lassen wollen, mit denen von PädagogInnen, PhilosophInnen und anderen, die sich der Bildung an sich verpflichtet fühlen. Einige Theorien und vor allem die Reformpädagogiken des 19./20. Jahrhunderts hatten auch durchaus Einfluss auf die Gestaltung von Schulen.

Ungeachtet dessen haben sich diese letztlich aber wenig verändert. Es sind noch heute Orte, an denen Menschen – entgegen ihren eigenen Vorstellungen und Bedürfnissen – nach Lehrplänen, die andere Menschen für sie erstellen, Dinge lernen sollen, von denen andere glauben, dass diese wichtig sind. Dabei ist auch nach wie vor Gewalt im Spiel, denn der Zwang zum Besuch einer Schule in Form der Schulpflicht ist nichts anderes als Gewalt, so wie auch die Bewertung der Leistungen der jungen Menschen oder die Fremdbestimmung, die den Rahmen der SchülerInnen für eigene Entscheidungen massiv einschränkt. Nicht zu vergessen sind die bei Schulverweigerung drohenden Konsequenzen, welche massive Gewalt gegen die betroffenen jungen

Menschen und ihre Familie darstellen. Kinder und Eltern sind quasi rechtlos, zur Teilnahme an Schulen gezwungen und im täg-lichen Miteinander vom Machtverhalten der PädagogInnen abhängig.

In allen Schulen gibt es ein Schulkonzept, dem sich SchülerInnen und LehrerInnen zu beugen haben. Ein Großteil des Lebens der jungen Menschen ist an einen Ort gebunden und aus dem gesellschaftlichen Alltag herausgelöst. Aber das echte Leben folgt keinen Konzepten, sondern es besteht aus einem facettenreichen Miteinander vieler verschiedener Menschen, die sich vielen verschiedenen Ideen verpflichtet fühlen. Diese Mischung muss die Grundlage für unsere Sozialisation darstellen. Jede Art von Schule schränkt diesen Erfahrungsraum extrem ein.

Das gilt übrigens auch für die freieste Schulform, die mir persönlich bekannt ist, die Demokratischen Schulen. Die Idee, Schule nach demokratischen Prinzipien zu organisieren, ist ja generell eine gute, jedoch kann sie – zumindest in Deutschland – nicht erfolgreich in die Realität umgesetzt werden. Über die Schulpflicht oder den Lehrplan darf die Schulversammlung beispielsweise nicht entscheiden. Ich bin daher fest davon überzeugt, dass die jungen Menschen – wenn auch nur intuitiv – erfassen, dass die in Demokratischen Schulen geübte Demokratie nicht echt ist, denn sie funktioniert nur im schulischen Kontext und selbst dort nicht einmal vollständig. Wenn die SchülerInnen nur mit ein wenig Beobachtungsgabe ausgestattet sind, erkennen sie mit Sicherheit, dass zwischen Anspruch (Ausüben demokratischer Rechte) und Ausführung (starke Einschränkung der entsprechenden Möglichkeiten) eine erhebliche Lücke klafft, fühlen sich nicht ernst genommen und nehmen das System nicht ernst. Im schlimmsten Fall lernen sie, dass Demokratie bedeutet, nur eingeschränkte Mitbestimmungsrechte zu besitzen. Sie werden sehr schnell begreifen, was erlaubt ist und was nicht. Ich kann mich gut an meine Schulzeit in der DDR erinnern. Auch dort gab es Gremien, die zur Mitarbeit einluden. Uns wurde erklärt, wie wichtig es wäre, uns in die Gestaltung der sozialistischen Gesellschaft einzubringen. Aber wir wussten alle, was wir zu sagen hatten und was wir nicht sagen durften. Die Spannbreite des „Erlaubten" ist heute sicherlich viel weiter, aber an gewissen Grundsätzen darf trotzdem nicht gerüttelt werden.

Auf die im vorigen Kapitel genannte Studie „Jugend in Brandenburg 2017" hatte zum Beispiel der Landesschülerrat Brandenburg lediglich die Antwort, dass mehr SchulsozialarbeiterInnen benötigt werden. Sicher aufgrund der gestiegenen Schulangst. Aber die jungen Leute überlegten nicht, ob das System, in welchem diese Angst produziert wird, nicht generell zu hinterfragen ist. Immerhin betrifft die Schulangst fast die Hälfte aller SchülerInnen. Die SchulsozialarbeiterInnen könnten die Betroffenen ja im besten Fall nur auffangen, aber sollten diese Zustände nicht von vornherein vermieden werden? Eine solche Reaktion eines Schülergremiums wäre auch in der DDR möglich gewesen, wahrscheinlich verbunden mit der Forderung nach mehr Pionier- und FDJ-LeiterInnen. Sie geht vollkommen konform mit dem Gegebenen und verlangt keinerlei wesentliche Veränderungen, diskutiert diese nicht einmal.

Einen wirklich freien Zugang zu Bildung, der es jedem Menschen ermöglichen würde, das Lesen und Schreiben und andere Kulturtechniken zu erlernen, wann immer dieser selbst das Bedürfnis verspürte, gab es in Schulen bis heute nie. Am ehesten kommt die heutige Erwachsenenbildung – zum Beispiel in Volkshochschulen – diesem Ideal nahe.

Die jeweiligen Träger von Schulen haben bis heute noch nie vorbehaltlos die Betroffenen selbst – also unsere Kinder – nach ihren Bedürfnissen gefragt, obwohl dies, vor allem im heutigen Schulwesen, immer wieder gern behauptet wird. Stattdessen verwalten sie diese nach ihrem Gutdünken.

Werden die jungen Menschen nach ihrer Meinung oder ihren Bedürfnissen gefragt, stehen ihnen Antwortmöglichkeiten nur innerhalb eines erlaubten Spektrums zur Verfügung. Es dürfte ihnen auch schwer fallen, eine von Dogmen freie Meinung zu entwickeln. Dogmen, die Schulen als einzige Orte des Lernens darstellen. Dogmen, die besagen, dass Menschen ohne den Schulbesuch ihr Leben nicht meistern können. Dogmen, die den Menschen ganz und gar auf Leistung und das Erreichen schulischer Zertifikate ausrichten. Dogmen, die besagen, dass ein Mensch selbst schuld ist, eben leistungsschwach, wenn er keine guten Noten erreicht. Und viele mehr. Selbst, wenn die jungen Menschen fühlen, dass es anders sein sollte, werden sie diesen Gefühlen kaum trauen, an die sehr starken Dogmen glauben und sich einzurichten versuchen. Nicht selten nehmen ihr Selbstbild und Selbstbewusstsein dabei erheblichen Schaden.

Natürlich können die Interessen einiger Kinder mit denen der Schulträger zusammenfallen, so dass diesen ihre Schulzeit leicht fällt. Außerdem freuen sich die meisten Kinder auf die Schule und haben hohe Erwartungen an diese, denn sie werden jahrelang unter großen Versprechungen („Endlich lernst du etwas!") auf diese Zeit vorbereitet. Wie Statistiken aber immer wieder zeigen, ist ein Großteil der SchülerInnen – zunehmend mit der Länge ihres Schulbesuches – unzufrieden. Das war mit Sicherheit auch früher nicht anders. Spott oder Wut über LehrerInnen ist aus allen Menschheitsepochen überliefert. Um die SchülerInnen gehorsam zu machen, war deswegen, wie schon erwähnt, körperliche Züchtigung von Anfang an eng mit Schulen verbunden. Sie wurde nicht für schädlich erachtet, ja oft sogar für notwendig und nützlich. In Deutschland wurde sie erschreckenderweise erst vor kurzem – in der DDR immerhin schon 1945, in Westdeutschland in fast allen Bundesländern bis 1973, in Bayern erst 1983 – verboten. Psychische Gewalt gibt es jedoch nach wie vor. Sie äußert sich in Form von Fremdbestimmung, Disziplinierung, Zwang und Druck.

Die große Angst ist, dass die jungen Menschen ohne die Idee eines Bildungskanons tun und lassen würden, was sie wollen. Ja – das stimmt. Aber was will der junge Mensch? Er will sich in die ihn umgebende Gesellschaft sozialisieren. Das heißt, wenn wir bestimmte Vorstellungen davon haben, wie unsere Gesellschaft beschaffen sein sollte, müssen wir genau diese vorleben und die jungen Menschen – uneingeschränkt! – daran teilhaben lassen. Es genügt also zum Beispiel nicht, ihnen von Demokratie zu erzählen, sie müssen diese – vollständig! – erleben und mitgestalten können.

Die vielen pädagogischen Theorien, die besagen, dass der Mensch – von außen – zu bilden sei, sollten dagegen endlich als Zeugnisse ihrer patriarchalen Entstehungszeit verstanden und überwunden werden. Sie machen den Menschen zum Objekt der erzieherischen Bemühungen anderer. Er sollte aber als Subjekt selbst über sein Leben und Lernen bestimmen dürfen, und zwar von Anfang an.

***

Exkurs: Wilhelm von Humboldt und die öffentliche Erziehung

Der Humanist und preußische Reformer Wilhelm von Humboldt hat in seiner Schrift „Ideen zu einem Versuch die Grenzen der Wirksamkeit des Staates zu bestimmen", die er vermutlich im Jahr 1792 niederschrieb, unter anderem auch seine Gedanken zur öffentlichen Erziehung ausgeführt.

Der wahre Zweck des Menschen sei „die höchste und proportionierlichste Bildung seiner Kräfte zu einem Ganzen". Das heißt, der Mensch solle sich bilden, indem er sich vielen verschiedenen Lebens- und Lernsituationen stellt. Hierfür wichtig seien Freiheit und die Mannigfaltigkeit der Situationen, was wirklich ausgesprochen aktuell klingt.

Humboldt glaubte, dass dies in einer Monarchie möglich sei. So schrieb er davon, dass „[a]llein in unseren monarchischen Verfassungen [...] – und gewiß zum nicht geringen Glück für die Bildung des Menschen" nicht die Vorstellung einer gewissen bürgerlichen Form des Menschen existiere, da dieser in der Monarchie keine politischen Funktionen übernehmen müsse.

Die republikanische Verfassung bezeichnete er demgegenüber als „einseitig". Diese Einseitigkeit sei „größtenteils durch die fast überall eingeführte gemeinschaftliche Erziehung und das absichtlich eingerichtete gemeinschaftliche Leben der Bürger überhaupt hervorgebracht und genährt" worden. Er meinte damit, dass Republiken ihre BürgerInnen „staatskonform" erziehen müssen, um sich zu erhalten, und daher in ihren Bemühungen, unter anderem im Bereich der Bildung, einseitig auf den Erhalt der jeweiligen republikanischen Verfassung ausgerichtet sind. So wie beispielsweise die Spartaner die Jungen schon mit sieben Jahren aus den Familien nahmen, um sie militärisch auszubilden.

Humboldt lehnte dies ab. Er sah dadurch die Privatfreiheit der BürgerInnen eingeschränkt. Republikanische Verfassungen waren in seinen Augen gegenüber den monarchischen, auch wenn er sich diese anders wünschte, offensichtlich prinzipiell unvollkommen. Er meinte, dass die Privatfreiheit in Monarchien besser möglich sei und damit auch eine umfassendere Bildung. Denn Monarchien wünschten keine mitregierenden BürgerInnen und müssten diese daher auch nicht einseitig im Sinne der bestehenden Ordnung erziehen. Ich denke, dass Humboldt sich hier sehr irrte, denn auch Monarchien müssen auf Menschen einwirken, damit diese ihr UntertanInnenleben schicksalsergeben hinnehmen, und sie haben das auch immer getan. Denn, was wäre, wenn der freie und gebildete Untertan, den Humboldt sich vorstellte, in einer Monarchie letztlich doch auch in der Politik mitbestimmen möchte?

Die für mich wichtigste Aussage Humboldts ist, dass er es für schädlich erachtete, wenn in Republiken „der Bürger von seiner Kindheit an schon zum Bürger gebildet wird. [...] Daher müßte meiner Meinung zufolge die freieste, so wenig als möglich schon auf die bürgerlichen Verhältnisse gerichtete Bildung des Menschen überall vorangehen. Der so gebildete Mensch müßte dann in den Staat treten, und die Verfassung des Staates sich gleichsam an ihm prüfen. Nur bei einem solchen Kampfe würde ich wahre Verbesserung der Verfassung durch die Nation mit Gewißheit hoffen [...] Jede öffentliche Erziehung aber, da immer der Geist der Regierung in ihr herrscht, gibt dem Menschen eine gewisse bürgerliche Form." Tatsächlich soll ja auch im heutigen Deutschland mittels der Legitimations- und Reproduktionsfunktion von Schulen die bestehende Ordnung in den Köpfen der Kinder als einzig richtige verankert werden.

Meines Erachtens hat Humboldt hier, obwohl er republikanische Verfassungen nicht als die besten ansah, Grundsätzliches zur Ausformung eines demokratischen Staates formuliert, in dem Wandel und größtmögliche Freiheit grundlegende Elemente sein sollten.

Er ergänzte: „Denn selbst wenn die letztere [die Verfassung] sehr fehlerhaft wäre, ließe sich denken, wie gerade durch ihre einengenden

Fesseln die widerstrebende, oder trotz derselben sich in ihrer Größe erhaltende Energie des Menschen gewänne. Aber dies könnte nur sein, wenn dieselbe vorher sich in ihrer Freiheit entwickelt hätte. Denn welch ein ungewöhnlicher Grad gehörte dazu, sich auch da, wo jene Fesseln von der ersten Jugend an drückten, noch zu erheben und zu erhalten?" Humboldt meinte also, ganz richtig in meinen Augen, dass ein Mensch, der in öffentlichen Schulen von Anfang an davon überzeugt wurde, dass die bestehende Verfassung die einzig richtige sei, sich sehr viel schwerer damit tun wird, selbstbewusst auf einer Veränderung derselben zu bestehen. Er wird sie eher als gegeben hinnehmen und sich, selbst wenn er sie als verbesserungswürdig empfindet, mit ihr arrangieren, oder, wenn genügend Unmut angestaut ist, sich ganz von ihr abwenden. Er wird kein mündiger Bürger sein, der selbstbewusst an der Verfassung mitgestalten möchte.

Ich glaube, dass dies gut auch unsere heutige politische Welt beschreibt. Wenn ich beispielsweise mit Menschen über die Schulpflicht spreche, höre ich häufig das Argument, dass diese nun einmal Gesetz sei. Kaum jemandem kommt es offenbar in den Sinn, dass Gesetze verändert werden können und dass es kein Verbrechen ist, sich dafür einzusetzen. Stattdessen entstanden Argumente wie „Uns hat es ja auch nicht geschadet!" oder „Da muss man durch!", deren Nutzung im Zusammenhang mit Schulen ja klar darauf hinweist, dass ein gewisses Schädigungspotential durchaus vorhanden ist. Nach Freude am Lernen klingt es jedenfalls nicht.

Dafür, dass Menschen sich von ihrer Verfassung ganz abwenden, wenn sie für sich offenbar nicht genügend Handlungsspielraum innerhalb derselben sehen oder sich nicht vertreten fühlen, sprechen unsere letzten Wahlergebnisse. 40 Prozent der Deutschen können sich außerdem mittlerweile wieder ein autoritäres Regime vorstellen. Unsere Republik, die unter anderem im Schulwesen entscheidende Schritte in Richtung Demokratie versäumt hat, zerstört sich vielleicht gerade selbst.

Letztlich führt Humboldt noch allgemeine Gründe dafür an, wieso eine öffentliche Erziehung generell nicht notwendig oder sinnvoll wäre.

So hätte diese in der Ausführung immer eine gewisse Einheit und Anordnung, die sie einförmig wirken lässt, womit das auch heute noch viel diskutierte Problem der Homogenisierung in Schulen angesprochen ist.

Auch ein anderes heute sehr häufig diskutiertes Thema erwähnt er und hat eine Lösung parat: „Denn ist es bloß die Absicht zu verhindern, daß Kinder nicht ganz unerzogen bleiben, so ist es ja leichter und minder schädlich, nachlässigen Eltern Vormünder zu setzen oder dürftige zu unterstützen." Auch ich lehne ein Wächteramt des Staates in Bezug auf das physische und psychische Wohlergehen von jungen Menschen und deren Zugang zu Bildung nicht ab.

Öffentliche Erziehung würde aber letztlich ihr selbst gesetztes Ziel – „die Umformung der Sitten nach dem Muster, die der Staat für das ihm angemessenste hält" – gar nicht wirklich erreichen können, da die Lebensumstände der Menschen stärker wirkten. Ich glaube, dass der „Erfolg" dieser Umformungsversuche vermutlich individuell sehr unterschiedlich ausfällt. Zwischen der uneingeschränkten Annahme der gesellschaftlichen Gegebenheiten durch einige SchülerInnen und der Entwicklung anderer zu mündigen Menschen trotz der schulischen Indoktrination wird alles möglich sein. Jedoch hat Humboldt sicher nicht voraussehen können, wie stark Schulen heute in das Leben der Menschen eingreifen. Ihr Einfluss ist wahrscheinlich sehr viel größer als er es sich Ende des 18. Jahrhunderts vorstellen konnte. Der Indoktrination zu widerstehen, wird so schwieriger.

Humboldt kommt zu dem Schluss: „Ueberhaupt soll die Erziehung nur, ohne Rücksicht auf bestimmte, den Menschen zu erteilende bürgerliche Formen, Menschen bilden, so bedarf es des Staates nicht." Soll also nur der Mensch gebildet werden – ohne dahinter stehende staatliche Interessen an einer bestimmten Formung der UntertanInnen oder BürgerInnen – sei kein öffentliches Schulwesen notwendig.

Was er sich stattdessen vorstellt, erklärt er leider nicht. Vermutlich eine private häusliche Bildung, wie er sie selbst genossen hatte. Natürlich kann eingewandt werden, dass diese damals nur für die Elite wirklich umsetzbar war. Mit Sicherheit wurde aber auch in nicht privilegierten Familien vieles gelernt, wahrscheinlich auch oft Lesen und Schreiben, jedoch folgte diese Bildung keinem Bildungskanon, sondern den jeweiligen Notwendigkeiten und Interessen der Familie und des betreffenden Menschen.

Später konnte sich Humboldt offenbar ein öffentliches Schulwesen vorstellen, aus dessen Inhalten sich der Staat jedoch heraushalten sollte, vor allem, was die nicht erwünschte frühe staatsbürgerliche Formung der jungen Menschen betrifft. Er erhoffte dieses Schulwesen für die Zeit, nachdem seine Schulpläne, die er als Direktor der Sektion für Kultus und öffentlichen Unterricht im preußischen Innenministerium (1809/10) verfasste, vollständig umgesetzt sein würden. Dazu ist es niemals gekommen, denn die HerrscherInnen wären dumm gewesen, ein solch starkes Machtmittel wie das Schulsystem nicht für ihre Zwecke zu nutzen. Hier hat Humboldt wohl zu sehr auf den „aufgeklärten Monarchen" gehofft.

***

Arbeit statt Spiel

Wie ich bereits erklärte, distanziere ich mich von der Idee, dass der Mensch gebildet werden kann. Vielmehr sozialisiert und bildet er sich selbst. Seine Umgebung prägt ihn zwar, indem er sich an dieser orientiert. Sie hat jedoch keinen Einfluss darauf, was genau er sich zum Vorbild nimmt oder auf welche Art und Weise und mit welchem Ergebnis er dies tut. Wenn dem so ist, sollte auch klar sein, dass der Versuch, dem Menschen einen bestimmten Bildungskanon aufzuzwingen, nur sehr schlecht bis gar nicht funktionieren kann, der Akt des Zwingens jedoch einen negativen Einfluss auf seine Entwicklung haben muss.

Untersuchungen in heute noch existierenden Jäger- und Sammlergruppen lassen vermuten, dass sich die Menschen vor ihrer Sesshaftwerdung zum größten Teil selbstbestimmt durch spielerisches Nachahmen diverser Vorbilder sozialisiert haben. Dabei übten sie die verschiedenen Kulturtechniken ihrer Gesellschaft ein, die sie an den Menschen in ihrer Umgebung beobachten konnten. Das wichtigste Element in unserem Sozialisationsprozess dürfte somit das Spiel sein. Wobei Jäger und Sammler generell nicht zwischen Arbeit und Spiel unterscheiden. Dieser Gegensatz entstand vermutlich erst, als unsere Vorfahren begannen, Spielen nicht mehr als den wichtigsten Teil des Sozialisationsprozesses ihrer Kinder zu erachten, bei dem sie diese gewähren ließen, sondern als eine Nebensache, die außerhalb der Arbeit stattfinden sollte.

In heutigen Jäger- und Sammlergruppen sind alle Tätigkeiten immer beides, Arbeit und Spiel. Oder anders: Die Arbeit wird nicht als Muss empfunden und findet meist in spielerischer Art und Weise statt. Die Menschen treiben Späße, lachen und machen Pause, wann sie wollen. Obwohl es keine Vorstellung von Arbeit als Wert an sich gibt, sind die Menschen aktiv. Ich glaube auch fest daran, dass der Mensch prinzipiell aktiv sein möchte, wie er auch immer lernbereit ist. Und er wird die Dinge gern tun, die sich als nützlich erweisen für sein (Über)Leben, wie das Jagen, oder für die er eventuell auch ein gewisses Talent besitzt, wie zum Beispiel das Musizieren.

Dass in den letzten 10.000 Jahren versucht wurde, Kinder über ihre eigenen Bedürfnisse hinweg zu erziehen, also vor allem, selbstbestimmtes Spiel von – häufig mittels Gewalt durchgesetzter – Arbeit zu trennen, musste zwangsläufig ihren Sozialisationsprozess stören. Und zwar doppelt. Zum einen sozialisierten die Kinder sich nicht mehr selbstbestimmt, zum anderen haben Zwang und Fremdbestimmung ihr Verhalten beeinflusst, indem sie beispielsweise Angst, Misstrauen oder Wut bei ihnen hervorriefen. Aber sie ahmten die entsprechenden Verhaltensweisen auch nach und gaben sie damit an die nachfolgenden Generationen weiter.

Da gewünscht war, dass Kinder gehorchten und tun, was ihnen gesagt wurde, mussten sie in den Aufgaben, die sie erledigen sollten, unterwiesen werden. So entwickelte sich allmählich die Vorstellung, dass alle Menschen zu bestimmten Zeitpunkten bestimmte Fertigkeiten zu lernen haben und dass sie hierfür unterwiesen werden müssen. Die Erfahrung wird zudem gezeigt haben, dass die Kinder nicht alle gleichzeitig am selben Thema interessiert waren. Also musste die Unterweisung oft mittels Zwang und Gewalt erfolgen. Hieraus konnte dann die Idee entstehen, dass junge Menschen unfertige Geschöpfe seien, die in allem Unterweisung benötigen und daher bis zu einem gewissen Alter unmündig zu halten sind. Dies setzte sich in den meisten Teilen der Welt durch.

Dabei waren sie in der Zeit unseres Jäger- und Sammlerdaseins vermutlich gleichberechtigte Mitglieder ihrer Gesellschaft, wie es heute noch in den entsprechenden Kulturen beobachtet wird. Erwachsene erziehen dort ihre Kinder nicht, indem sie ihnen Dinge vorschreiben. Die Entscheidung, was er tun und lassen will, liegt ganz bei jedem einzelnen Menschen, egal wie alt dieser ist. Es wird allerdings erwartet, dass er sich selbst in seine Gesellschaft sozialisiert, was auch geschieht. Wenn Jäger und Sammler erwachsen sind, haben sie sich alle notwendigen Kulturtechniken am

Vorbild der sie umgebenden Menschen selbstständig angeeignet und sind kompetente Mitglieder ihrer Gruppe. Wobei wir nicht glauben sollten, dass ihre Welt weniger komplex war oder ist als unsere. Sie ist nur anders. Übrigens spielt in diesen Sozialisationsprozessen immer auch eine gewisse Individualität eine Rolle. Der eine Mensch ist eine gute Musikerin, der andere ein erfolgreicher Jäger und es kommt auch vor, dass zum Beispiel Frauen, entgegen der eigenen Gruppentradition, zur Jagd gehen.

In unserer Gesellschaft ist mittlerweile nicht nur die Zeit für freies Spielen massiv eingeschränkt worden. Das Spiel selbst wurde auch zur Arbeit umfunktioniert. Es soll der Förderung dienen, dem Lernen, der Therapie und wird nicht selten angeleitet. Ansonsten gilt es als kindlicher Zeitvertreib und nicht besonders nützlich.

Das, was Kinder in Schulen zu leisten haben, ist ebenfalls nichts anderes als Arbeit. Selbstbestimmtes Spiel kommt dabei kaum zum Tragen. Das Angebot an Vorbildern ist zudem eingeschränkt. Kinder lernen also nicht mehr selbstbestimmt, das heißt, sie widmen sich den Gegebenheiten der Gesellschaft nicht mehr, wann, wie, wo und mit wem sie wollen, sondern es wird ihnen vorgeschrieben, womit sie sich wann, wo und wie zu beschäftigen haben.

Das selbstbestimmte Spiel und damit die eigentliche Sozialisationstätigkeit unserer Kinder kann also fast gar nicht mehr stattfinden. Ich bin fest davon überzeugt, dass wir uns damit selbst massiv einschränken und unserer Gesellschaft schaden.

***

Fazit

Ich habe in diesem Kapitel versucht, den in meinen Augen grundlegenden Geburtsfehler von Schulen und dessen Folgen darzulegen. Schulen entstanden und agierten immer für die Bedürfnisbefriedigung ihrer jeweiligen Träger, die mit Macht und Gewalt über die SchülerInnen verfügten und sie in ihrem Sinne zu bilden und zu erziehen versuchten. Sie waren Herrschaftsmittel und so funktionieren sie bis heute. Daran ändert auch nicht, dass im Laufe der Zeit ein allgemeines Bildungsideal entwickelt wurde, dessen Vermittlung nicht nur unmittelbar der Bedürfnisbefriedigung der jeweiligen Schulträger dienen, sondern – in der Vorstellung der jeweiligen BildungstheoretikerInnen – den SchülerInnen zugute kommen sollte. Es handelt sich auch dabei letztlich um eine von der gesellschaftlichen Elite entwickelte und geprägte Idee darüber, wie die Mitglieder der jeweiligen Gesellschaft zu sein und womit sie sich zu beschäftigen haben, also um die Erziehung zu einer bestimmten Form von BürgerIn.

Als Symbol für den Geburtsfehler von Schulen verstehe ich die absolute Schulpflicht, die Reinform des patriarchalen „Du musst!". Es würde jedoch nichts Wesentliches ändern, wenn wir diese abschaffen und ansonsten alles beim Alten ließen. Das kann gut an Ländern beobachtet werden, die – mehr oder weniger frei – ein Lernen außerhalb von Schulen erlauben. Dort gibt es die Wahl, in die Schule zu gehen oder nicht. Wer jedoch eine Schule besucht, und das ist die Mehrheit der Menschen, ist auch dort den hier beschriebenen Mechanismen – länderabhängig durchaus mehr oder weniger stark – ausgesetzt. Es muss also wesentlich mehr geschehen als nur die Abschaffung der Schulpflicht. Wir müssen ein völlig anderes Bildungswesen erschaffen.

***

Exkurs: Schulen in anderen Ländern

Ich besitze keine eigenen Erfahrungen damit, wie Schulen in anderen Ländern funktionieren, und habe bisher auch nur sporadisch Verschiedenes darüber gelesen oder gehört.

So freute es mich, als ich erfuhr, dass sich Zeugnisse in Island nicht selektiv auswirken, was bedeutet, dass im Prinzip jeder Mensch, der will, es bis zum Studium schaffen kann. Dies empfinde ich als sehr positiv und vermutlich wirkt es auch den hier beschriebenen Mechanismen entgegen, wobei es nach dem ersten Studiensemester dann offenbar doch ein Auswahlverfahren gibt.

Kürzlich hatte ich ein Gespräch mit einem Deutschen, der in Kanada lebt und mir einiges über das Schulsystem dort berichtete. Seine Kinder waren Homeschooler und er erzählte mir, wie das funktioniert. Aber darum soll es hier nicht gehen. Er schilderte auch eine Anekdote: LehrerInnen würden dort generell Homeschooling als hochwertiger ansehen als das Lernen in Schulen. Ich möchte an der Stelle die Unterscheidung zwischen Homeschooling und Unschooling einmal außer Acht lassen. Diesbezügliche Ausführungen folgen noch. Jedenfalls erzählte mein Gesprächspartner einem kanadischen Lehrer, dass Homeschooling in Deutschland nicht erlaubt sei. Und dieser antwortete, dass mein Gesprächspartner sich da wohl verhört haben müsse und sich noch einmal genau informieren solle, obwohl dieser ja aus Deutschland kam und es aus erster Hand genau wusste. Als derartig absurd empfand es dieser Lehrer, dass Homeschooling nicht erlaubt sein sollte.

Ich fragte meinen Informanten auch, wie Schulen in Kanada allgemein funktionieren würden, und er antwortete: „So wie in Deutschland auch – viel Ärger, viel Gewalt."

Und das ist auch mein genereller Eindruck, ohne dass ich es intensiv untersucht hätte: Die Schulsysteme sind durchaus sehr unterschiedlich. Einzelne Aspekte können sich stärker negativ oder positiv auswirken. Aber der Rahmen besteht überall, wo es Schulen gibt, in einem Zwangslehrplan mit vorgeschriebenen Abläufen und Inhalten, die, egal, was die jungen Menschen selbst wollen, unterrichtet und abgeprüft werden.

Wollen wir ein modernes Schulwesen ohne patriarchale Machthierarchien aufbauen, muss der Geburtsfehler von Schulen überwunden werden. Wir brauchen – wie Humboldt richtig erkannte – kein öffentliches Schulwesen in dem Sinne, dass der Staat die Art und Weise sowie die Inhalte des Lernens bestimmt. Wir brauchen keine Lehrpläne, sondern sollten Mut zur Lücke zeigen. Ein einziger Mensch muss in unserer Gesellschaft nicht alles wissen und können, nicht einmal von allem gehört haben. Dies ist ohnehin unmöglich. Es genügt, wenn er in seiner Umgebung vielfältige Angebote der Kulturtechniken seiner Gesellschaft vorfinden und bei Bedarf – und zwar ausdrücklich seinerseits! – auch Unterricht in Anspruch nehmen kann. Die Angebote müssen Dienstleistungen am sich sozialisierenden Menschen darstellen. Dazu folgen noch Ausführungen in meiner Skizze eines anderen Bildungswesens.

Jedoch ist es durchaus als richtig anzusehen, dass laut Artikel 7 Absatz 1 unseres Grundgesetzes das gesamte Schulwesen unter der Aufsicht des Staates steht. Somit hat dieser beziehungsweise haben seine VertreterInnen das Recht, die Angebote hinsichtlich ihrer Übereinstimmung mit unserem Grundgesetz zu prüfen. Und ich bin auch der Meinung, dass der Staat die Finanzierung zu übernehmen hat. Nur so ist gewährleistet, dass wirklich alle Menschen diese Angebote nutzen können. Aber ob und wann ein Mensch dies tut, das muss endlich nur noch ihm selbst überlassen sein.

Literatur:
Eine ausführliche Darstellung der jeweiligen mit dem Schulwesen verfolgten Ziele der Mächtigen findet sich in Walther Borgius' Buch „Die Schule – Ein Frevel an der Jugend", im Original aus dem Jahre 1930, als Neuauflage 2009 bei tologo erschienen.
Das Eingangszitat, das Beispiel der Baining und Informationen zur Wichtigkeit des Spiels und zum Leben von Jäger- und Sammlerkindern sind dem Buch „Befreit lernen" von Peter Gray entnommen, 2015 im Drachenverlag erschienen.
Das Eingangszitat des Kapitels „Was das Patriarchat mit Schulen zu tun hat" entstammt dem Buch „Die Schulpflicht vor dem Grundgesetz" von Tobias Handschell, erschienen 2012 bei Nomos.
Die Zitate aus Wilhelm von Humboldts „Ideen zu einem Versuch die Grenzen der Wirksamkeit des Staates zu bestimmen" sind einer Ausgabe des Marées-Verlags entnommen, erschienen 1947.
Franz-Michael Konrad fasst in seinem gleichnamigen Buch die „Geschichte der Schule" zusammen, erschienen 2012 bei Beck.
Auch von ihm gibt es eine kurze Biografie von „Wilhelm von Humboldt", erschienen bei Haupt 2010.
Zum Thema Kinder in Jäger- und Sammlergesellschaften und über die Wichtigkeit des Spiels kann auch in meinem Buch „Vertrauen ist gut, Kontrolle ist schlechter", 2019 im Autumnus-Verlag erschienen, vertiefend gelesen werden.
Zur Herrschaftstheorie von Max Weber kann in seinem Werk „Wirtschaft und Gesellschaft" gelesen werden.

Schulen als Orte des Lernens

„Kann ich nicht beurteilen. Müsste mich interessieren."
Kalenderweisheit

Im Folgenden betrachte ich verschiedene Aspekte, die sich aus dem oben beschriebenen Geburtsfehler von Schule ergeben, und gehe damit der Frage nach, ob Schulen überhaupt gute Bildungsorte darstellen können.

***

Das Aufzwingen von Lehrplaninhalten

„Wir machen ihnen ein Angebot, das sie nicht ablehnen können."
Frei nach dem Film „Der Pate"

Sich selbstbestimmt zu bilden, bedeutet nicht, alles neu erfinden zu müssen. Wie bereits mehrfach erläutert, sozialisiert sich ein junger Mensch in die jeweils ihn umgebende Gesellschaft. An dieser ist es, vielseitige Angebote zu schaffen. Wie das aussehen kann, werde ich noch darlegen. Zunächst möchte ich auf die negativen Aspekte zu sprechen kommen, die ein Zwangsschulwesen mit sich bringt.

Lernen unter Zwang funktioniert nicht. Tests, die in Schulen einige Wochen nach dem ersten Mal noch einmal unangekündigt geschrieben werden, fallen sehr schlecht aus. Auch, wenn das Schulwissen zwei, drei Jahre nach dem Abitur getestet wird, ist kaum noch etwas da. Das meiste – in der Regel auswendig – Gelernte wird also schnellstens wieder vergessen. Es geht den jungen Menschen ja auch nur um den kurzfristigen Erfolg der guten Note. Die Frage „Wird das benotet?" kennt wohl jede Lehrkraft zur Genüge.

PsychologInnen und PädagogInnen wissen seit langem, dass der Mensch nur lernt, wofür er sich begeistert und was ihn interessiert. Und dieses Interesse kann nicht erzwungen werden. Dort, wo es zufällig mit dem Lehrplan zusammenfällt, mag schulischer Unterricht vereinzelt funktionieren. Ich selbst habe das auch erlebt. In meiner Lehrzeit habe ich mich stark für die deutsche Rechtschreibung und Grammatik begeistert und habe das Regelwerk des Dudens beinahe auswendig gekannt. Und während meines Germanistikstudiums habe ich ein Seminar zum Althochdeutschen besucht, in dem ich geradezu aufgegangen bin. Dabei habe ich gemerkt, wie viel Arbeit ich freiwillig in die Erledigung einer Aufgabe stecken kann, wenn deren Lösung wirklich reizt. Leider hatte ich, wie wohl beinahe jeder Mensch in unserer Gesellschaft, viel zu wenige solcher wirklich begeisternden Lernerlebnisse. Und es hat lange gedauert, bis ich mich wieder mit großem Elan – nun endlich aus reinem eigenen Interesse – bestimmten Themen zuwenden konnte, weil dieser Elan unter einer dicken Schicht aus Müssen und Sollen vergraben war.

***

Exkurs: Lernerfahrungen in der Schule

Ich bin immer eine „gute Schülerin" gewesen – erfolgreich, strebsam, gehorsam, angepasst. Das Auswendiglernen fiel mir leicht. Das Verinnerlichen gelang mir nur selten. Ich lernte auswendig, kotzte aus und vergaß – Bulimielernen ist kein neues Verhalten.

Dabei war ich durchaus lernbegeistert und neugierig. Und ich hatte auch bestimmte Interessen, zum Beispiel für Geschichte. Daher stand ich diesem Unterricht sehr positiv gegenüber. Zu Beginn der ersten zwei Schuljahre mit Geschichtsunterricht konnte ich es nicht erwarten, die entsprechenden Lehrbücher in die Hände zu bekommen, um schon mal reinzuschauen. Besonders interessierten mich Ur- und Früh- sowie Alte Geschichte. Ich wurde jedoch bald enttäuscht. Der Unterricht war langweilig. Die Urzeit des Menschen war in ein, zwei Stunden abgehandelt. Was ich darüber zu denken hatte, war vorgegeben. Meine Begeisterung verpuffte.

Ich lernte wegzuhören, denn die meisten Dinge, die ich in der Schule zu hören bekam, nicht nur im Fach Geschichte, interessierten mich nicht. Vielleicht hätte mich das eine oder andere irgendwann einmal wirklich interessiert, wenn ich es nicht hätte zwangsweise konsumieren müssen. Ich stumpfte ab. Ich ließ, angepasst und gehorsam, wie ich war, Schule mit allen zugehörigen Pflichten über mich ergehen. Für die guten Noten zu lernen, fiel mir leicht. Mehr war ja auch nicht nötig. Ich habe wertvolle Lebenszeit verschwendet, habe sie verschwenden müssen, denn nicht in die Schule zu gehen, kam in der DDR noch weniger in Frage als heute im vereinten Deutschland.

Vor allem habe ich in der Schule gelernt, mit möglichst geringem Aufwand die besten Noten zu bekommen und dies bis zur Perfektion getrieben: Später im Studium habe ich es geschafft, nach einem halben Jahr Unterricht die Prüfung zum Graecum mit „gut" zu bestehen – mit den geringsten altgriechischen Sprachkenntnissen, die man sich nur vorstellen kann. Ich hatte die Hinweise des Lehrers richtig gedeutet und konnte außerdem sehr gut mit dem Wörterbuch umgehen.

Natürlich unterstützt das andauernde Wiederholen von Tätigkeiten, die ein gewisses Training erfordern, wie Schreiben, Lesen, Musizieren oder auch sportliche Übungen, das Erlernen dieser Fertigkeiten. Hier können Schulen eventuell einen gewissen Erfolg verbuchen. Aber Menschen wiederholen Dinge, die sie lernen möchten, auch ohne schulischen Druck. Das kann schon an Kleinkindern beobachtet werden. Wird dieses Training aber erzwungen, werden die meisten Menschen zwar nicht umhinkommen, die jeweilige Fertigkeit irgendwann zu erlernen, jedoch ist mit Sicherheit, da es bei vielen eben nicht der richtige Zeitpunkt ist, auch viel Frust im Spiel. Ich glaube, dass gerade die Fertigkeit des Lesens und (vielleicht eingeschränkter, siehe weiter unten) Schreibens auch sehr einfach außerschulisch erlernt werden kann, da Schrift heute überall präsent ist und damit sicher einerseits die Neugier der Menschen anregt und andererseits in unserer Gesellschaft auch notwendig ist. Irgendwann wird jeder Mensch das Bedürfnis haben, sie zu erlernen. Ich habe an meinem Sohn und meiner jüngsten Tochter erlebt, wie das ohne Zwang ganz wunderbar geklappt hat.

In Schulen wird jeder Mensch mit etwa sechs, sieben Jahren per Lehrplan mit dem Lesen- und Schreibenlernen konfrontiert. Infolge des täglichen Trainings lernen es auch die meisten mehr oder weniger gut. Aber einige junge Menschen schaffen es, sich durch die ganze Schulzeit hindurch zu helfen, ohne wirklich Lesen und Schreiben zu beherrschen und bleiben – oft ihr Leben lang – Analphabeten, die es kaum bis gar nicht, oder funktionale Analphabeten, die es nur sehr eingeschränkt können. In Deutschland betrifft dies etwa 7,5 Millionen Menschen im erwerbsfähigen Alter. Ein Teil von ihnen oder womöglich auch alle hätten in einem späteren Lebensalter vielleicht mit Begeisterung lesen und schreiben gelernt, hatten da aber schon längst suggeriert bekommen, es nicht zu können und Förderung, also noch mehr Druck, zu benötigen. Ich halte sie für die Verlierer des Systems – diejenigen, die noch nicht bereit waren, die nicht schnell genug mitkamen, die irgendwann Vermeidungsstrategien nutzten und letztlich einfach akzeptierten, dass sie eben zu dumm sind, wie es ihnen suggeriert wurde.

Dass überhaupt alle Menschen mit sechs, sieben Jahren lesen und schreiben lernen müssen, liegt einzig in der organisatorischen Struktur von Schulen begründet, in welchen der Unterricht auf dieser Fähigkeit aufbaut. Einen anderen irgendwie nachvollziehbaren Grund dafür gibt es nicht. Wenn junge Menschen ohne diesen schulischen Druck aufwachsen, lernen sie zu ganz unterschiedlichen Zeitpunkten, der eine mit vier, der andere mit zwölf Jahren, das Lesen und Schreiben. Einen nachweisbaren Einfluss auf das spätere Leben hat das nicht. Im Gegenteil: Es hat sich gezeigt, dass Menschen, die ohne Schule aufwachsen und lesen lernen, wenn es für sie persönlich an der Zeit ist, durchschnittlich mehr lesen als Schulkinder. Ich glaube, weil sie mehr Freude daran haben.

Es ist also nicht zu befürchten, dass die jungen Menschen grundlegende Kulturtechniken nicht erlernen, wenn sie keine Schulen besuchen. Sie werden täglich mit diesen konfrontiert.

Tatsache ist, dass niemals alle Menschen im selben Alter am selben Thema interessiert waren oder jemals sein werden und dass dies überhaupt nichts über ihre Fähigkeiten oder ihre Intelligenz aussagt.

***

Fremdbestimmung und Bewertungen

Junge Menschen haben in Schulen kaum die Möglichkeit, selbstbestimmt zu agieren. Alles, was sie dort tun, wird ihnen vorgegeben. Sie sind permanent fremdbestimmt. Verhalten sie sich nicht, wie es von ihnen erwartet wird, werden sie diszipliniert. Jegliche Eigenverantwortung für ihr Leben wird ihnen dadurch abgenommen. Es wird zwar behauptet, sie hätten diese. Sie haben aber praktisch nur die Wahl zwischen Gehorsam und Widerstand. Sie haben keine Möglichkeit, selbst darüber zu entscheiden, was richtig oder falsch ist. Dies wird ihnen vorgegeben und sie müssen sich nach diesen Vorgaben in brave oder aufmüpfige SchülerInnen einteilen lassen. In Schulen in freier Trägerschaft mag das manchmal nicht so offensichtlich sein, aber auch dort stellen die Schulen ein vorbereitetes Setting dar, in das die SchülerInnen eintreten müssen und dessen Regeln sie zu folgen haben. Es handelt sich jedoch um künstliche Räume, die aus pädagogischen Gründen geschaffen wurden, um erzieherisch auf die jungen Menschen einzuwirken. Auch wenn dies heute nicht mehr mit körperlicher Züchtigung verbunden ist, bleibt doch die Forderung, dass die Kinder sich anzupassen – zu gehorchen – haben, bestehen. Für die Psyche – sowohl von angepassten als auch von widerständigen Kindern – bleibt dies mit Sicherheit nicht folgenlos. Über die Erziehung zum Gehorsam und seine Folgen werde ich mich später noch ausführlicher äußern.

Eine spezielle Art der Fremdbestimmung sind Bewertungen. LehrerInnen entscheiden darüber, wie gut eine Aufgabe, mit der die SchülerInnen beauftragt waren, von diesen erledigt wurde. Die bewertete Leistung ist von vielen Bedingungen abhängig und zeigt eigentlich nur, wie der jeweilige Mensch die Aufgabe zu genau diesem Zeitpunkt lösen kann oder will. Sie sagt nichts darüber aus, wie gut er irgendetwas verinnerlicht hat oder wie intelligent er ist.

Mittels Noten sollen SchülerInnen vor allem auf Lebenschancen hin selektiert werden, wozu ich mich noch äußern werden. Sie stellen nicht, wie gern behauptet wird, nur eine Rückmeldung über deren Wissen und Können dar. Dies ist auch vollkommen unnötig und unsinnig. Wenn ein Mensch durch Nachahmen, Ausprobieren und Nachfragen lernt, braucht er keine Rückmeldung über seine Leistung. Er wird seinen Fortschritt selbst zur Kenntnis nehmen und entscheiden, ob er mehr wissen möchte und wann er genug über ein bestimmtes Thema weiß.

Es sollte uns allen bewusst sein, dass wertende Rückmeldungen beim jeweiligen Menschen Spuren hinterlassen. Zumal, wenn sie sein Leben so übermächtig bestimmen. Er wird sein Selbstbild zunehmend von der Meinung anderer über ihn abhängig machen. Diejenigen, die schlechte Bewertungen erhalten, lernen, dass sie den Ansprüchen anderer nicht genügen. Sie werden deren Wertungen übernehmen und ein geringes Selbstbewusstsein und Selbstwertgefühl entwickeln. Aber auch gute Noten können die Entwicklung eines gesunden Selbstbildes stören. Was wird denn mit diesen honoriert? Dass der junge Mensch fähig war, eine ihm gestellte Aufgabe „richtig", das heißt wie von einer anderen Person erwartet, zu lösen. Ob er wirklich verstanden hat, spielt keine Rolle, ebenso nicht, wie lange er das „Gelernte" behält. Aber er ist ein guter Schüler! Er wird lernen, dass das Erreichen von guten Bewertungen ihn erfolgreich macht.

Bewertung und Fremdbestimmung stellen eine Verletzung der psychischen Unversehrtheit junger Menschen dar. Noch dazu wird ihnen suggeriert, ihre Zukunft hinge davon ab. Das ist letztlich nicht wirklich so. Einige Jahre nach dem Schulbesuch hängt der berufliche Erfolg dann doch gar nicht mehr so eng mit den schulischen Leistungen zusammen.

Aber im Selbstbild der jungen Menschen hat das Erleben von Fremdbewertung und -bestimmung mit Sicherheit nachhaltige Spuren hinterlassen. Sei es, dass sie auch über die Schule hinaus von der Bewertung durch andere abhängig bleiben, sei es, dass sie sich minderwertig fühlen, sei es, dass sie zwar für gute Bewertungen erfolgreich lernen können, das Gelernte aber kaum verinnerlichen, sei es, dass sie depressiv werden, sei es, dass sie lebenslang ein untertäniges Verhalten zeigen, wenn selbsternannte Autoritäten Ansprüche an sie stellen, sei es, dass sie selbst nach Gelegenheiten suchen, sich als Autoritäten zu fühlen, also Macht auszuüben. Mit Sicherheit kann diese Liste verlängert werden.

***

Exkurs: Später Einfluss des Schulbesuchs

Schon vor Jahren habe ich gelesen, dass Menschen in christlich geprägten Gruppen lebenslang eine starke Untertänigkeit gegenüber ihren kirchlichen Autoritäten zeigen. Sobald einer von diesen mit ihnen spricht, nehmen sie automatisch die demütige und gehorsame Rolle ein, die sie seit ihrer Kindheit trainiert haben.

Damals habe ich das ein wenig belächelt. Aber vor nicht allzu langer Zeit hatte ich ein Erlebnis, das mir zeigte, wie tief die Prägung auf sogenannte Autoritäten sitzt, die wir in Schulen erfahren. Und ich glaube fest, dass dies ein sehr weit verbreitetes Phänomen ist.

Ich selbst hatte kein schlechtes Verhältnis zu meinen LehrerInnen, da ich eine gehorsame und erfolgreiche Schülerin war. Es war der ganz normale Schulalltag, der mich die Macht, die diese über uns hatten, spüren ließ.

Vor einigen Jahren nun musste ich zu einem Termin bei der Direktorin der Schule meiner Kinder erscheinen. Ich erklärte unsere schulkritische Haltung und sie konterte. Ich habe dann wohl ein wenig zu frech gegrinst – nicht, weil ich provozieren wollte, sondern weil ich über ihre Argumente lächeln musste. Wohl gemerkt, ich war zu diesem Zeitpunkt über 40 Jahre alt. Die Direktorin nahm mein Lächeln zum Anlass, mich anzufahren, dass ich nicht so zu lächeln bräuchte. Ich kann mich nicht mehr genau daran erinnern, was sie noch sagte. Aber ich spürte sofort die Ohnmacht meiner Schulzeit und mir kamen die Tränen. Ich ärgerte mich sehr darüber, konnte es aber nicht verhindern und rang nach Fassung.

Ich reagiere normalerweise in Diskussionen nicht so unmittelbar mit Tränen. Dies war ganz klar dem schulischen Setting geschuldet.

Auch wenn ich im Einzelnen nicht mehr sagen kann, welche schulischen Erlebnisse mich so verletzt haben, es hat sie mit Sicherheit gegeben – und die Wunden waren zu diesem Zeitpunkt noch längst nicht verheilt.

Das Schlimme ist: Hätte man mich damals, als ich Schülerin war, gefragt, ob ich gern zur Schule gehe, hätte ich vermutlich mit „Ja" geantwortet. Ich stellte die Pflicht nicht in Frage und konnte den Schaden, den die Schule bei mir anrichtete, nicht erkennen oder gar reflektieren.

Nur allzu gern übergehen viele von uns ähnliche Erinnerungen mit „Uns hat es doch auch nicht geschadet." Aber stimmt das wirklich?

Wobei ich hinzufügen möchte, dass das klar als Machtverhalten anzusprechende, Auftreten von LehrerInnen mit den strukturellen Bedingungen unseres Schulsystems zusammenhängt. Sie müssen einem Lehrplan folgen, müssen bewerten und für Disziplin unter den natürlicherweise meist nicht sehr willigen SchülerInnen sorgen, müssen selektieren und ihre jeweilige Klasse, unabhängig von den Interessen und Bedürfnissen einzelner, anleiten. Die meisten haben vermutlich nicht im Sinn, ihren SchülerInnen zu schaden. Ich glaube, dass dieses Missverhältnis zwischen eigenem Anspruch und Realität, wenn vielleicht auch nicht bewusst wahrgenommen, eine Ursache für die hohe psychische Belastung von LehrerInnen ist.

***

Das Wirken der Lebensumstände

Wenn junge Erwachsene die Schulen verlassen, sind sie nicht gänzlich unwissend oder ungebildet, wenn auch sehr unterschiedlich. In welchem Maße Schulen aber ihren Anteil daran haben, und auch woran genau, sollten wir kritisch hinterfragen.

Wie gesagt denke ich, dass Wilhelm von Humboldt durchaus zu Recht erklärte, dass Schulen vermutlich das selbst gesteckte Ziel, „die Umformung der Sitten nach dem Muster, die der Staat für das ihm angemessenste hält", gar nicht umfassend erreichen können. Zum einen liegt das an der bereits besprochenen Tatsache, dass der Lehrplaninhalt den SchülerInnen aufgezwungen wird und sie daher meist nicht wirklich erreicht. Ein weiterer Grund ist der von Humboldt genannte: Die Lebensumstände der Menschen wirken stärker.

Das soll jedoch nicht heißen, dass der Schulbesuch vollkommen wirkungslos ist, sondern nur, dass er unter Umständen, bedingt durch die jeweiligen Lebensumstände der jungen Menschen, ganz anders wirkt, als es von den PädagogInnen und dem Schulträger, dem Staat, gewünscht ist.

Für den starken Einfluss der Lebensumstände spricht allein schon die Beobachtung, dass es Menschen in der Regel sehr schwer fällt, ihr soziales Milieu, also die Umgebung, in die sie sich ursprünglich sozialisiert haben, erfolgreich zu verlassen, zum Beispiel um sozial aufzusteigen. Damit ist nicht das räumliche Verlassen gemeint, sondern die Tatsache, dass ein gewisser Habitus, den ein Mensch während seiner Sozialisation in sein Milieu erwirbt, sehr schwer abzulegen ist und ein anderer sehr schwer zu übernehmen. Und das trotz aller erzieherischen Bemühungen durch PädagogInnen in Schulen, in denen ja ein bestimmtes Milieu – das des Ober- und Mittelstandes – bevorzugt wird.

PädagogInnen halten es ja gerade für einen wichtigen Vorteil von Schulen, dass die Chancenungleichheit aufgrund der Herkunft aus verschiedenen Milieus in diesen verringert und den jungen Menschen eine einheitliche Bildung ermöglicht werden soll. Die Tatsache, dass Kinder aus ressourcenreichen Familien tendenziell den Anforderungen von Schulen besser entsprechen als Kinder aus ressourcenarmen, ist jedoch trotz aller pädagogischen Bemühungen ein Kennzeichen besonders des deutschen Schulsystems und spricht ebenfalls eher für den starken Einfluss der Lebensumstände. Dass es Kindern mit größeren familiären Ressourcen leichter fällt, sich in Schulen zu behaupten, könnte demnach ganz einfach an ebendiesem an Angeboten und Möglichkeiten reicheren persönlichen Umfeld liegen, in das sich ja die jungen Menschen von ihrer Geburt an hineinsozialisieren. Sie haben in ihrem nichtschulischen privaten Umfeld viel mehr Anregungen und vermutlich auch weniger Sorge um die Erfüllung ihrer Grundbedürfnisse. Ihnen wird es leichter fallen, Themen zu finden, die sie begeistern und denen sie als Hobbys frönen können. Hier findet dann Selbstbestimmte Bildung statt, die vermutlich zu einem großen Zuwachs an Wissen und Fertigkeiten führt. Kinder mit weniger Ressourcen sind diesbezüglich sehr eingeschränkt. Selbst wenn die Familie sich bemüht, verschiedene Angebote zu schaffen, wird dies allzu häufig an der Finanzierung scheitern. Oder es fehlen die Ideen, weil das familiäre Umfeld infolge der über Generationen fehlenden Ressourcen einen eher eingeschränkteren Erfahrungshorizont besitzt.

Wobei ergänzt werden muss, dass die Themen, mit denen sich ein Mensch auseinandersetzt, nicht unbedingt in einem Lehrplan zu finden sein müssen. Wichtig, vermutlich viel wichtiger, da wirklich bildend, sind sie trotzdem, denn es handelt sich immer um für dessen Leben wichtige und ihn interessierende Wissensgebiete und Fertigkeiten. Sonst hätte er sich ihnen nicht zugewandt

Ich möchte außerdem betonen, dass es kein Umfeld gibt, in dem sich ein Mensch nicht bilden kann, und dass zu einem guten Aufwachsen nicht nur Bildungsmöglichkeiten, sondern auch liebevolle Bindungen gehören, die jede Familie bieten kann. Diese Bindungen stellen ebenfalls Ressourcen dar. Noch dazu solche, die Institutionen so gut wie gar nicht bieten können.

Der junge Mensch wird letztlich lernen, in genau der Umgebung zu (über)leben, in die er hineingeboren wurde, denn das ist das Ziel seiner Sozialisationsbemühungen.

Dass die Zustände in manchen Familien, ganz unabhängig vom Bildungsthema, ungesund sein können, ist ein anderes, den Rahmen dieses Buches überschreitendes, Thema. Familien, die sich ihren Kindern gegenüber gewalttätig oder vernachlässigend verhalten, was übrigens in allen Gesellschaftsschichten geschieht, brauchen Hilfe. Diese muss an anderer Stelle ausführlich diskutiert werden. Dennoch komme auch ich im Folgenden gelegentlich darauf zu sprechen.

Ich glaube jedenfalls nicht, dass wir wirklich eine Chance haben, Angehörige verschiedener Milieus einander anzugleichen, indem wir ihnen einen gleichen Bildungskanon aufzwingen. Wenn die unterschiedliche Bildung von Menschen auf den ihnen zur Verfügung stehenden familiären, sozialen und ökonomischen Ressourcen basiert, macht es stattdessen mehr Sinn, daran zu arbeiten, einen Ressourcemangel – vor allem die verschiedensten Bildungsmöglichkeiten betreffend – zu vermeiden.

Zudem frage ich mich, wozu ein einheitlicher Bildungskanon für alle Menschen überhaupt gut sein soll. Mit den meisten Lehrplaninhalten müssen wir uns in unserem ganzen späteren Leben niemals wieder beschäftigen. Menschen könnten stattdessen ganz unterschiedlich gebildet sein und sich nach ihren entsprechenden Möglichkeiten in ihre Gesellschaft einbringen. Wir sollten von dem Gedanken abrücken, dass sie sich alle mit dem selben Themenkreis beschäftigen müssen, um als gebildet zu gelten. Stattdessen sollten wir Mut zur Lücke haben und darauf vertrauen, dass Menschen dazu fähig sind, sich das Wissen und die Fertigkeiten anzueignen, die sie benötigen. Wichtig ist einzig, dass sie jederzeit entsprechende Angebote in Anspruch nehmen können.

Die Antwort der Pädagogik auf den unterschiedlichen Schulerfolg der jungen Menschen ist unter anderem das Verordnen von noch mehr Schule in Form von Ganztagsschulen. PädagogInnen sind offenbar felsenfest davon überzeugt, dass Schulen den Ausgleich schaffen, wenn sie nur genügend Zeit im Leben der jungen Menschen einnehmen. Sie gehen dabei von unbewiesenen Annahmen aus, nämlich, dass die Sozialisation in Schulen sich positiv auswirkt, dass Unterricht zu Bildung führt und einigen mehr. Außerdem wird die Schuld am schulischen Dilemma auf diese Art den jungen Menschen zugewiesen, die offenbar nicht in der Lage waren, die ihnen vorgesetzten Ziele zu erreichen, und daher eben noch mehr Unterweisung als bisher benötigen. Ich wage zu prognostizieren, dass mehr Schule die Probleme nicht lösen wird, jedoch die negativen Folgen des erzwungenen Schulbesuchs noch gravierender zum Ausdruck kommen werden.

Es ist also einerseits wahrscheinlich, dass unsere außerschulischen Sozialisationsbemühungen zu ganz unterschiedlicher – sehr individueller – Bildung führen, die in Schulen zwar mehr oder weniger nützt, aber nicht aus deren Besuch resultiert. Andererseits scheint das schulische Üben allein auch nicht auszureichen, bestimmte Fertigkeiten erfolgreich zu vermitteln, wenn diese im gesellschaftlichen Leben gar nicht mehr so dringend benötigt werden. So ist es zum Beispiel bei der Handschrift. Heute wird zunehmend geklagt, dass SchülerInnen immer schlechter mit der Hand schreiben können. Wenn ich mich an meine Kindheit und Jugend erinnere, habe ich auch außerhalb der Schule viel per Hand geschrieben, beispielsweise Geschichten, Briefe, Notizen, Listen, Glückwunschkarten und mehr. Heute werden Texte an Computern, Smartphones und anderen Medien geschrieben. Die Handschrift wird im Alltag kaum noch gebraucht. Schulen allein schaffen es nun offensichtlich bei vielen unserer jungen Menschen nicht, die Fertigkeit einer flüssigen Handschrift herauszubilden.

Genau genommen muss sogar gefragt werden, wieso PädagogInnen überhaupt so darauf beharren, die Fertigkeit der Handschrift zu vermitteln, wenn das Leben doch deutlich zeigt, dass diese nicht mehr so nötig gebraucht wird. Ich selbst finde es wichtig, flüssig mit der Hand schreiben zu können, aber unsere junge Generation braucht das offensichtlich viel weniger, dafür aber andere Fertigkeiten, zum Beispiel das Tippen von Textnachrichten mit zwei Daumen, was ich selbst bis heute nicht beherrsche. Ich werde wohl für den Rest meinen Lebens den Zeigefinger nutzen und damit viel langsamer schreiben als jeder Teenie. Auch der „Telegrammstil", in dem viele Textnachrichten verfasst werden, wird immer mehr zur Normalität werden, wie sehr wir auch auf der korrekten Rechtschreibung und Grammatik oder auf schönem Ausdruck beharren. Und das ist nun einmal so, unsere technische Entwicklung hat das mit sich gebracht, ob wir das gut finden oder nicht. Eine gute Handschrift wird in Zukunft vielleicht eher in Form von Kalligraphie – also als Kunst – geübt und weitergegeben werden, viel weniger als reines Werkzeug. So wie Latein als angeblich so wichtige Bildungssprache für die immer anderssprachigen SchülerInnen letztlich aus den Schulen verschwand, wird vielleicht auch das Schreiben per Hand verschwinden. So wie beim Latein wird das vermutlich lange dauern, denn Schulen hängen der gesellschaftlichen Entwicklung immer hinterher.

Auch alte Sprachen, höhere Mathematik, klassische Literatur und einiges mehr spielen im Alltag keine oder nur eine sehr untergeordnete Rolle. Sie werden vornehmlich von Menschen beherrscht, die sich aus Interesse oder beruflichen Gründen gern damit beschäftigen, sind aber kaum als Allgemeinbildung zu bezeichnen. Die meisten Menschen, die darüber einmal etwas in Schulen gehört haben, werden dies im späteren Leben kaum noch wissen. Mich zum Beispiel interessiert Sprachgeschichte. Vor allem beschäftige ich mich gern mit dem Indoeuropäischen. Kürzlich begegnete mir ein Jurist, ein gebildeter Mann, der absolut keine Ahnung davon hatte, obwohl es mit Sicherheit auch in seiner Schule behandelt worden war. Ich finde das nicht schlimm. Sicher kann er auch ohne dieses Wissen sehr gut leben und arbeiten. Wo aber liegt dann der Unterschied zwischen einem

Menschen, der sich in der Schule durch dieses Thema, das ihn womöglich niemals auch nur ansatzweise interessierte, quälen musste, und einem, der nie davon gehört hat? Beide kennen sich letztlich nicht damit aus und kommen gut mit diesem Nichtwissen zurecht. Einer von beiden hat aber Lebenszeit verschwendet, als er sich damit beschäftigen musste und stattdessen etwas hätte tun können, das ihn wirklich interessiert hätte und über das er in der Folge auch als Erwachsener noch etwas wüsste.

Was lässt sich also über den außerschulischen Einfluss des alltäglichen Lebens sagen? Er ist meines Erachtens stärker, als wir glauben, und begründet vermutlich einen Großteil der Bildung – im von mir dargelegten Sinn – der jungen Menschen. Wobei Schulen auch zur Bildung beitragen, nämlich einerseits, wenn einzelne Menschen sich zufällig für einzelne der gelehrten Themen interessieren, und andererseits in Form des Heimlichen Lehrplanes. Dies beeinflusst auch den Schulerfolg, also das mehr oder weniger erfolgreiche Erzielen von soliden Noten und Zertifikaten, jedoch oft anders als gewünscht und erwartet. Aber dazu mehr im folgenden Unterkapitel. Schulen scheinen jedenfalls weder die Macht zu besitzen, ressourcenarmen Kindern zu umfangreicherer Bildung zu verhelfen, noch gegen die realen Lebensumstände bestimmte Bildungsinhalte durchzusetzen.

Ich möchte dazu sagen, dass dies tendenzielle Aussagen sind. Im Einzelfall können natürlich ressourcenreiche Kinder auch eine weniger umfangreiche Bildung aufweisen und umgekehrt Kinder aus ressourcenarmen Familien eine solide Bildung besitzen. Das Wirken der jeweiligen individuellen Biografie und der persönlichen Sozialisationstätigkeit darf nicht unterschätzt werden.

***

Bildung und Schulerfolg

„Schulerfolg ist irrelevant, Schulbesuch ist schädlich."
Aussage meiner ältesten Tochter

Bei der Betrachtung der Frage, ob Schulen gute Bildungsorte sind, muss zwischen Schulerfolg und Bildung unterschieden werden.

Bezeugt der Schulerfolg gute Bildung? Im Sinne meiner Definition von Bildung als all das, was der Mensch in Auseinandersetzung mit der ihn umgebenden Welt an Weltwissen, Fertigkeiten, Menschenbildern, Weltanschauungen sowie Denk- und Handlungsmustern erwirbt, bildet er sich natürlich auch in Schulen. Der Sozialisationsprozess setzt ja nicht aus, sondern funktioniert überall. Die jungen Menschen halten sich dort aber in einer Umgebung auf, die von den möglichen Erfahrungen her sehr eingeschränkt, um mit Humboldt zu sprechen – einseitig, ist.

So ist die Bandbreite der möglichen Vorbilder gering. Es handelt sich lediglich um PädagogInnen und ErzieherInnen, vielleicht noch den Hausmeister und die Schulsekretärin, die zudem nur ein geringes Repertoire an – meist patriarchalen – Verhaltensweisen an den Tag legen, zum Beispiel Disziplinieren, Fordern, Bewerten, Bestimmen, Schreien und so weiter. Sie stehen in einem ganz besonderen Machtverhältnis zu den SchülerInnen und können noch so nett und liebevoll sein – aus diesem kommen sie nicht heraus.

An diesen Vorbildern orientieren sich die SchülerInnen. Und zwar an deren Verhalten; also weniger daran, was diese von ihnen wollen – das Lernen der Lehrplaninhalte –, viel mehr daran, wie sie diesen Wunsch gegenüber den SchülerInnen durchzusetzen versuchen! Sie lernen anhand des pädagogischen Machtverhaltens, dass es auf Gehorsam, Unterordnung und Anpassung ankommt, dass sie gute Noten erreichen müssen, ganz egal wie, und auch, dass patriarchale Gewalt ein legitimes Mittel ist, um dieses Ziel und andere zu erreichen.

Manche SchülerInnen wollen nach der Schule oft selbst Lehrerin oder Lehrer werden, weil sie sonst kaum andere Vorbilder erlebt haben und daher nichts anderes mit sich anzufangen wissen. Diese Begründung für ein Lehramtsstudium habe ich selbst schon des Öfteren gehört.

Natürlich sind die SchülerInnen auch Vorbilder füreinander, aber da sie alle in derselben schulischen Atmosphäre zurechtkommen müssen, wird diese mit Sicherheit sehr stark auf das Verhalten aller wirken. Es macht dann einen Unterschied, wie die jeweilige Gruppe strukturiert ist, ob es mehr dominante oder ängstliche, streitsüchtige oder friedfertige, introvertierte oder extrovertierte oder andere Charaktere in dieser gibt. Bestimmte SchülerInnen-Verhaltensweisen treten aber vermutlich immer verstärkt auf, da sie von der Schulumgebung gefördert werden.

Verhalten wird natürlich auch aus außerschulischen Erfahrungsräumen, zum Beispiel aus den Familien, in Schulen getragen. So kann beispielsweise ein in der Schule zur Gewalt neigender Schüler sein Vorbild in der Mutter oder im Onkel haben. Das ändert aber nichts daran, dass Schulen infolge ihrer machtorientierten Strukturen und ihres Zwangscharakters einen Nährboden für Gewalt und Mobbing darstellen. Die schulischen Bedingungen wirken dann zusätzlich zur außerschulischen Umgebung ungesund auf den jungen Menschen. Und auch auf seine MitschülerInnen, da Schulen den Raum bieten, diese außerschulische Gewalt effizient zu verbreiten.

Bei all dem ist an den Heimlichen Lehrplan zu denken, bei dem es, wie bereits erläutert, darum geht, dass Handlungsmuster, die in Schulen nützlich erscheinen, sowie Ansichten über das Lernen, Bildung und andere Themen von Vorbildern übernommen werden, um ein Verhalten zu erlernen, das in Schulen (über)lebensfähig oder sogar erfolgreich macht. Das Angebot des Heimlichen Lehrplanes an Verhaltensmustern ist aber, wie beschrieben, eingeschränkt – es handelt sich vor allem um Machtverhalten.

Da Menschen keine Planeten oder Atome sind, werden sie darauf ganz unterschiedlich reagieren, weil sie diesen schulischen Verhältnissen verschieden gut gewachsen sind und ganz individuelle Überlebensstrategien entwickeln. Die einen werden sich anpassen und das Machtverhalten mehr oder weniger übernehmen oder mindestens akzeptieren, die anderen leiden darunter. Einige neigen zum Gehorsam, andere zum Widerstand. Manche verhalten sich leise und friedlich, andere werden laut oder gewalttätig. Wieder andere zerbrechen, leiden unter Burnouts oder Depressionen, entwickeln Ängste und Frust, begehen sogar Selbstmord.

Bildung im von mir definierten Sinn kann in Schulen wegen des eingeschränkten Angebotes an Vorbildern und Handlungsmöglichkeiten also nur sehr eingeschränkt erlangt werden.

Neben verschiedenen Definitionen, die den Charakter von Bildung erfassen wollen, wird der Begriff heute aber auch und gerade im Zusammenhang mit Schulen mit einem gewissen Bildungskanon gleichgesetzt, dessen Inhalte variieren, den aber möglichst jeder Mensch der entsprechenden

Gesellschaft verinnerlichen soll, und der sich im Lehrplan niederschlägt. Er entspricht einem Bildungsideal, das bestimmte Inhalte bevorzugt und andere außen vor lässt. Diese Inhalte werden unterrichtet und mittels Tests abgefragt. Vieles davon geht an der Lebenswirklichkeit der jungen Menschen vorbei und wird daher, falls überhaupt gelernt, schnell wieder vergessen. Darüber, wie nachhaltig ein solches Lernen ist, habe ich bereits einiges gesagt. Auch darüber, dass der Mensch sich immer nur so bilden wird, wie er es in seiner jeweiligen Lebenssituation für notwendig oder sinnvoll erachtet. Das heißt, dass eine erziehende oder bildende Absicht einer Lehrperson immer ein ganz subjektives Ergebnis beim Zielobjekt dieser erzieherischen Bemühungen hervorrufen wird. Es sei an das Beispiel von dem Lehrer erinnert, der streng zensiert, um beim Schüler mehr inhaltliches Bemühen hervorzurufen, der Schüler aber, dem der Inhalt vollkommen egal ist, nur daran interessiert ist, eine bessere Note zu erhalten, und daher einen möglichst leichten Weg zu diesem Ziel suchen wird. Genauso gut kann ein Thema auch so interessant für bestimmte SchülerInnen sein, dass diese sich begeistert damit beschäftigen. Dann greift aber auch wieder meine Definition von Bildung, denn der junge Mensch eignet sich, indem er den Unterricht nutzt (und nicht nur über sich ergehen lässt), das entsprechende Wissen an, weil es ihm wichtig erscheint. Anders herum lässt er Unterricht an sich abprallen, mit dem er nichts anfangen kann.

Somit stellen Schulen aber auch den schulischen Bildungskanon betreffend einen an Lernerfahrungen eingeschränkten Raum dar. Es muss immer damit gerechnet werden, dass die meisten jungen Menschen sich nicht genau zur vorgeschriebenen Zeit mit den vorgeschriebenen

Inhalten beschäftigen möchten. Und wenn ein Mensch nicht will, nutzen auch die besten Angebote nichts. Somit gehen sie ins Leere. Wenn ich davon spreche, dass Menschen möglichst viele Angebote benötigen, um sich erfolgreich in eine Gesellschaft zu sozialisieren, dann muss es sich auch wirklich um solche handeln. Das heißt, der Mensch muss selbst aus ihnen wählen und sie auch ablehnen dürfen.

Im Gegensatz zur gängigen Meinung stellt der Schulerfolg für mich den Erfolg im Erlangen von Bewertungen und Zertifikaten dar und nur sehr eingeschränkt ein Zeugnis von Bildung. Die jungen Menschen bilden sich zwar durchaus in der Auseinandersetzung mit der vorgefundenen Schulwelt. Und sie nutzen diese Bildung, um die begehrten Schulzertifikate zu erlangen. Es handelt sich dann aber mehrheitlich um das Wissen darüber, wie gute Noten – als das eigentliche Ziel der ganzen Schulübung – erreicht werden können.

Bei all dem hat es ein junger Mensch mit einem ressourcenreichen familiären Hintergrund in Schulen leichter. Für seine Bildung stehen vielseitige außerschulische Angebote zur Verfügung. Dies nützt ihm auch beim Erreichen guter Noten. Hierzu muss gesagt werden, dass der schulische Bildungskanon inhaltlich den Vorstellungen der „Ober- und Mittelschicht" entspricht. Und Kinder aus diesen Familien kommen mit dessen Inhalten außerschulisch wesentlich stärker in Kontakt als Kinder der „Unterschicht". Ich benutze diese Schichtenbegriffe hier ausdrücklich, weil sie in Studien verwendet werden, obwohl ich, wie bereits erläutert, mehr zu den Begriffen ressourcenarm und ressourcenreich neige. Studien, die aber nun einmal den Schichtenbegriff verwenden, haben gezeigt, dass die schulischen Anforderungen und Gegebenheiten sich vor allem an einem „Mittelschichts-Normkind" orientieren und Kinder, die in verschiedenster Hinsicht von der Norm abweichen, tendenziell benachteiligt werden. Dies wird als institutionelle Diskriminierung beschrieben. Das heißt, durch die Institution Schule selbst findet das Festschreiben der Ungleichheit statt, die eigentlich verhindert werden soll. Das dürfte vor allem jungen Menschen aus ressourcenarmen Umfeldern das „Durchkommen" erschweren.

Diesen stehen zudem in ihrem privaten Umfeld in der Regel wesentlich weniger Bildungsmöglichkeiten zu Verfügung. Noch dazu wird sich vieles, was diese vielleicht wissen und können, zum Beispiel handwerkliche Fertigkeiten oder Ähnliches, nicht in Lehrplänen finden. Diese Fertigkeiten können natürlich auch Kinder aus ressourcenreichen Familien aufweisen, aber eben neben vielen anderen. Kinder aus ressourcenarmen Familien hingegen haben vermutlich tendenziell weniger Kontakt zu den typischen Inhalten des Lehrplanes. Ihnen diese dann in Schulen aufzuzwingen, wird die Situation nicht bessern. Im Gegenteil: Das könnte eher dafür sorgen, dass neben die Tatsache, dass die Themen den Kindern fremd sind, auch noch eine gewisse Abwehr gegen den Zwang tritt. Oder auch Frust, weil ihnen die Beschäftigung mit Themen, die wenig oder überhaupt nichts mit ihrem Leben zu tun haben, sehr schwer fällt.

Zusammenfassend lässt sich sagen, dass der Mensch zum einen sehr viel von dem, was er gemäß der Lehrpläne in Schulen hört, nie verinnerlicht, es also nicht Teil seiner Bildung wird. Zum anderen könnte ein Großteil dessen, was wir für schulische Bildung halten, aus Beschäftigungen außerhalb von Schulen stammen, wo wir uneingeschränkt unserer Sozialisationstätigkeit nachgehen können. Diese Sozialisation orientiert sich allerdings an unserem Interesse oder der faktischen Notwendigkeit bestimmten Wissens und Könnens in speziellen Situationen, nicht daran, was andere für uns als wichtig erachten. So könnte der Einfluss der Lebenswelt außerhalb von Schulen nach wie vor den wesentlicheren Beitrag zur Bildung eines Menschen leisten. Und zwar im negativen wie im positiven Sinne. Menschen aus ressourcenreichen Familien profitieren von ihrer Lebenswirklichkeit und sind, nicht zuletzt deswegen, in Schulen tendenziell erfolgreicher im Erreichen von Zertifikaten. Menschen aus ressourcenarmen Familien verlieren hingegen gleich dreifach: Erstens ist ihre Lebenswirklichkeit eher ärmer an Angeboten, durch die sie sich außerschulisch selbstbestimmt bilden könnten. Zweitens können sie sich, wie alle SchülerInnen, auch in Schulen nur eingeschränkt bilden, was sie jedoch weniger gut als Kinder aus ressourcenreichen Familien im außerschulischen Leben kompensieren können. Und drittens werden sie nachweislich bei der Vergabe von guten Noten und Zertifikaten benachteiligt. Was es ihnen schwerer macht, ist also die Tatsache, dass sie im privaten Umfeld UND in der Schule tendenziell weniger Bildungsmöglichkeiten vorfinden. Außerdem werden sie auch psychisch unter der institutionellen Diskriminierung leiden und sich häufig selbst als minderwertig empfinden. Somit schafft Schule das Gegenteil von dem, was ihre VertreterInnen wollen.

PädagogInnen und nicht wenige Eltern sind dennoch felsenfest davon überzeugt, dass in Schulen – viele sagen sogar nur dort – Bildung vermittelt wird. Für sie sind Schulen Bildungseinrichtungen. Für sie zeigt der Schulerfolg – also das gute Zeugnis – die Bildung der jungen Menschen an. Schulzertifikate sind in ihren Augen Bildungsnachweise. Jemand der keine Schule besucht, läuft Gefahr, ungebildet zu sein und sein Leben lang zu bleiben. Ja, er muss gerettet werden, indem er um jeden Preis und auch gegen seinen Willen dazu bewegt werden muss, eine Schule zu besuchen. Und wenn wir unser Schulsystem in alle Welt exportieren, ermöglichen wir den Menschen dort Bildung. In meinen Augen ist es an der Zeit, diese starken Überzeugungen unbedingt zu hinterfragen.

***

Fazit

Ich vertrete die Meinung, dass unsere heutigen Schulen ungeeignete Bildungs- und Lernorte darstellen, vielmehr sogar Lernhindernisse. Denn sie sind an frei wählbaren Angeboten, verschiedensten Lebenssituationen und Vorbildern arme, dafür an Zwängen und Druck reiche Orte, an denen meist zum einen nur gelernt wird, wie kurzfristig gute Noten zu erreichen sind, um langfristig das meiste wieder zu vergessen, und zum anderen, wie ein (Über)Leben im schulischen Umfeld möglich ist. Beides führt kaum zu tauglichen oder wünschenswerten Verhaltensweisen.

Schulen nützen am meisten bestimmten gesellschaftlichen Schichten, und zwar dem Bildungsbürgertum und der – nicht immer identisch mit diesem – wirtschaftlichen Elite, mehr als anderen. Den Voraussetzungen und Bedürfnissen der Angehörigen dieser Schichten entspricht das schulische Angebot am deutlichsten. Ihnen fällt es folglich am leichtesten, in Schulen zu bestehen und die begehrten Zertifikate zu erreichen. Und nur um diese geht es. Damit können sie, wie schon die Beamten und Schreiber im Alten Ägypten, ihre hohe gesellschaftliche Position erhalten.

Schulträger ist in Deutschland einzig der Staat, dessen Elite und politischen AkteurInnen meist diesen Schichten entstammen. Sie agieren systemerhaltend – vermutlich häufig nicht bewusst und nicht in bösartiger Absicht. Aber sie erleben ja, dass ihre Angehörigen Schulen besonders erfolgreich verlassen und haben daher kein Interesse daran, diese zu verändern.

Mein Eindruck ist, dass das höchste Schulzertifikat – das Abitur –– frühere Adelstitel ersetzt. Beide zeichnet die Bindung an bestimmte Familien und das Ermöglichen von Laufbahnen, die anderen verschlossen bleiben, aus. Das System der Schulzertifikate mag etwas durchlässiger sein, da potentiell jeder Mensch die Chance auf Aufstieg hat, praktisch wird dies aber so gut wie möglich verhindert.

Stimmen, die heute meinen, das Abitur würde zunehmend inflationär vergeben, behaupten, dass die Bildungsanforderungen, denen genügt werden müsse, zu gering seien. Viele PädagogInnen vertreten dagegen die Ansicht, der Bildungsstand der Menschen sei heute so hoch, dass eben viel mehr junge Menschen als früher das Abitur erreichen könnten. Unrecht haben sie beide, denn es geht nicht um Bildung, sondern einzig um das Erreichen von guten Bewertungen und Zertifikaten. Allerdings wird die noch zu besprechende Selektionsfunktion von Schulen tatsächlich ad absurdum geführt, wenn die meisten Menschen die höchsten Zertifikate erreichen. Die Eliten werden daher immer eine strengere Auswahl fordern, denn es gibt nicht so viele gute Karrieren zu verteilen. Das heißt aber lediglich, dass das Erreichen von Zertifikaten erschwert, also die Selektion verschärft, werden soll, nicht, dass die Menschen, die das Abitur dann nicht mehr erreichen, weniger intelligent sind oder weniger fähig als die, die es schaffen. Sie werden lediglich weniger gut angepasst oder weniger gehorsam sein, weniger familiäre Ressourcen besitzen, weniger dem „Norm-Kind" entsprechen oder schlichtweg stärker diskriminiert.

Vor ein, zwei Generationen, als wir noch viel mehr Freizeit hatten, ohne Schule oder andere pädagogische Aktivitäten am Nachmittag, konnten wir vieles, was in Schulen mit uns geschah, kompensieren. Wir spielten unbeobachtet und selbstbestimmt in selbst gewählten – oft altersgemischten – Gruppen, lernten dabei von- und miteinander und begegneten auf unseren Streifzügen einer Vielzahl von Vorbildern, mit deren Verhalten wir uns auseinandersetzen konnten. Und wir waren stundenlang unter uns, vor allem ohne erzieherischen Druck. Zudem hatten wir immer, was ich für außerordentlich wichtig erachte, die Möglichkeit des Rückzuges aus unangenehmen Situationen, während Schulen nicht ohne Erlaubnis verlassen werden dürfen. Heute geschieht das alles kaum noch.

Ich denke, dass sich dieser Mangel schädlich auf die Bildung und das Leben unserer jungen Generationen auswirkt. Sei es, dass junge Erwachsene häufig eine gewisse Unfähigkeit an den Tag legen, wenn sie sich mit alltäglichen Problemen auseinandersetzen müssen oder darüber entscheiden sollen, was sie aus ihrem Leben machen wollen. Sei es, dass sie vermehrt unter Depressionen leiden oder die jugendliche Selbstmordrate deutlich mit den Wochentagen und Ferienzeiten korreliert. Das heißt, Selbstmorde von Kindern und Jugendlichen finden zum Beispiel signifikant gehäuft nach Ferien zu Beginn der Schulzeit statt.

Die VertreterInnen der Pädagogik reagieren auf solche Beobachtungen mit der Idee von noch mehr Pädagogik, die es richten soll, und übersehen dabei, dass diese selbst das Problem darstellt. Für die jungen Menschen bedeutet das immer mehr Schule, immer weniger Teilnahme am echten Leben, immer weniger Möglichkeiten zur eigenen – ungehinderten! – Sozialisationstätigkeit.

Zum Glück werden nicht alle jungen Menschen gleich stark in Mitleidenschaft gezogen. So gibt es immer wieder einige, die deutlich zeigen, dass sie ausreichende Angebote der Sozialisation ausgiebig genutzt haben. Dies kann sich, muss es allerdings nicht unbedingt, an ihren Noten und Zertifikaten bemerkbar machen, aber auch an ihrem sozialen Verhalten oder gesunden Selbstbewusstsein.

Ich stimme jedenfalls der Feststellung Wilhelm von Humboldts, dass Bildung durch eine Vielzahl von Angeboten in größtmöglicher Freiheit ermöglicht wird, ganz und gar zu. Daraus folgt, und das hat Humboldt leider nicht gesehen, dass es zum einen keinen Bildungskanon für alle geben darf. Dieser ist ein Relikt aus Zeiten, in denen sich die „Bildungsbürgerschicht" von „ungebildeteren Schichten" abgrenzen wollte. Stattdessen ist jede Art von Bildung, die wir uns aneignen, als gleichrangig zu betrachten. Sie wird ja immer einen Bezug zu der Gesellschaft haben, die uns umgibt.

Andererseits darf jede Gesellschaft durchaus Bildungsangebote schaffen, vor allem zu Themen, die ihr besonders wichtig sind, inhaltlich begrenzt nur durch die Verfassung. Die Nutzung dieser Angebote muss allen Menschen offen stehen, wann immer diese daran interessiert sind. Abhängig von ihrer Wichtigkeit für die Gesellschaft werden diese mehr oder weniger stark genutzt werden. Lesen und Schreiben wird beispielsweise irgendwann jeder Mensch lernen wollen, das Spielen eines bestimmten Musikinstruments oder höhere Mathematik nur einzelne Menschen.

Dies wird eine Gesellschaft hervorbringen, deren Mitglieder über eine gewisse Grundbildung (Lesen, Schreiben, Grundrechenarten und anderes mehr) hinaus sehr speziell – nämlich individuell abhängig von der Notwendigkeit des Themas im eigenen Leben und dem persönlichen Interesse – gebildet sein werden. Alle wird auszeichnen, dass sie sich selbstbestimmt gebildet und somit das Erlernte viel besser verinnerlicht haben, als dies bei unter Zwang Erlerntem möglich ist. Außerdem wird sie das Selbstbewusstsein auszeichnen, zu wissen, dass nur sie allein über ihr Leben bestimmen. Solchen Menschen wird sowohl Widerstand gegen Indoktrination leichter fallen als auch die selbstbewusste Teilnahme am politischen Geschehen ihrer Gesellschaft.

Die Funktionen von Schulen

„Das gesamte schulische und berufliche Bildungssystem ist ein sehr aufwendiger Filter um zu freie und selbständige Menschen auszusortieren, Menschen, die nicht wissen, wie man sich unterwirft und in die vorhandenen Institutionen integriert."

Noam Chomsky

Ich habe behauptet, dass sich am allgemeinen Funktionieren von Schulen seit ihrem Entstehen bis heute nichts geändert hat. Um dies zu verdeutlichen, fasse ich noch einmal kurz zusammen:

Schulen entstanden, um bestimmte, für deren Träger nützliche, Fertigkeiten zu lehren. Dies geschah von Anfang an mittels Gewalt, weil sowohl Eltern als auch MachthaberInnen über die Kinder, nicht selten gegen deren Willen, verfügen wollten. Vermutlich funktionierte das gar nicht so besonders gut. Denn Menschen lernen aus Interesse und Begeisterung und nicht unter Zwang am besten. Als Beispiel sei erwähnt, dass Mönche im Mittelalter in den Klosterschulen zwar Latein lernen sollten, wenn sie dann aber später Bücher kopierten, unterliefen ihnen oft Fehler, die uns heute deutlich zeigen, dass sie nicht immer verstanden, was sie da abschrieben. Es fiel Menschen vermutlich immer schon schwer, in Schulen gut zu lernen, denn dies nach Plänen, die andere für uns verfassen, zu tun, entspricht uns generell nicht.

Zusätzlich war das Ziel der jeweiligen MachthaberInnen, gehorsame UntertanInnen zu erziehen. Aber auch die Eltern wünschten, dass ihre Kinder gehorchten. Gehorsam und Angepasstheit an die bestehenden Verhältnisse war und ist das Ziel jeder Erziehung. Und dieses Ziel konnte und kann in Schulen gut verwirklicht werden. Daher mussten Kinder auch von Beginn an lernen, wie sie sich zum Beispiel als UntertanInnen des Pharaos zu verhalten hatten, wie als spartanische Krieger, wie als römischer Bürger, wie als gute ChristInnen, je nachdem, ob der katholische oder der evangelische Glaube der rechte war, wie als UntertanInnen der deutschen FürstenInnen und anderer MachthaberInnen mehr. Unterstützt hat dabei der Heimliche Lehrplan. Schulen waren immer besonders patriarchal strukturiert und gaben somit patriarchale Verhaltensmuster in Reinform weiter. So erinnern Struktur und Organisation an das Militär oder auch an Gefängnisse – unbedingter Gehorsam, vorgegebene einheitliche Abläufe, die per Signal (Schulglocke) getaktet sind, Ausrichtung auf – kraft des Amtes, nicht etwa der Persönlichkeit existierende – Autoritäten, Disziplinierungsmaßnahmen und vieles andere mehr. Lehrer waren im Deutschland des 18. und 19. Jahrhunderts oft pensionierte oder kriegsversehrte Soldaten. Man denke auch an Appelle und Uniformen. Vermutlich hat dies alles viel mehr für die gewünschte Anpassung und Unterordnung gesorgt als der entsprechende Unterricht.

Obwohl die jeweiligen MachthaberInnen also in der Regel alles dafür taten, gehorsame UntertanInnen zu erziehen, gab es immer auch widerständige Menschen, die, da sie sich nicht nach ihren Vorstellungen verwirklichen durften, auf mindestens inneren Abstand zu ihrer Gesellschaft gingen, wenn nicht deren offene GegnerInnen wurden. Entweder verhielten sie sich dann aufgrund von Ängsten oder untertänigem, wenn auch widerwilligem Gehorsam angepasst, was keine Grundlage für ein zufriedenes Leben darstellt, psychische und physische Belastungen und Erkrankungen verursacht sowie Frust und Unzufriedenheit fördert. Oder sie begehrten infolge von Wut, Ohnmacht und Hilflosigkeit auf, letztlich auch in gewalttätigen Ausbrüchen. Beides ist nicht gut für die Stabilität einer Gesellschaft.

Als nach Gründung der Weimarer Republik über die Ausgestaltung der künftigen Verfassung gestritten wurde, kamen bezüglich des Elternrechtes zwei verschiedene Positionen zum Ausdruck, die noch heute, etwas modifiziert, verfochten werden und denen gemeinsam ist, dass ihre VertreterInnen bestimmte gesellschaftspolitische Ziele verwirklichen wollten. Über die Schulpflicht an sich wurde dabei gar nicht wirklich gestritten. Die eher konservativen Kräfte beharrten vor allem auf dem Elternrecht, ihre Kinder ohne staatliche Beeinflussung zu erziehen, vornehmlich im Hinblick auf die Wahl der Konfession. Sie wollten in erster Linie den Einfluss der Kirche auf Staat und Schule erhalten, befürworteten Schulen, waren aber Ausnahmen von der uneingeschränkten Schulbesuchspflicht nicht abgeneigt. Die eher linken und liberalen Kräfte wollten eine Einheitsschule für alle mit dem ausnahmslosen Zwang zu deren Besuch. Sie waren der Ansicht, dass eine Gesellschaft zum Zwecke der Reproduktion ihrer Kultur das Recht hätte, junge Menschen in ihrem Sinne zu erziehen und glaubten, dass Schulen zu einer gleichberechtigten Teilhabe aller Menschen an der Gesellschaft führen. Das staatliche Erziehungsrecht sollte dabei gleichberechtigt neben dem Elternrecht, oder sogar darüber, stehen. Dass Kinder und Jugendliche ein Recht haben könnten, selbst über ihr Leben zu bestimmen und ihre Gesellschaft nach ihren Vorstellungen mitzugestalten, kam offenbar niemandem in den Sinn.

Der letztlich entstandene Kompromiss soll hier nicht weiter interessieren. Ersichtlich wird jedoch ein für eine Republik scheinbar typischer Reflex, den schon Humboldt beobachtete und kritisierte. Die Menschen sollten im Sinne der Republik zu guten StaatsbürgerInnen erzogen werden. Auch die konservativen Kräfte hatten im Prinzip nichts dagegen, wollten nur das Elternrecht gestärkter sehen.

Zwar wollen auch die Herrschenden in Monarchien, Diktaturen, Oligarchien und anderen Machtstrukturen ihre UntertanInnen in ihrem Sinne prägen. Sie haben jedoch die Möglichkeit, mal ganz abgesehen von Moral oder Ethik, Gehorsam mit Hilfe der Erzeugung von Angst zu erzwingen und Widerstand gewaltsam niederzuschlagen. Hier sollen Menschen ja auch nur passiv UntertanInnen sein. Es kann den MachthaberInnen weitgehend egal sein, ob ihre Maßnahmen diesen gefallen, denn sie wünschen deren Zustimmung oder gar politische Mitarbeit gar nicht. Wobei sie natürlich auch keine TyrannInnen sein sollten, um Zorn und Widerstand der UntertanInnen nicht über Gebühr herauszufordern. Deren Bildung müssen sie jedoch nur insoweit befördern, wie diese notwendig ist, um die jeweiligen Machtstrukturen arbeitsfähig zu halten, weil diese zum Beispiel BeamtInnen benötigen. Ansonsten wird es ihnen nur um das Erreichen von untertänigem Verhalten gehen, etwa durch die Vermittlung der Gewissheit, dass ihre Herrschaft legitim ist.

Wie ist das aber in Demokratien? Deren VertreterInnen werden ebenso an der Reproduktion ihrer gesellschaftlichen Verhältnisse interessiert sein. In Demokratien sollen sich jedoch alle Menschen gleichberechtigt an der Gestaltung der Gesellschaft beteiligen. Gefragt sind diese also als aktive MitregentInnen. Und natürlich ist es richtig, dass jeder Bürger zur Beteiligung an der Gestaltung seiner Gesellschaft auch befähigt sein muss. Diese Befähigung aber mittels Institutionen erreichen zu wollen, die zum einen ganz klar einem anderen Zweck dienen, nämlich der Schaffung von UntertanInnen, und zum anderen auch bei der Wissensvermittlung größtenteils versagen, ist mindestens fragwürdig. Da müssen andere Wege gefunden werden.

Dass in unserer Demokratie zurzeit noch über UntertanInnen verfügt werden soll, ist besonders gut an den etwa Mitte des letzten Jahrhunderts formulierten und bis heute durch Soziologie und Pädagogik weiter entwickelten Funktionen von Schulen erkennbar. Diese wurden und werden bis heute im Einzelnen immer wieder diskutiert und inhaltlich verändert, was an dieser Stelle jedoch keine Rolle spielen soll, denn generell wird nicht an ihnen gezweifelt.

Aber ihre Existenz ist das Problem.

Ich orientiere mich in meinen folgenden Ausführungen an dem Bildungswissenschaftler Helmut Fend. Nach ihm haben Schulen eine Reproduktionsfunktion, das heißt, sie sollen dafür sorgen, dass die bestehenden gesellschaftlichen Bedingungen weitergegeben werden. Diesem Ziel dienen die drei untergeordneten Funktionen – die Legitimationsfunktion, die Selektionsfunktion und die Qualifikationsfunktion. Die letztere ist übrigens die jüngste. Vermutlich wurde sie ergänzt, als den PädagogInnen doch noch einfiel, welchem Zweck Schulen in den Köpfen der meisten Menschen eigentlich dienen sollten.

Durch die Legitimationsfunktion soll soziale Kontrolle ausgeübt werden. Unsere Gesellschaftsordnung soll in den Köpfen der Kinder legitimiert werden. Sie sollen angehalten werden, sich nicht für alternative Gesellschaftsordnungen zu interessieren.

Über die Selektionsfunktion, seltener Allokationsfunktion, sollen Lebenschancen auf Menschen verteilt werden.

Die Qualifikationsfunktion erklärt sich selbst. Menschen sollen auf ihr späteres Berufsleben vorbereitet werden.

Selektion bedeutet dabei nichts anderes, als dass Schulen junge Menschen auf verschiedene Möglichkeiten des Schulabschlusses verteilen sollen. Dabei muss es auch Verlierer geben. Ohne die Möglichkeit, SchülerInnen hierarchisch voneinander abzugrenzen, ist keine Selektion möglich. In Schulen soll also nicht angestrebt werden, dass alle SchülerInnen alles verstehen. Stattdessen soll mit Hilfe von Noten und Zertifikaten ausgesiebt werden. Dass diese Noten keine realen Lernergebnisse widerspiegeln, habe ich bereits erläutert. Es geht vielmehr darum, wie gut die jungen Menschen sich an die schulischen Strukturen anpassen können, um beim Erreichen des tatsächliche Ziels – gute Noten, nicht Wissenserwerb! – möglichst erfolgreich zu sein.

In den Köpfen von PädagogInnen existiert nachweislich das Bild von einer Art perfektem Schulkind – ein junger Mensch aus der Mittelschicht, der genügend familiäre Ressourcen besitzt, um im Schulsystem mithalten zu können, und an dessen Lebensumgebung sich der allgemeine Bildungskanon orientiert. Da PädagogInnen gezwungen sind, Verlierer zu produzieren, passiert es leider nicht selten, dass junge Menschen aus weniger einflussreichen Schichten mit höherer Wahrscheinlichkeit ausselektiert werden als die Kinder der Eliten. Je mehr ein Heranwachsender von besagtem Idealbild entfernt ist, umso mehr läuft er Gefahr, schlechter bewertet zu werden, weniger Chancen auf eine Empfehlung aufs Gymnasium zu haben und so weiter. Bestimmte Gruppen, wie insbesondere Menschen mit sehr wenigen Ressourcen oder mit Migrationsgeschichte, werden systematisch diskriminiert. Und die PädagogInnen schaffen es auch noch, diese glauben zu machen, sie wären selbst

Schuld und müssten sich nur mehr anstrengen. So kommt es, dass die jungen Menschen, die der Norm am nächsten kommen, die besten Chancen auf gute Bewertungen haben. Die diskriminierte Gruppe in diesem Spiel kann wechseln. So ist die Diskriminierung von Mädchen in Schulen beispielsweise mittlerweile Geschichte. Die Tatsache, dass diskriminiert werden muss, bleibt jedoch so lange bestehen, wie es die Selektionsfunktion gibt.

Offiziell wird behauptet, dass allein die Leistungen der jungen Menschen zählen, aber das ist bestenfalls ein Wunschdenken. Nach allem bisher Gesagten sollte klar sein, dass die Leistungen, die junge Menschen in Schulen zeigen, nicht wirklich vergleichbar sind, schon gar nicht durch das Abfragen von Wissen an einem bestimmten Stichtag. Die Bedingungen, unter denen sie zustande kommen, sind von so vielen Variablen abhängig, dass ein Vergleich immer bestimmte Menschen benachteiligt und andere bevorzugt. PädagogInnen kennen dieses Problem. Deshalb wird in Schulen homogenisiert. Menschen werden anhand bestimmter Merkmale in Gruppen sortiert. Dies geschieht vornehmlich nach dem Alter, aber auch nach der vermeintlichen Intelligenz, wenn zum Beispiel von Hochbegabung die Rede ist, oder auch nach Herkunft, wenn die Deutschkenntnisse eine Rolle spielen. Die PädagogInnen glauben, dass in homogenisierten Gruppen ein besserer Leistungsvergleich möglich ist. Eine Folge dieser Homogenisierungsbestrebungen sind zum Beispiel die Gleichaltrigengruppen, deren Existenz uns dann als normal, nützlich und unbedingt notwendig verkauft wird. Kinder haben aber vor dem Eingreifen von Pädagogik normalerweise im größeren Familienverband oder „im Dorf" gelernt. Da waren fast alle Menschen um sie herum nicht so alt wie sie selbst. Sie lernten von Älteren und sorgen für Jüngere, die wiederum von ihnen lernten.

Dazu kommt, dass auch LehrerInnen nur Menschen sind, ihre ganz persönlichen Vorlieben und Sympathien haben, aus ganz bestimmten Milieus stammen, bestimmte Menschenbilder favorisieren und dies alles auch auf die Bewertung Einfluss hat. Die Idee der Objektivität ist gerade in Bezug auf schulische Leistung und Leistungsbewertung reiner Selbstbetrug. Das wird auch ab und zu bedauernd zur Kenntnis genommen. Dann wird überlegt, wie Schulen gerechter werden könnten – natürlich unter Beibehaltung der Selektionsfunktion. Denn an dieser darf nicht gerüttelt werden. Das Wichtigste ist und bleibt, dass bewertet und selektiert wird.

Abgesehen von allem bisher Gesagten – was macht diese dauernde Bewertung eigentlich mit uns Menschen, vor allem in so jungen Jahren? Wir werden abhängig davon, wie andere uns einschätzen, abhängig von Belohnungen, oder leben in Angst vor Strafen, entweder mit Hilfe der Bewertungen selbst oder auch, weil wir in deren Folge von unserer Umwelt in die Schublade „guter" oder „schlechter" Schüler gesteckt werden. Bei nicht wenigen leidet das Selbstbewusstsein nachhaltig, welches die VerteidigerInnen von Schulen doch eigentlich so vollmundig fördern möchten.

Noch ein paar Worte zur Qualifikationsfunktion: Dass schulisches Lernen vermutlich noch viel weniger erfolgreich ist, als wir glauben, habe ich weiter oben bereits dargelegt. Ich möchte noch ein paar Anmerkungen dazu machen, wie wenig es uns Menschen entspricht.

Wenn wir Babys und Kleinkinder beobachten, können wir sehr gut sehen, wie der Mensch lernt – Krabbeln, Laufen, Sprechen und mehr. Dieses Lernen geschieht weder zeitgleich mit anderen Kindern, noch ist Unterricht dafür notwendig. In dieser Phase ihres Lebens lassen wir Kinder noch vollkommen frei darüber entscheiden, wann sie sich wofür interessieren. Die Initiative geht dabei ganz natürlich von ihnen aus.

Warum aber sollten Kinder plötzlich mit 6 Jahren nicht mehr von selbst lernen wollen, sondern andere Menschen benötigen, die ihnen sagen, wann sie wo was und wie zu lernen haben? Und warum sollten plötzlich alle Kinder ab 6 Jahren zur selben Zeit die selben Lernziele verfolgen?

In Schulen kann nicht auf jedes Kind individuell eingegangen werden. Was Kinder vor der Schulzeit noch halbwegs durften – einfach lernen, bei allem, womit sie sich spontan und mit Begeisterung beschäftigten – wird nun spätestens unterbunden. LehrerInnen entscheiden, womit sie sich wann zu beschäftigen haben. Und sie tun dies in Klassen, in die die Kinder nach Alter sortiert werden.

Selbst wenn wir davon ausgehen, dass viele PädagogInnen ernsthaft und wohlwollend das Ziel verfolgen, unseren Kindern in Schulen etwas beizubringen, und dass dies überhaupt erfolgreich möglich ist, muss uns trotzdem auffallen, dass hier etwas nicht zum Besten unserer Kinder sondern zum bestmöglichen Funktionieren einer Institution geschieht.

Die pädagogische Forschung erkennt die Schwierigkeiten, die die Funktionen von Schulen mit sich bringen, durchaus, hält jedoch beinahe uneingeschränkt an ihnen fest. Meines Erachtens ist dies für die Pädagogik auch äußerst nützlich. Es gibt ihr eine extrem sichere Basis, eine starke Daseinsberechtigung, denn ohne diese gibt es keinen wirklichen Grund für das Festhalten an unserem derzeitigen Schulsystem. Ihr Wegfall könnte die heutige Bedeutung der Pädagogik stark in Mitleidenschaft ziehen. Wesentliche Bestandteile der Forschung – über Intelligenz, Leistung, Leistungsmessung, Bewertung, angebliche Leistungsschwächen, sogenannte Förderung, was ja nichts anderes bedeutet als Anpassung an vorgegebene Leistungsnormen, und einiges mehr – würden an Bedeutung verlieren, wenn Menschen nicht mehr gezwungen wären, sich diesen Ideen zu unterwerfen, weil sie ansonsten im Kampf um Lebenschancen in Schulen benachteiligt wären. Natürlich würde die Pädagogik nicht gänzlich unwichtig werden, denn es spricht nichts gegen Forschung, die sich vorurteilsfrei damit beschäftigt, wie wir lernen und wie dies unterstützt werden kann. Diese Forschung könnte sogar durchaus interessanter werden und zu besseren Ergebnissen führen, wenn die derzeit in der Forschung größtenteils akzeptierte Idee, dass Schule ein Naturgesetz ist, endlich entfallen würde.

Ich möchte noch eine wichtige Funktion ergänzen, die bei Fend und auch allen anderen PädagogInnen, die über die Funktionen von Schulen schreiben, vermutlich aus guten Gründen, nicht zu finden ist, jedoch in meinen Augen eine sehr wichtige Rolle in unserer Gesellschaft spielt. Es handelt sich um die Aufbewahrungsfunktion. Mit der Industrialisierung entstand ein Problem für Eltern und andere erwachsene Bezugspersonen, deren Arbeitskraft nun von früh bis spät außerhalb ihrer Wohnumgebung ausgenutzt wurde: Wohin mit den Kindern? Da traf es sich gut, dass es einen Ort gab, an dem sie abgegeben werden konnten. Egal aus welchem Grund: Weil sie sicher untergebracht sein sollten, weil sie vielleicht sogar eine warme Mahlzeit bekamen, weil sie etwas lernen sollten. Klar ist, dass Schulen bis heute auch eine wichtige Aufbewahrungsfunktion für die

Familien übernehmen. Unsere Gesellschaft wäre kaum so denkbar, wie sie derzeit funktioniert, wenn es diese Funktion nicht gäbe. Die Folge ist, dass junge Menschen ab ihrem 6. Lebensjahr, nicht selten auch viel früher in Krippen und Kitas, einen Großteil ihrer Zeit nicht mehr zu Hause in ihrer Familie verbringen. Ein Familienleben ist so häufig kaum noch möglich oder reduziert sich auf Wochenenden und Urlaubszeiten.

Tatsächlich erfüllen Schulen sogar nur diese Funktion ganz zuverlässig. Schon für die Selektionsfunktion gilt das etwas eingeschränkter, wenn sie auch diesbezüglich noch recht erfolgreich agieren. Die Reproduktions- und Legitimationsfunktion erfüllen sie ebenfalls, jedoch auf andere Art und Weise als die erwünschte. Reproduziert und legitimiert wird eine Gesellschaft, die an patriarchalen Machtstrukturen und Hierarchien festhält, dem verlogenen Leistungsgedanken verpflichtet ist, der den Eliten mehr nutzt als allen anderen, und den UntertanInnengeist fördert, während offiziell Demokratie und Gleichheit propagiert werden. Die Qualifikationsfunktion wird am wenigsten bis gar nicht erfüllt, auch wenn Zertifikate dies vortäuschen. Das heißt, dass unsere Kinder in Schulen, also in generell sehr eingeschränkten und einseitigen Umgebungen,

1. vornehmlich – ohne des Recht, sich selbstbestimmt zu entfernen – aufbewahrt,
2. mittels – immer ungerechter! – Bewertungen auf ihre zukünftigen Lebenschancen verteilt,
3. infolge der schulischen Strukturen wenig mit dem Leben in einer Demokratie vertraut gemacht und
4. schon gar nicht umfassend gebildet werden.

Wollen wir das? Oder noch wichtiger: Haben wir das Recht, so mit unseren Kindern umzugehen?

So oder so ist bereits die Existenz der Funktionen von Schulen, die ja ein Verfügen über die jungen Menschen bedeuten, ohne diese nach ihren Bedürfnissen zu fragen, einer Demokratie keinesfalls würdig. Ebenso wie die Schulpflicht müssen sie aus einem modernen Bildungswesen verschwinden.

***

Exkurs: Der Erziehungsauftrag des Staates

Etwas, worauf deutsche PädagogInnen besonders stolz sind und was es anderswo so nicht gibt, ist der angebliche Erziehungsauftrag des Staates. Diesen lesen sie aus Artikel 7 Absatz 1 unseres Grundgesetzes heraus. Dort steht geschrieben „Das gesamte Schulwesen steht unter der Aufsicht des Staates.", wogegen ja grundsätzlich auch nichts einzuwenden ist. Der Staat sollte das Recht haben, schulische Angebote zu beaufsichtigen, das heißt vor allem, darüber zu wachen, dass diese verfassungskonform sind.

Aber ein Erziehungsauftrag, der nach gängiger juristischer Meinung dem Erziehungsrecht der Eltern sogar gleichrangig sein soll, lässt sich aus diesen Worten nicht herauslesen. Dieser wird schlichtweg nur behauptet.

Dass der Staat die Aufsicht über das Schulwesen innehat, impliziert zudem nicht, dass jeder junge Mensch gezwungen ist, dieses Schulwesen in Anspruch zu nehmen. Wenn man den Begriff Schulwesen als jede Möglichkeit des Lernens begreift, könnte man noch hineinlesen, dass der Staat auch die außerschulischen Formen, zum Beispiel Homeschooling, beaufsichtigen darf.

Aber eine Aufsicht beinhaltet nur den Schutz vor Schaden und Gefahr und ein gewisses Bescheidwissen über den Aufenthaltsort und die Beschäftigung der beaufsichtigten Person. Sie meint keineswegs das Vorgeben der Beschäftigungen oder das Bestimmen des Aufenthaltsortes, ebensowenig wie das Abprüfen von zum Lernen vorgegebenen Inhalten.

Fraglich ist auch, wie die JuristInnen überhaupt auf die Idee kommen konnten, aus Artikel 7 Absatz 1 GG einen Auftrag herauszulesen. Dies würde bedeuten, es gibt eine(n) AuftraggeberIn und eine(n) Beauftragte(n). Meines Erachtens nach gibt es jedoch keine(n) AuftraggeberIn. Ich zumindest habe den Staat niemals beauftragt, gleichrangig mit mir meine Kinder zu erziehen. Es handelt sich offenbar um einen sich selbst gegebenen Auftrag, was mehr als fragwürdig ist.

Es hat den Anschein, dass der Rechtsprechung rund um den angeblichen Erziehungsauftrag des Staates nicht der objektive Umgang mit unseren Gesetzen zugrunde liegt, sondern vielmehr der Glaube an das Dogma, dass Schulen alternativlos die besten Aufenthaltsorte für junge Menschen darstellen. Und vermutlich auch die Angst vor gesellschaftlichen Veränderungen für den Fall, dass die Pflicht zum Schulbesuch einmal nicht mehr gelten sollte.

Literatur:
Über die Funktionen von Schulen kann in Helmut Fends Buch „Neue Theorie der Schule" vertiefend nachgelesen werden, erschienen in verschiedenen Auflagen.
Die historischen Angaben zur Verfassungsdiskussion in der Weimarer Republik und die juristischen Ausführungen lehnen sich an das Buch „Die Schulpflicht vor dem Grundgesetz" von Tobias Handschell, erschienen 2012 bei Nomos, an.

Über die Reproduktion von Demokratie

"Die Lektion meines Lebens als Lehrer lautet: Theorie und Struktur der Massenbeschulung sind in fataler Weise falsch; sie können die Logik der demokratischen Idee nicht unterstützen, denn sie verraten das demokratische Prinzip."

John Taylor Gatto

Ich persönlich halte die Demokratie für die beste Gesellschaftsordnung, die wir uns in unserer modernen Welt geben können. Was nicht ausschließen soll, dass wir uns in Zukunft eventuell auch noch etwas Besseres einfallen lassen werden. Jedoch bin ich der Meinung, dass unsere derzeitige Demokratie noch nicht einmal ihren Kinderschuhen entwachsen ist. Um erwachsen zu werden, muss sie patriarchale Macht- und Herrschaftsideen endgültig und konsequent abschütteln.

Eine wesentliche Eigenschaft von Demokratien ist, dass sie vielfältig und veränderlich sind. Beinahe alle ihre Gegebenheiten sollten zur Disposition stehen und fast nichts sollte als unumstößlich gelten. Es sollte nur einige wenige Grundsätze geben. Als erstes wäre da die Tatsache zu nennen, dass jedem Mitglied der Gesellschaft das gleiche Mitspracherecht zusteht. Und damit meine ich: wirklich jedem Mitglied! Dazu später mehr. Zweitens müssen die Menschenrechte gewährt und geschützt werden, so dass es zu keinen vom Ablauf her demokratisch gefundenen, aber nicht den Menschenrechten entsprechenden, Entscheidungen kommen kann. Drittens, aber das ergibt sich eigentlich aus Punkt zwei, sollten gewisse Grundwerte gelten, zum Beispiel das Anstreben und der Erhalt von zwischenstaatlichem und zwischenmenschlichem Frieden, von Solidarität, Toleranz, Menschenwürde und anderen Werten mehr.

Grundsätzlich erforderlich ist, dass Demokratien wirklich allen Menschen die gleichberechtigte Teilhabe ermöglichen, auch den jungen. Sie muss allen Menschen von Anfang an zugestanden werden. Nur so können sie sich diese Fertigkeit in der Phase ihrer Sozialisation umfassend aneignen. Und nur so werden sie ihre Beteiligung als selbstverständlich erfahren. Sie können demokratische Werte am besten verinnerlichen und in ihrem weiteren Leben wertschätzen, wenn sie diese von Beginn an selbst erleben. Menschen, die in eine Gesellschaft hineinwachsen, in der sie mitbestimmen dürfen, werden grundsätzlich an deren Erhalt sehr interessiert sein, auch wenn sie vielleicht Einzelheiten kritisieren und verändern wollen. Voraussetzung ist natürlich, dass die Demokratie in der jeweiligen Gesellschaft tatsächlich gelebt wird und nicht nur entsprechende Lippenbekenntnisse abgegeben werden.

So wie Frauen um ihre entsprechenden Rechte kämpfen mussten, müssen das meines Erachtens auch Kinder und Jugendliche in Zukunft tun. Zum Beispiel sollten sie sich für ein Wahlrecht von Geburt an einsetzen. Natürlich können Babys und Kleinkinder dieses Recht noch nicht wahrnehmen. Es ist aber in meinen Augen ausgesprochen wichtig, dass Menschen mit dem Wissen aufwachsen, jederzeit wählen zu dürfen. Die Entscheidung darüber, ob und wann sie es tun, liegt dann allein bei ihnen.

Das Zugeständnis aller BürgerInnenrechte schließt übrigens nicht aus, dass junge Menschen durchaus besondere Bedürfnisse haben, zum Beispiel nach Versorgung und Unterstützung. Dass es möglich ist, mit jungen Menschen einerseits fürsorglich, liebevoll, nachsichtig, geduldig und vertrauensvoll umzugehen, sie aber andererseits nicht ihrer

Menschen- und BürgerInnenrechte zu berauben, zeigt das Leben von Jäger- und Sammlergruppen. Dort sind sie von Geburt an gleichberechtigt, auch wenn jedem Menschen bewusst ist, dass sie sich körperlich und psychisch noch entwickeln und natürlich auch alles, was sie brauchen, erst erlernen müssen. Es wird von ihnen erwartet und alle Menschen vertrauen darauf, dass sie sich selbst in die sie umgebende Gesellschaft sozialisieren. Dies ist eine Einstellung, die auch in unseren Demokratien gelebt werden muss. Ansonsten werden wir patriarchales Machtverhalten niemals abschütteln können.

Wir sollten jungen Menschen niemals zu verstehen geben, dass sie noch keine vollwertigen Mitglieder der Gesellschaft sind, wie es heute die Regel ist. Sie werden in ihren BürgerInnenrechten eingeschränkt und – nicht nur in Schulen – wie UntertanInnen behandelt. Ab ihrem 19. Lebensjahr sollen sie aber DemokratInnen sein. Plötzlich sollen sie die Verantwortung für die Gesellschaft und sich selbst übernehmen, die ihnen in den ersten 18 Jahren ihres Lebens vorenthalten wurde. Das wird ihnen zusätzlich extrem schwer gemacht, da sie sich für einen erheblichen Teil ihrer Kindheit und Jugend in einer ausgesprochen undemokratischen Institution aufzuhalten hatten und ihre Situation selbst kaum beeinflussen durften. Dass ihnen per Lehrplan nahe gebracht wurde, was demokratisch bedeutet und wie Demokratien funktionieren, wird ihnen, falls sie überhaupt zuhörten, höchstens aufgezeigt haben, dass Worte und Taten ihrer LehrerInnen und Eltern nicht übereinstimmen.

Ich glaube wie Humboldt, dass es unwahrscheinlich ist, dass junge Menschen, die schon frühzeitig durch öffentliche Erziehung an die Verfassung ihres Staates angepasst werden, das Selbstbewusstsein aufbringen, diese bei Bedarf verändern zu wollen. Dafür braucht es Menschen, die ohne staatliche Indoktrination in ihre Gesellschaft hineinwuchsen und sie kennenlernten, wie sie ist. Die Verfassung zu kritisieren, bedeutet ja nicht automatisch, auf ihre Abschaffung hinzuarbeiten. Es geht, ganz im Gegenteil, doch darum, sie weiterzuentwickeln und neuen gesellschaftlichen Bedingungen anzupassen.

Ich möchte an dieser Stelle nicht vertiefen, wie eine umfassende Emanzipation von Kindern und Jugendlichen gestaltet werden könnte. Bezüglich des Schulwesens werde ich im Folgenden jedoch noch einige Ausführungen machen.

Zunächst komme ich noch einmal auf die Funktionen von Schulen zurück. Wie schon weiter oben erwähnt, spricht prinzipiell nichts gegen den Wunsch nach Reproduktion einer demokratischen Gesellschaftsordnung. Was soll jedoch mittels der Funktionen von Schulen tatsächlich reproduziert werden? Bei Fend und anderen können wir lesen, dass es um das Leistungsprinzip geht, welches legitimiert und als gerecht in den Köpfen unserer Kinder verankert werden soll. Und Fend scheut sich nicht davor, darauf hinzuweisen, dass im formbaren Bewusstsein unserer Kinder Überzeugungen besonders gut aufzubauen und zu verstärken sind.

Doch Demokratie ist keinesfalls unlösbar mit dem Leistungsprinzip verbunden. Eine demokratische Gesellschaft ist auch sehr gut ohne das Festhalten an diesem möglich. Tatsächlich ist unser Grundgesetz bezüglich einer Arbeits- und Wirtschaftsverfassung neutral. Das heißt, es favorisiert keine bestimmte und überlässt dem Gesetzgeber die Wahl. So darf unsere jetzige Gesetzgebung die derzeitige Arbeits- und Wirtschaftsform bevorzugen, aber sie darf eben nicht nachfolgende Generationen darauf verpflichten.

Denn diesen muss die Möglichkeit offen gelassen werden, eventuell eine andere Arbeits- und Wirtschaftsverfassung anzustreben.

So ist es durchaus legitim, zu fragen, ob der Versuch der Reproduktion einer auf dem Leistungsprinzip basierenden Arbeits- und Wirtschaftsordnung in Schulen überhaupt verfassungskonform ist, da er die durch das Grundgesetz eingeräumte Wahlfreiheit hintergeht und zukünftige GesetzgeberInnen – unsere Kinder – bezüglich der Entscheidung, welche Arbeits- und Wirtschaftsverfassung sie selbst wünschen, einschränkt. Gemäß Artikel 20, Absatz 4 unseres Grundgesetzes haben wir das Recht zum Widerstand gegen jeden, der es unternimmt, unsere Ordnung – das heißt unser Grundgesetz – zu beseitigen, wenn andere Abhilfe nicht möglich ist. Die VertreterInnen unseres Schulsystems wollen unsere Ordnung vielleicht nicht bewusst beseitigen. Aber sie unterlaufen diese mittels der Funktionen von Schulen, indem sie die oben beschriebene Wahlfreiheit hintergehen. Abhilfe war bisher nicht möglich. Widerstand ist also dringend angesagt!

Leistung ist eine patriarchale Kategorie. Die Eliten geben vor, was als Leistung zu gelten hat, und bestimmen auch über die Art der Belohnung. Die Leistung besteht in der bestmöglichen Anpassung an unsere Wirtschaftsverhältnisse, die Belohnung in guten Zertifikaten sowie Karrieren und wirtschaftlichem Erfolg. Menschen sind am besten angepasst, wenn sie diesen Dingen hinterher jagen. Andere Werte bleiben da gern auf der Strecke. Wie die Jagd nach guten Noten das Verhalten von jungen Menschen in Schulen beeinflusst, habe ich ja bereits beschrieben. Das Ganze ist, wenn überhaupt irgendwie sinnvoll, mindestens sehr einseitig.

Der Kapitalismus, dem die Leistungsgesellschaft dienen soll, stellt in meinen Augen keinen demokratischen Wert dar. Er ist lediglich eine Wirtschaftsform, die zudem dem menschlichen Wohlergehen nicht selten entgegensteht. Angeblich demokratische Staaten treten für Wirtschaftsinteressen Menschenrechte mit Füßen. Sie bestimmen infolge ihrer wirtschaftlichen Macht die Weltpolitik, manipulieren die Politik anderer – souveräner! – Staaten, führen Konflikte und Kriege herbei und sorgen für menschliches Elend, wie es ihnen gefällt. Und dabei geht es um den Zugriff auf Rohstoffe und Absatzmärkte, nicht um das Wohlergehen von Menschen oder gar, wie meist behauptet, um den Schutz von Demokratie oder Menschenrechten.

Der Kapitalismus sorgt dafür, dass nur kurzfristige Gewinne wichtig sind, und dies auch nur für die Wenigen, die die wirtschaftliche Macht in ihren Händen konzentrieren. Profitgier denkt nicht an zukünftige Generationen. Wir produzieren beispielsweise in unseren Atomkraftwerken nach wie vor jedes Jahr Tonnen von atomarem Müll. Die Betreiber profitieren, da sie nicht für die Mülllagerung verantwortlich sind. Das ist der Staat. Das sollen wir alle zahlen und werden damit doppelt ausgenutzt. Dabei wissen wir bis jetzt noch nicht einmal, wie dies sicher geschehen soll. Ganz abgesehen von den zig Tonnen Atommüll, die ohnehin bereits in den Meeren sich selbst überlassen wurden, und der unberechenbaren Gefahr durch Unfälle. Unsere Politik trägt dieses Spiel – nicht nur für die Atomwirtschaft. Wir leben eher in einer Wirtschaftsoligarchie als in einer Demokratie, denn die Wirtschaft bestimmt die Politik.

Auf diese Art des Wirtschaftens sollen immer neue Generationen eingeschworen werden. Ihnen wird suggeriert, sie sei untrennbar mit Demokratie verbunden und führe letztlich zum Wohlstand aller, obwohl zunehmend ganz offensichtlich ist, wohin sie uns tatsächlich führt.

Angesichts dessen über eine grundsätzliche Veränderung der wirtschaftlichen Gegebenheiten nachzudenken, ist mehr als legitim. Eine echte Demokratie muss dazu bereit sein. Auf eine bestimmte Wirtschaftsform hin zu erziehen, ist an sich bereits ein undemokratischer Akt. Versucht eine Gesellschaft, ihre Grundsätze der nächsten Generation als legitim und einzig richtig darzustellen, werden die jungen Menschen bereits als UntertanInnen behandelt.

Es ist zudem eine dreiste Lüge, dass die Menschen, die unsere Elite bilden, mehr leisten als die, die ihr Leben gerade so fristen können. Meist hatten sie schlicht, nicht selten infolge der Ausbeutung von UntertanInnen oder lohnabhängigen ArbeiterInnen durch ihre Vorfahren, die besseren Startpositionen ins Leben. Ihr Reichtum verschaffte ihnen Machtpositionen, die sie glauben lassen, sie seien etwas Besseres als andere Menschen. Und im Namen der Leistungsgesellschaft machen sie andere Menschen glauben, dass diese es auch schaffen können, wenn sie sich nur richtig anstrengen. Tatsächlich werden sie aber darauf bedacht sein, ihre Macht nicht teilen oder gar abgeben zu müssen.

Schafften sie es aus eigener Kraft, wirtschaftlich gesehen, ganz nach oben, müssen sie dieses Spiel, das Profitieren auf Kosten anderer, früher oder später mitspielen. Reichtum auf der einen Seite zieht meist Armut oder zumindest Verzicht auf einer anderen nach sich. Dadurch kommt der unsagbar große Reichtum zustande, der nicht mehr unmittelbar der eigenen Arbeitsleistung entstammen kann. Wir alle produzieren einen großen Anteil davon, ohne ausreichend am Gewinn beteiligt zu sein.

Wobei ich nicht alle UnternehmerInnen über einen Kamm scheren möchte, aber ich glaube schon, dass Skrupellosigkeit und Gier mit zunehmendem Reichtum tendenziell steigen, wenn es vielleicht auch einige sehr reiche und trotzdem moralisch integere Menschen geben mag.

Es ist ebenfalls eine Lüge beziehungsweise ein nicht erfüllbares kapitalistisches Heilsversprechen, dass jeder Mensch es nur mit der eigenen Arbeitsleistung zu großem Reichtum bringen kann. Die meisten Menschen glauben diesem Versprechen, integrieren sich freiwillig in unser heutiges Leistungssystem und mehren damit den Reichtum einiger weniger. Meist finden sie so niemals das Thema, das sie wirklich begeistern und mit dem sie sich zu ihrer eigenen Zufriedenheit beschäftigen könnten.

Den erträumten Aufstieg in die Elite erreichen nur wenige Menschen. Und noch seltener funktioniert das, ohne dabei irgendwann die Arbeit oder das Vermögen anderer Menschen auszunutzen.

Weil unsere Welt endlich ist, können nicht alle Menschen zum erträumten Wohlstand gelangen, wie sehr sie sich auch bemühen. Und selbst, wenn unsere Welt nicht endlich wäre, lebt diese Art von Gesellschaft von der Konkurrenz und dem Druck, beständig neuen Konsum zu erzeugen und die Konsumgüter am billigsten zu produzieren beziehungsweise immer den größten Profit zu machen. Es würde jederzeit Kämpfe um den größten Reichtum, um die meisten Vorteile, um die größte Macht geben. Je höher der angestrebte Gewinn, um so skrupelloser würden diese Kämpfe geführt werden.

Sicher haben wir in Deutschland heute alle einen Lebensstandard, der uns, weltweit gesehen, als wohlhabend erscheinen lässt. Aber es wird uns nur gelassen, was unbedingt notwendig ist, um uns ruhig zu stellen. Und es wird immer daran gearbeitet, unseren Anteil so gering wie nur möglich zu halten. Gerade im heutigen Deutschland. Während der Reichtum der wenigen uns beherrschenden Konzerne und Menschen ins Unermessliche steigt.

Wenn die VertreterInnen der Wirtschaft zudem mehr und mehr auch Einfluss auf unsere Politik nehmen, wie es immer deutlicher der Fall ist, wird letztlich die Demokratie ausgehebelt. Diese Menschen können wir weder wählen noch abwählen. Sie stellen uns auch ihre Programme nicht vor, bestimmen jedoch viele politische Entscheidungen. Der Eindruck, den viele von uns haben, dass es egal ist, welche Partei oder welche(n) PolitikerIn wir wählen, ist vermutlich nicht falsch.

Meines Erachtens kann man deutlich erkennen, dass wir es in den letzten Jahren in den wichtigsten politischen Ämtern zum größten Teil mit PolitikerInnen ohne jedes Profil zu tun hatten, die geradezu hilflos von einer aktionistisch getroffenen Entscheidung zur nächsten stolpern oder phlegmatisch ausharren, keine Linie und kein durchdachtes Programm erkennen lassen, das sie beispielsweise auch bei Gegenwind vertreten – Streitbarkeit könnte die Position kosten. Sie verschwenden Steuergelder. Sie wollen es gleichzeitig verschiedenen – möglichst den einflussreichsten – Gruppen recht machen, besonders gern jedoch den Wirtschaftslobbyisten. Sie geben sich gegenseitig Rückendeckung, so dass sie kaum Konsequenzen für ihr Versagen zu befürchten haben und sich weiter an ihrer Macht festklammern können, die jedoch eigentlich kaum noch mehr zu sein scheint als die Macht von austauschbaren Marionetten – die sich allerdings immerhin selbst wirtschaftlich saturieren.

Dass sie kaum innovative Lösungen für die Probleme unserer Zeit anzubieten haben, könnte daran liegen, dass sie sich schwer etwas anderes als das Bestehende vorstellen können, denn daran sind gerade sie besonders gut angepasst. Und sie profitieren ja auch am meisten davon. Profilierung und Bereicherung, Merkmale des Leistungsgedankens, scheinen wichtiger zu sein als politische Verantwortung gegenüber den Menschen, die sie vertreten und denen sie verpflichtet sein sollten. Eine hochrangige deutsche Politikerin antwortete auf die Frage, ob sie ein Machtmensch sei, mit einem bestimmten Ja. Das war zumindest ehrlich. Aber erstens ist es nach all dem hier Gesagten auch nicht verwunderlich. Und zweitens sollten wir uns fragen, ob wirklich Machtmenschen die AnführerInnen eines demokratischen Staates sein sollten. Meines Erachtens nach sollten es Menschen sein, die eben gerade nicht Macht anstreben, sondern wahrhaftig im Dienst ihrer WählerInnen tätig werden wollen. Die Angepasstesten müssen eben nicht zwangsläufig die Fähigsten sein. Zumal sie an eine Leistungsgesellschaft angepasst sind, hinter der demokratische Werte zurücktreten.

Diese Leistungsgesellschaft in Schulen zu propagieren, sowohl im Unterricht als auch – und vermutlich viel stärker wirksam – durch die schulischen Strukturen, hat nichts mit der Reproduktion von Demokratie zu tun. Was tatsächlich reproduziert werden soll, ist eine Wirtschaftsform, die am Leistungsdenken, an der Idee vom ewigen Wachstum und an Macht und Herrschaft orientiert ist.

Ginge es um die Reproduktion demokratischer Werte, müsste diese, wie schon mehrfach betont, ganz anders erfolgen. Der Mensch müsste vom Beginn seines Lebens an ein vollwertiger Teil dieser Demokratie sein. Er müsste also die Erfahrung machen, dass seine Stimme zählt und dass er in seiner Gesellschaft etwas bewirken kann. Soll Demokratie erfolgreich reproduziert werden, muss sie nur konsequent gelebt werden. Mehr ist nicht notwendig. Dem Menschen seine ersten 18 Lebensjahre lang, also in der wichtigen Phase seiner Sozialisation in seine Gesellschaft, zu verstehen zu geben, dass er zu gehorchen hat, weil er unmündig ist, wirkt dem diametral entgegen.

Dies ist meine persönliche politische Meinung. Ich hoffe, verständlich gemacht zu haben, dass die Idee, Menschen im Sinne einer bestimmten Ordnung, ob politisch oder wirtschaftlich, zu erziehen, bereits undemokratisch ist. Eine Demokratie kann nur kompromisslos gelebt werden, damit sie reproduziert werden kann, und muss immer für neue Ideen offen sein.

Beispielsweise wäre es durchaus möglich, auf demokratischem Weg ein bedingungsloses Grundeinkommen einzuführen. Dieses könnte tatsächlich jeden einzelnen Menschen in die Lage versetzen, eine echte Wahl zu haben. Die Wahl, eine Lohnarbeit anzunehmen oder nicht. Die Wahl, sein Leben so zu führen, wie er es selbst für richtig hält, ohne dem unbedingten Zwang zu unterliegen, seine Arbeitskraft zu verkaufen. Viele Arbeitsplätze würden dann vermutlich schwer zu besetzen sein. Nicht umsonst halten etwa 35 Prozent der Deutschen ihre Jobs für sinnlos. Sinnvollen oder wirklich notwendigen Tätigkeiten würden Menschen jedoch bestimmt weiter nachgehen, denn die meisten wollen in ihrer Gesellschaft nützlich sein. Und sie würden sich andere Beschäftigungen suchen, die vielleicht kein Einkommen generieren, aber zutiefst befriedigen. Einige würden auch einfach ein Leben mit minimalem Aufwand genießen, ohne großartig produktiv zu sein. Aber diesen Menschen würden wir zumindest einen geringen

CO2-Fußabdruck verdanken. Kein Mensch will und kann aber in meinen Augen vollkommen unproduktiv sein. Eine solche Gesellschaft wäre eine andere als heute – und könnte wesentlich demokratischer sein.

Denen, die Angst davor haben, dass unsere Wirtschaft zusammenbrechen würde, möchte ich sagen: Natürlich muss es eine Wirtschaft geben, um uns alle mit notwendigen Gütern und Dienstleistungen zu versorgen, aber rechtfertigt das die Anpassung von Menschen an das Wirtschaftssystem? Geht es nicht eher darum, dass die Wirtschaft den Menschen – und zwar nicht nur einigen wenigen, sondern allen – dienen sollte? Auch in einer Welt mit einem bedingungslosen Grundeinkommen wird es eine Wirtschaft geben. Diese wird sich vermutlich den Bedürfnissen der Menschen anpassen müssen und daher wahrscheinlich verändern. Aber Angst sollten wir davor nicht haben.

Wir könnten auch demokratisch entscheiden, dass Unternehmen alle von ihnen verursachten Kosten konsequent selbst zu tragen haben, auch die Entsorgung ihres Mülls und die ökologischen Folgen ihrer Produktionsmethoden. Vieles ohnehin Unnötige würde vermutlich nicht mehr produziert werden. In vielen Bereichen könnten ökologischere Wege, die dann einfach kostengünstiger wären, beschritten werden.

Wir könnten entscheiden, dass politische Entscheidungen nicht von einer Wirtschaftslobby bestimmt werden dürfen oder dass die unselige Verflechtung von Gewinnorientierung und medizinischer Versorgung oder auch Jugendhilfe gelöst wird.

Wir könnten entscheiden, Tieren Rechte zuzugestehen.

Das wären alles Wege, die uns von einer kapitalistischen Leistungsgesellschaft weg führen könnten. Und dennoch würden wir eine Demokratie bleiben.

Da wir uns aber alle mit dem Fokus auf Werte wie Karriere, Wohlstand im Sinne von möglichst viel Besitz, Konsum und Lohnarbeit sozialisiert haben, können sich nur wenige Menschen andere Wege vorstellen, zu denen eben auch die teilweise Abkehr von solchen Werten gehören würde. Und an dieser Sozialisation haben Schulen ihren Anteil. Indem sie das Heranwachsen von echten DemokratInnen erschweren und gleichzeitig Verhaltensweisen, die in der Leistungsgesellschaft gebraucht werden, fördern.

Literatur:
Das Eingangszitat stammt aus John Taylor Gattos Buch „Verdummt nochmal! Der unsichtbare Lehrplan oder Was Kinder in der Schule wirklich lernen", erschienen 2009 im Genius Verlag.

Die häufigsten Argumente für eine Schulpflicht

„Eine natürliche Ordnung ist eine stabile Ordnung. Die Schwerkraft wird nicht mit einem Mal aufhören zu existieren, nur weil wir nicht mehr an sie glauben. Im Gegensatz dazu läuft eine erfundene Ordnung ständig Gefahr, in sich zusammenzufallen wie ein Kartenhaus, weil sie auf Mythen gebaut ist, und weil Mythen verschwinden, wenn niemand mehr an sie glaubt. Um eine erfundene Ordnung aufrechtzuerhalten, sind konstant große Anstrengungen erforderlich. Einige dieser Anstrengungen können durchaus die Form von Zwang und Gewalt annehmen."

Yuval Noah Harari

Wie bereits angedeutet, kann es eigentlich nicht genügen, nur die Schulpflicht zu diskutieren beziehungsweise in Frage zu stellen. Es muss um die Abschaffung des derzeitigen Schulsystems gehen und um eine grundsätzliche Neugestaltung eines demokratischen Bildungswesens. Ich weiß, dass es viel verlangt ist, so weit zu denken, denn den meisten Menschen fällt es schon schwer, sich ein Leben ohne Schulpflicht vorzustellen.

Doch schauen wir uns einmal die Argumente an, die von BefürworterInnen der Schulpflicht in Diskussionen gebetsmühlenartig wiederholt werden. Häufig stellen die Begriffe Schulpflicht und Schule für diese Synonyme dar, was bedeutet, dass sie das eine nicht ohne das andere denken können oder wollen.

***

„Die Schulpflicht schützt Kinder vor Kinderarbeit."

Wenn der Schutz vor Kinderarbeit für die Erfinder der Schulpflicht ein wichtiges Anliegen gewesen wäre, muss gefragt werden, warum nicht einfach ein Gesetz geschaffen wurde. Vermutlich weil es damals eben nicht vornehmlich darum ging. Dass Kinder zu Hause mitarbeiten mussten, war den Herrschenden vollkommen egal. Im Gegenteil – lange Zeit wurde darauf sogar Rücksicht genommen und Kinder gingen beispielsweise nur im Winter zur Schule.

Ein erstes Verbot von Kinderarbeit enthielt das preußische Regulativ von 1839. Kinder unter neun Jahren sollten nicht mehr in Fabriken oder Bergwerken arbeiten. Zu dieser Zeit war Kinderarbeit zu einem großen Problem geworden. Die häufig noch sehr jungen Menschen wurden infolge der Industrialisierung in Fabriken, Minen und anderswo extrem ausgebeutet. Die wachsende Kinderarbeit war also vor allem eine Folge der zunehmenden Industrialisierung. Wenn Kinder zum Familieneinkommen beitragen mussten, geschah das meist nicht, weil Eltern ihre Kinder ausbeuten wollten, sondern weil alle Familienmitglieder aufgrund der schlechten Löhne zum Überleben der Familie beitragen mussten. Einen allgemeinen gesetzlichen Schutz hielt der Staat trotzdem erst relativ spät – in Form des Kinderschutzgesetzes von 1904 – für notwendig. Das Entgegenkommen an sozialdemokratische Forderungen hat hier ebenso eine Rolle gespielt wie die Besorgnis darüber, nicht mehr genügend gesunde Männer für die Armee rekrutieren zu können.

Heute wird das Argument, dass Schulen vor Kinderarbeit schützen, vornehmlich gegen Eltern gebraucht, denen vorgeworfen wird, dass sie ohne Schulpflicht ihre Kinder zu Hause arbeiten lassen würden. Diese Mitarbeit geschieht sicher auch heute noch vereinzelt, vor allem, wenn die Familien eigene Betriebe besitzen. Natürlich sollte die Gesellschaft ein Auge darauf haben, dass Kinder nicht als billige Arbeitskräfte missbraucht werden. Aber mal ehrlich, wie häufig wird das heute in Deutschland tatsächlich vorkommen? Hierfür gibt es dann außerdem die entsprechenden Gesetze.

In Einzelfällen müssen Kinder in sehr schwierigen Lebenslagen sich um Geschwister und den Haushalt kümmern. Das ist nicht gut, jedoch auch kein Argument für die Schulpflicht. Das geeignetere Mittel wäre hier umfangreiche und individuelle Familienhilfe.

Schlussendlich sollten wir auch den Aspekt nicht aus den Augen verlieren, dass es sich bei dem, was Kinder in Schulen zu leisten haben, ebenfalls um Arbeit handelt, noch dazu um unbezahlte.

Optimal wäre es, wenn sie sich stattdessen selbstbestimmt und spielerisch in ihre Gesellschaft sozialisieren dürften. Da heute wohl kaum noch eine Familie auf ihre Mithilfe zu Hause oder im Betrieb oder auf zusätzlichen Lohn wirklich angewiesen ist, könnten wir ihnen diese Möglichkeit leicht bieten, wenn wir sie aus den Schulen entließen.

***

„Die Schulpflicht schützt Kinder vor Gewalt in der Familie."

Gewalt in Familien kam vermutlich seit unserer Sesshaftwerdung vermehrt vor und stellt bis heute kein zu unterschätzendes Problem dar. Die patriarchalen Hintergründe habe ich bereits beleuchtet.

Zunächst einmal sorgt jedoch der Schulbesuch selbst für nicht wenig Unfrieden in Familien. Der Druck, die richtigen Zertifikate zu erreichen, ist groß. Dafür gibt es morgens den Kampf um das pünktliche Aufstehen, am Nachmittag den um das Üben oder die Hausaufgaben. Schlechte Noten bringen Ärger und Streit. Glück haben die Kinder, deren Eltern das alles gelassen sehen können. Aber gerade die Eltern, die sowieso schon benachteiligt sind, die wollen, dass es ihre Kinder weiter bringen als sie, stehen extrem unter Druck.

Häufig fand die Sozialisation gewalttätiger Eltern ebenfalls unter Gewalt statt. Der Psychoanalytiker Arno Gruen sieht den Ursprung von Gewalt in unseren frühkindlichen Erfahrungen, also im gewalttätigen Verhalten unserer Eltern und anderer Bezugspersonen. Diese Gewalt muss jedoch nicht ausschließlich in körperlicher Züchtigung bestehen. Es geht allgemein um das Ignorieren von kindlichen Bedürfnissen und das Erzwingen von Gehorsam, was das betroffene Kind sein eigenes Ich aufgeben lasse, um sich den Wünschen der Menschen, von denen es abhängig ist, unterzuordnen. Diese Verleugnung führe dazu, dass das Ich gehasst werde und keine eigene Identität aufgebaut werden könne. In der Folge hasse der Mensch nicht nur das Eigene, sondern auch das Eigene im Fremden. Das heißt, die Gefühle, die er selbst nicht zeigen durfte, hasst er auch an anderen. Häufig neigen diese Menschen dann ebenfalls wieder zur Gewalt – gegen eben jene Fremden, oft die eigenen Kinder. Aber auch, wenn viele von ihnen selbst keine Gewalt ausübten, akzeptierten sie autoritäres und gewalttätiges Verhalten anderer leichter. Diese Menschen bildeten die „schweigende Masse", die der im Prinzip von ihr akzeptierten Gewalt in der Gesellschaft nicht entschieden entgegen tritt und sie damit fördert. Gewalt bringe demnach Menschen hervor, die wenig an demokratischen Werten interessiert seien, da sie sich an „Autoritäten" orientieren. Nur etwa ein Drittel der Bevölkerung wäre nach Gruen gar nicht oder weniger gewaltsam aufgewachsen und daher nicht auf der Suche nach „Autoritäten". Diese Menschen seien es, die unsere Demokratie stützten.

Um unsere demokratische Verfassung zu stabilisieren, muss diese Spirale der Gewalt unterbrochen werden. Das heißt: Es muss dafür gesorgt werden, dass Kinder möglichst gewaltfrei aufwachsen. Leider ist aber unser moderner Begriff von Erziehung immer noch stark von dem Wunsch nach braven Kindern, nach Gehorsam, durchdrungen. Von Geburt an wollen wir sie – entgegen ihren eigenen Bedürfnissen – formen, besonders in Schulen. Wir verfügen in jeder Hinsicht über sie und lassen ihnen kaum Raum, sich selbstbestimmt zu sozialisieren. Um zu erreichen, dass Kinder gehorchen, scheuen viele Menschen nach wie vor auch vor körperlicher Gewalt nicht zurück („Ein Klaps hat noch niemandem geschadet!"). Von psychischer Gewalt ganz zu schweigen. Da wird überredet, gelockt, befohlen, belohnt, bestraft, geschrien und einiges mehr. Und das betrifft die ganze Gesellschaft. Nur die Familien zu betrachten, bei denen die häusliche Gewalt so überhand nimmt, dass es zu unübersehbaren Verletzungen kommt, greift daher viel zu kurz.

Ein schlimmes Beispiel für diese in unserer Gesellschaft stark akzeptierte Gewalt stellt der Dokumentarfilm „Elternschule" dar, der exakt die Mechanismen aufzeigt, durch die Kinder gewaltsam gefügig gemacht werden: Mittels Schlaf- und Esstrainings, zum Beispiel gewaltvollem Füttern, Trennung von den Bezugspersonen, Ignorieren und anderem Verhalten. Im Ergebnis gehorchen die Kinder – sie essen, was sie essen sollen, sie hören auf das, was ihnen gesagt wird. Behauptet wird, dass damit Regulationsstörungen behandelt werden, was ich als mehr als fragwürdig empfinde. Stattdessen habe ich einige traurige Berichte von durch die „Therapien" traumatisierten Eltern und (mittlerweile erwachsenen) Kindern gelesen, die das Angebot der entsprechenden Klinik genutzt hatten. Diese Dokumentation wurde von vielen Medien positiv aufgenommen, die dargestellte Gewalt so gut wie nicht hinterfragt. Der Titel suggeriert sogar, dass ein solcher Umgang mit Kindern von allen Eltern übernommen werden sollte. Als besonders empörend empfand ich, dass sie sogar für den Deutschen Filmpreis nominiert war.

Übrigens sind die Methoden dieser Klinik wissenschaftlich durchaus umstritten. Sie entsprechen aber unserem gesellschaftlichen Dogma darüber, dass und wie Erziehung stattfinden sollte. Und deswegen werden sie meines Erachtens nach auch so positiv aufgenommen und wenig hinterfragt. Hier zeigt sich wieder, dass die Relevanz von gesellschaftlichen Verhaltensweisen mehr durch ein Dogma gegeben ist, viel weniger durch wissenschaftliche Forschung.

Es gibt Studien, die den Zusammenhang von häuslicher Gewalt mit den jeweiligen gesellschaftlichen Strukturen aufzeigen. Je gewalttätiger eine Gesellschaft als Ganzes sei, desto wahrscheinlicher wäre es, dass Eltern ihre Kinder körperlich züchtigen. Es gäbe außerdem einen starken Zusammenhang zwischen dem Schlagen von Kindern und dem Grad der sozialen Schichtung einer Gesellschaft. Je größer die Machtunterschiede zwischen den Mitgliedern einer Gesellschaft seien, desto häufiger würden Eltern ihre Kinder körperlich strafen. Die Forscher wiesen auf die Möglichkeit hin, dass Eltern letztlich zur körperlichen Bestrafung greifen, um ihren Kindern die Anerkennung bestehender Machtverhältnisse regelrecht einzubläuen. Hier fallen mir sofort die häufig zu hörenden Sätze ein, die behaupten, dass Kinder sich an bestimmte Aspekte unserer Gesellschaft zu gewöhnen hätten, zum Beispiel dass es im Arbeitsleben ja auch so wie in Schulen zugehen würde – und deswegen die Zustände an Schulen auch zu akzeptieren beziehungsweise richtig seien.

Gewalt ist also ein gesamtgesellschaftliches Problem und nicht nur das der betroffenen Familien. Ein ehrliches Angehen des Problems muss vom ehrlichen Wunsch nach gesellschaftlichen Veränderungen begleitet werden. Das Erkennen und Bestrafen häuslicher Gewalt greift da viel zu kurz. Dennoch müssen natürlich zu deren Vermeidung umfangreiche Hilfsangebote geschaffen werden, die diese Bezeichnung auch verdienen. Sie dürfen nicht von AmtsträgerInnen und BeamtInnen stammen, die infolge ihrer weitreichenden Befugnisse in einer Machthierarchie weit über den Betroffenen stehen, sondern von gleichwertigen DienstleisterInnen. Das schließt nicht aus, dass sich diese klar gegen Gewalt positionieren und auch eingreifen können. Jedoch unbedingt unter der Kontrolle von und in Absprache mit unabhängigen Institutionen, die alle beteiligten Interessen im Auge haben.

Das heißt, dass sich diese Unterstützung genauso an die TäterInnen wie an die Opfer richten muss. Erstere müssen mit den dramatischen Folgen ihrer Gewalt und mit den Ursachen dafür in ihrer eigenen Geschichte konfrontiert, letztere geschützt werden. Zusätzlich braucht es aber auch Hilfe, die die gesamte Lebenssituation der jeweiligen Familie verbessert.

Den Gedanken, dass von Gewalt betroffene Kinder infolge ihrer Abwesenheit vom Elternhaus geschützt wären, kann ich durchaus nachvollziehen. Dafür jedoch alle jungen Menschen unter die Kontrolle einer Institution zu stellen, die selbst Gewalt mindestens begünstigt, halte ich für unverhältnismäßig und undemokratisch. Von Gewalt betroffene Kinder geraten so zudem am Ende nur vom Regen in die Traufe.

Stattdessen sollten sich alle Kinder frei inmitten unserer Gesellschaft bewegen. Wollten Eltern das verhindern, müsste ihnen das entsprechende Recht ihrer Kinder bewusst gemacht werden. In schweren Fällen müsste das Wächteramt des Staates greifen.

Allen Eltern muss unmissverständlich nahe gebracht werden, dass für ihre Kinder die Menschenrechte ebenso gelten wie für alle anderen Menschen, unter anderem das Recht auf gewaltfreies Aufwachsen. Dies muss aber konsequent vertreten werden. Wir können nicht einerseits physische Gewalt zu Hause ablehnen, genauso schädliche psychische Gewalt in Schulen (Anwesenheits- und Lehrplanzwang, Bewertung und anderes) oder erziehende Gewalt durch Eltern (Durchsetzung eigener Vorstellungen und Wünsche gegen die Bedürfnisse des Kindes.) aber als positiv ansehen.

Vor allem muss also die Akzeptanz von erziehender Gewalt – physischer wie psychischer – in der Gesellschaft vermindert werden, was durch die Reduzierung beziehungsweise Abschaffung von Machtstrukturen und -hierarchien erreicht werden kann. In Schulen zum Beispiel sind diese stark ausgeprägt. Aber es ist auch allgemein an einen weniger obrigkeitsstaatlichen Umgang von AmtsträgerInnen und BeamtInnen mit der Bevölkerung zu denken.

Festzuhalten ist: Häusliche Gewalt stellt nach wie vor ein großes Problem dar. Die Schulpflicht verhindert diese ganz offensichtlich nicht.

***

„Die Kinder in Afrika würden sich freuen, zur Schule gehen zu dürfen!"

Zunächst einmal können wir das gar nicht wissen. Die meisten von uns haben vermutlich keine reelle Vorstellung davon, was Menschen in Afrika sich wirklich wünschen. Zumal das Wort Afrika eine sehr heterogene Gruppe von Ländern erfasst, in denen es sehr unterschiedliche Gesellschaftsformen gibt. In manchen davon wird es auf dem Gebiet des Bildungswesens nicht anders aussehen als bei uns. Andere bieten kaum öffentliche Schulen an.

Das aber in vielen Ländern, die bisher noch nicht oder wenig in diesen „Genuss" kamen, ein starker Wunsch nach Schulen besteht, ist sicher nicht zu leugnen. Das tatsächliche Bedürfnis der Menschen stellt jedoch westliche Bildung dar. Es wird ihnen durch uns, die wir unser Schulsystem dorthin exportieren, weis gemacht, dass sie diese benötigen und nur über den Besuch von Schulen erhalten können.

Menschen, speziell Kinder, freuen sich ja auch über die Möglichkeit, Lesen, Schreiben, Rechnen und mehr zu lernen. Doch auch für sie gilt: Es müssen keine herkömmlichen Schulen sein, in denen sie dies tun könnten. Es bräuchte nur verschiedene, für alle Menschen offene, Lernorte, in denen sie die Fertigkeiten erwerben können, für die sie sich interessieren, und zwar dann, wenn sie selbst es für richtig halten. Mit Sicherheit wären gerade Menschen, die noch nicht so stark auf schulisches Lernen konditioniert sind wie wir, extrem neugierig und offen für solche Lernorte.

So wäre auch die Möglichkeit für häusliches Lernen weiterhin gegeben, denn oft ist eine gewisse Entfremdung durch Schule zu beobachten. Die jahrhundertelang überlieferten traditionellen Tätigkeiten geraten vor den neuen Fertigkeiten in den Hintergrund. Die jungen Menschen wandern oft in Städte ab, die wenigsten finden aber dort ihr Glück im Sinne von finanziellem Erfolg oder auch nur einem zufriedenstellenden Arbeitsleben. Sie sind dann aber häufig auch von ihren Wurzeln so abgeschnitten, dass eine Rückkehr kaum möglich ist.

Wir dringen mit unseren Vorstellungen von moderner Gesellschaft und vor allem Wirtschaft in deren Lebenswelt ein und erklären ihnen, was sie unserer Meinung nach wissen und tun sollten, und sie sind dieser Übergriffigkeit recht hilflos ausgeliefert. Sehr anschaulich ist in diesem Zusammenhang der Dokumentarfilm „Schooling the world".

Es darf diesen Menschen auch nicht unterstellt werden, dass sie ohne Schulen ungebildet wären. Sie lernten bisher in ihrem Umfeld alles, was sie brauchten, vorausgesetzt ihre Traditionen wurden nicht durch Kriege, Hungersnöte oder auch Entwurzelung infolge von „Zivilisierung" gestört, was häufig wir – die „zivilisierte" westliche Welt – direkt oder indirekt verursacht haben.

Natürlich gibt es auch Traditionen, deren Akzeptanz uns mehr als schwer fällt, zum Beispiel die weibliche Genitalverstümmelung oder Kinderehen. In unserer Öffentlichkeit wird hervorgehoben, dass vor allem Mädchen durch Schulen davor beziehungsweise generell vor Ausbeutung gerettet werden. Es ist natürlich sinnvoll, über die Schädlichkeit dieser Praktiken aufzuklären und den Familien andere Lebensmodelle aufzuzeigen. Aber das muss nicht zwangsläufig über Schulen heutigen Zuschnitts geschehen. Hier gilt meines Erachtens, wie bereits weiter oben erläutert, dass Kinder per Gesetz – und dessen Durchsetzung – geschützt werden können und nicht zum Besuch von bestimmten Gebäuden gezwungen werden müssen.

Schulen arbeiten, da wir sie exportieren, überall nach den selben Prinzipien wie bei uns. Das große Versprechen – ein besseres Leben – wird sich nicht für alle, vielleicht nur für die wenigsten, erfüllen. Irgendwann werden Schulen überall, wo sie wie bei uns arbeiten, die Gesellschaft reproduzieren und vor allem die Menschen auf Lebenschancen selektieren. Dann wird auch in diesen Ländern das Streben nach den besten Bewertungen und Zertifikaten Einzug halten, das unseren (Lern)Horizont so sehr einschränkt. Irgendwann wird Schule das Leben der Kinder ebenso sehr bestimmen wie hier. Spätestens dann wird die Lernlust auch dort in Lernfrust umschlagen.

Von all dem aber ganz abgesehen ist dieses Argument generell nicht sinnvoll. Es geht bei meiner Kritik um unser Schulsystem, nicht um eines irgendwo in Afrika. Langfristig profitieren in meinen Augen aber auch andere Länder, in die wir unser System exportieren, von Veränderungen, die wir bei uns erreichen.

***

Exkurs: The Hole in the wall

1999 führte der indische Bildungswissenschaftler Sugata Mitra ein interessantes Experiment durch. In einem Slum in Neu-Delhi installierte er in Maueröffnungen Computer mit Internetzugang, die über Video beobachtet wurden. Es gab keinerlei Anleitung zu deren Nutzung. Vor allem Kinder interessierten sich für die Computer – sie brachten sich die grundlegenden Funktionen selbst durch Ausprobieren und in gegenseitigem Austausch bei und begannen dann, diese als Bildungsmöglichkeit zu nutzen, schrieben Mails, recherchierten im Internet, nutzten die Schreibprogramme und so weiter. Das Experiment ging als „Hole in the wall" in die Geschichte ein. Es zeigte, wie gut Selbstbestimmtes Lernen am Computer in einer Umgebung ohne Anleitung auch in ressourcenarmen Gegenden funktioniert.

***

„Die Schulpflicht garantiert das Recht auf Bildung."

Dass es ein Recht auf Bildung gibt, ist eine gute Sache, dieses jedoch mittels Zwang durchzusetzen, halte ich prinzipiell für sehr fragwürdig. Ein Recht zu haben, heißt, die Wahl zu haben, dieses zu nutzen oder eben auch nicht. Daher ist dieses Argument geradezu als bösartig anzusehen, denn unsere Kinder haben keine Wahl.

Es ist gut und richtig, dass der Staat das Recht auf Bildung garantiert, indem er die Kosten übernimmt und für alle Menschen Möglichkeiten schafft, sich zu bilden. Zur Nutzung zwingen darf er sie jedoch nicht.

Ich gehe davon aus, dass jeder Mensch immer und überall lernt und, wenn seine Neugier nicht gestoppt wird, auch lernen will. Meines Erachtens hätte es – wären die MachthaberInnen tatsächlich an der Bildung ihrer UntertanInnen interessiert gewesen – auch in früheren Jahrhunderten keiner Schulpflicht bedurft. Viele freie Lernangebote und das Zurverfügungstellen von Lernmaterialien für alle Menschen, zum Beispiel in Kirchen, Gemeindehäusern oder Bibliotheken, hätten genügt. Menschen wollen lernen, was sie brauchen. Lesen, Schreiben und Rechnen wurden zunehmend gebraucht, um im Leben zurechtzukommen. Das Voneinanderlernen außerhalb von Lernorten darf auch nicht unterschätzt werden. Sobald eine genügend große Gruppe etwas kann, wird diese Fertigkeit, sofern sie gebraucht wird, informell weitergegeben. Die Frage ist: Wollten die Herrschenden, dass sich die Menschen in ihrem Einflussbereich unkontrolliert bilden? Nein, das wollten sie nicht. Sie wollten brave UntertanInnen erziehen.

Insgesamt hat die „Bildung", die das alternativlos anzunehmende „Recht" unserer Kinder darstellt, wenig mit Menschen zu tun, die sich selbstbestimmt mit ihrer Umwelt auseinandersetzen und dabei lernen. Beziehungsweise lernt der Mensch immer, natürlich auch in Schulen, jedoch kommt er bei schulischem Lernen mehr oder weniger zu der Einsicht, dass er Wissen am besten widerstandslos konsumiert und wiederkäut, dass Lernen schwere Arbeit ist und keinen Spaß macht, dass seine selbstständige Erforschung der Umwelt erschwert oder ganz verhindert wird, dass Bewertungen der eigenen Leistung durch andere sehr wichtig sind. Und er wird Wege finden, es sich auf dem Weg zu Zertifikaten, die seine Lebenschancen bestimmen sollen, so leicht wie nur möglich zu machen.

***

„Kinder lernen doch ohne Schule nichts!"

Das wird gern immer wieder behauptet. Ich denke, ich habe hinreichend dargelegt, dass es in Schulen nicht wirklich um Lernen oder Bildung geht. Es geht um Zertifikate und Selektion.

Das dargebotene Wissen ist speziell aufbereitet und wird außerhalb jeder dessen Nutzen aufzeigenden Umwelt unterrichtet. Die meisten SchülerInnen nehmen es nur passiv auf. Weil dieses „Lernen" geprüft und bewertet wird, lernen sie für Tests das, was die PrüferInnen hören wollen.

Dies geschieht – und das ist besonders fatal – auch da, wo die jungen Menschen offiziell ihre eigene Meinung äußern sollen. Sie wissen genau, was ihre LehrerInnen hören wollen, und die meisten werden auch genau das von sich geben. Denn es geht um die gute Note, die es dafür gibt. Selbst wenn die eigene Meinung auch eine gute Note gebracht hätte – sicher ist sicher.

Viele SchülerInnen lernen auswendig, kotzen aus und vergessen. Ein wenig bleibt tatsächlich hängen, wenn sie zum Beispiel gerade offen für das Thema waren. Dies geschieht aber rein zufällig.

Der „Bildungskanon" ist am mittelständischen „Normkind" orientiert und inhaltlich überfrachtet mit für die meisten Menschen nicht relevanten Themen.

Da fertiges Wissen präsentiert wird beziehungsweise die jungen Menschen sehr gut erkennen können, was ihre LehrerInnen hören wollen, besteht die Gefahr, dass sie irgendwann nicht mehr hinterfragen, sondern lernen, einfache und eindeutige Antworten auf alles zu erwarten und zu akzeptieren. Eigenständiges Denken wird dadurch eingeschränkt.

Der Output von Schulen ist bezüglich des von PädagogInnen und Eltern erwünschten Lerneffekts gering. Der Biologe und Hirnforscher Gerhard Roth erklärte, dass der Wirkungsgrad des deutschen Schulsystems gegen null strebe. Sprich: Es kommt fast nichts dabei heraus. Es sollen einige wenige Prozent des für Tests Gelernten sein, was die jungen Menschen wirklich längerfristig behalten. Und hier müssen wir nach den obigen Erläuterungen sogar noch fragen, ob dieses Wissen und Können wirklich in Schulen erworben wurde oder nicht etwa der Lebenswirklichkeit der jungen Menschen entstammt. Dieser Output scheint auch mit zeitlich zunehmendem Schulbesuch, zum Beispiel in Ganztagsschulen oder Nachhilfen, nicht unbedingt gesteigert werden zu können. Ganz im Gegenteil: In meinen Augen fehlt zunehmend die Zeit außerhalb von Schulen – zur Kompensation des Schulbesuchs und zur Teilhabe am echten Leben.

Was die jungen Menschen durch den Heimlichen Lehrplan an Verhaltens- und Denkweisen in Schulen erlernen, wird nicht abgefragt, prägt sie aber mit Sicherheit mehr als die Lernthemen selbst. Wie schon mehrfach erwähnt meine ich – nicht unbedingt zu ihrem Vorteil.

Durch den Lehrplan wird zudem die große Vielfalt an möglichen Lernthemen stark reduziert. In einem von mir im Folgenden skizzierten Bildungswesen könnten dagegen alle denkbaren körperlichen und geistigen Aktivitäten angeboten werden.

Tatsächlich kann also gefragt werden, ob die Kinder nicht eher in der Folge des Schulbesuchs nichts lernen. Was natürlich nicht ganz stimmt, aber ein eingeschränkteres Lernen ist es auf jeden Fall.

***

„Schulen verhindern die Entstehung von Parallelgesellschaften!"

Das ist ein besonders lustiges Argument. Abgesehen davon, dass niemand so recht weiß, wie man Parallelgesellschaften korrekt definieren soll, was stellen denn Schulen selbst dar? Sie befinden sich in vom Alltag abgeschotteten Gebäuden, in denen es eine eigene – sehr eingeschränkte – Kultur und eine eigene Sprache gibt. Noch dazu werden durch Schulen bestimmte gesellschaftliche Bedingungen reproduziert – eine ziemlich feste Ordnung, bestehend aus Gruppen, ob nun als Schichten, Klassen oder ganz anders bezeichnet, mit jeweils eigenen Kulturen, eigenen Sprachen, eigenen Orten und so weiter, sortiert nach wirtschaftlichem Nutzen und Erfolg – alles Parallelgesellschaften.

***

Exkurs: SchülerInnensprache

Als meine Kinder schon eine Weile nicht mehr zur Schule gegangen waren, haben wir einmal eine Familie getroffen, deren Kinder Schulen besuchten. Es war das erste Mal seit längerer Zeit, dass wir wieder

Schulkindern begegneten. Jeder zweite ihrer Sätze begann mit „Ey, Alter...". Schlagartig konnte ich mich daran erinnern, dass meine Kinder noch vor kurzem genau so gesprochen hatten. Ich will das nicht verurteilen, aber es war eben typische SchülerInnensprache, ein Zeichen für eine eigene SchülerInnenkultur. Meine Kinder hatten mittlerweile eine ganz andere Sprechweise angenommen. Sie sprachen wie wir Eltern und nicht in einer irgendwie speziellen Kinder- oder Jugendsprache. Und natürlich stellt dies auch eine gruppenspezifische Sprache, die unserer Familie, dar.

Tragischerweise wurde ihnen diese andere Sprache sogar negativ ausgelegt. Mit ihrer weiter unten noch zu erwähnenden Verfahrensbeiständin sprachen sie davon, dass sie von Youtube-Videos zum Malen inspiriert werden würden. SchülerInnen hätte diese daraufhin vermutlich eine gute Wortwahl attestiert. Uns wurde vorgeworfen, unsere Kinder instruiert zu haben, wohl weil sie sich nicht vorstellen konnte, dass in deren Wortschatz das Wort inspirieren ganz selbstverständlich enthalten ist.

Alle Eltern geben seit Beginn unserer Existenz ihre Art zu leben an ihre Kinder weiter. Das kann nicht verhindert werden, und ich frage mich auch, ob es gut ist, es zu versuchen. Denn in Familien findet unsere erste Sozialisation statt, dort binden wir uns an die uns versorgenden Menschen, meist die Eltern oder ein Elternteil, Geschwister und andere Verwandte. Und auch wenn viele Familien nicht perfekt scheinen, sollten wir diese lieber mit aller Kraft innerhalb ihrer Möglichkeiten unterstützen als die meist trotz allen widrigen Umständen vorhandene familiäre Bindung durch zum Beispiel Trennung oder den Versuch der Anpassung an ihnen fremde Normen erschweren. Kein Mensch sollte sich anderen überlegen fühlen und glauben, das einzig richtige Leben zu führen, oder anderen vorschreiben, wie dieses zu führen sei. Ich weiß, das kann manchmal schwer auszuhalten sein.

Wenn das familiäre Umfeld die Kinder in ihren Rechten einschränkt, mit Schaden an Körper und Psyche bedroht oder sie verfassungsfeindlich indoktriniert, empfinde ich ein Eingreifen jedoch als notwendig. Das müsste aber genauestens geprüft werden und nicht von Vorurteilen geleitet sein. Hier sind in meinen Augen klar staatliche Institutionen gefragt, deren VertreterInnen vor allem auf die Einhaltung des Grundgesetzes achten, aber auch auf den gleichwertigen Umgang mit den Menschen, die sie unterstützen und schützen wollen.

Meines Erachtens treiben Ablehnung und Stigmatisierung auf Grund ihrer anderen Sichtweisen oder Gepflogenheiten Menschen dazu, sich abzuschotten. Ich glaube fest daran, dass dagegen Akzeptanz und Gleichbehandlung aller Menschen – egal welchem Glauben oder welcher Weltanschauung diese anhängen – zu mehr Kompromissbereitschaft führen. Nur so können sich alle eingeschlossen fühlen und spüren, dass sie die Gesellschaft mit prägen können und von dieser nicht abgewertet und ausgeschlossen werden. Sie werden sich dann auch bereitwilliger durch die Gemeinschaft prägen lassen, so dass ein Grundkonsens entstehen kann.

Wie ich noch erläutern werde, stellt Gehorsam, wie er unter anderem in Schulen forciert wird, ein Hauptproblem unserer Gesellschaft dar. Einmal verinnerlicht lässt er Menschen ihr Leben lang nach Führung, nach Autoritäten, suchen, denen sie sich unterordnen wollen, wobei die jeweilige Ideologie zweitrangig ist. Es geht darum, dass diese Menschen „FührerInnen" folgen wollen. Gerade auch in politisch und/oder wirtschaftlich instabilen Zeiten. Das kann meines Erachtens zu sehr stabilen und sich abschottenden Gruppierungen (eben Parallelgesellschaften) führen, die von einigen wenigen „Autoritäten" streng und oft gewalttätig geführt werden. Sekten, man denke zum Beispiel an die erschütternde Geschichte von „Colonia Dignidad" in Chile, sind ein Extrembeispiel dafür. Aber es gibt solche Vereinigungen auch in Deutschland, vor allem in der rechten Szene. Dies ist wiederum kein Zufall, denn deren Ideologien bauen auf Gehorsam, sogenannte Treue, und auf Hierarchien und Machtdenken auf. Sie zu verhindern, wird am besten gelingen, wenn junge Menschen selbstbestimmt aufwachsen und eben nicht zum Gehorsam erzogen werden. Diese mündigen Menschen werden dann viel weniger danach streben, Autoritäten zu folgen, und verantwortlich agieren.

Hinter diesem Argument steckt wohl – durchaus zu Recht – die Angst nur vor ganz bestimmten Parallelgesellschaften, vor allem so genannten radikalen und extremistischen Bewegungen. Wobei die „extreme" oder „radikale" Position im Sinne einer starken „Außenseitermeinung" vielleicht gar nicht das Problem darstellt. Warum sollten Menschen als glühende Anhänger ihrer Ansichten diese nicht extrem oder radikal – aber natürlich verfassungskonform – vertreten dürfen? Wichtig ist doch nur, dass eine gewisse Kompromissbereitschaft erhalten bleibt, die das Finden gemeinsamer Lösungen möglich macht. Auch das wird mündigen Menschen leichter gelingen.

Letzlich wird es auch, wenn Menschen sich selbstbestimmt bilden, immer so etwas wie Parallelgesellschaften geben. Und was spricht auch dagegen? Die Hauptsache ist doch, dass sie friedlich miteinander koexistieren können und füreinander offen bleiben. Würde die Gesellschaft nicht durch ein reproduzierendes Schulsystem immer wieder gleich geschaffen, könnte es durchaus geschehen, dass die bestehenden Parallelgesellschaften in Bewegung geraten und füreinander offener werden.

So oder so lässt sich auf jeden Fall festhalten: Schulen verhindern keine Parallelgesellschaften, denn es gab diese immer und gibt sie nach wie vor.

***

„Die Schulpflicht garantiert eine 'richtige' Sozialisation."

„Allerdings wollen wir, was die Förderung der Sozialkompetenzen an staatlichen Schulen angeht, doch die Kirche im Dorf lassen: Eins ihrer größten Probleme ist gerade ihr Versagen als Sozialisations-Instanz."

Volker Ladenthin

Dies ist das derzeit beliebteste Argumente pro Schulpflicht/ Schule. Aber wie sieht es wirklich aus?

Schulen sind künstliche Orte. Die so viel gelobte Gleichaltrigengruppe ist ein Konstrukt, geschaffen aus organisatorischen Gründen. Nicht nur, dass die jungen Menschen die Mitglieder ihrer Gruppe nicht selbst bestimmten dürfen, sie können sich diesen auch nicht entziehen. Infolge der Einschränkung von menschlichen Handlungsmöglichkeiten in Schulen, zum Beispiel wird das Recht auf das selbstbestimmte Verlassen dieser Orte nicht zugestanden, ist auch nur eine eingeschränkte Sozialisation möglich, die meines Erachtens durchaus zu einer gestörten Persönlichkeitsentwicklung führen kann.

Für die SchülerInnen selbst steht tatsächlich der schulische Freundeskreis ganz oben auf der Liste der guten Seiten von Schulen – Unterricht rangiert übrigens ganz unten. Das zeigt zwar, wie sozial wir sind, aber natürlich haben diese jungen

Menschen auch keine andere Wahl, als sich in Schulen zu befreunden, denn dort halten sie sich für die meiste Zeit auf. Anderswo würden sie auch kaum andere junge Menschen treffen.

Zudem stellt sich die Frage: Ist es überhaupt möglich, aktiv zu sozialisieren, das heißt, in einer vorgegebenen Umgebung gewünschte Sozialisationsergebnisse zu erzielen? Ich neige, wie bereits beschrieben, zu der Ansicht, dass sich der Mensch selbst sozialisiert. Da er in seiner jeweiligen Umgebung lernt, wie er am besten überlebt, wird er sich auch in Schulen so sozialisieren, dass er in diesen zurechtkommt oder sogar erfolgreich ist. In Schulen ist – entgegen allen anders lautenden Beteuerungen – nichts so wichtig wie Bewertung und Selektion. Also werden die jungen Menschen alles tun, um gute Bewertungen zu erhalten.' Bulimielernen, Betrügen (Spicken, Abschreiben und so weiter), unkritisches Konsumieren von aufbereitetem Wissen, Konkurrenzverhalten und in der Folge Mobbing und Gewalt und sicher noch einiges mehr sind direkte Folgen davon.

Der große Irrglaube der meisten an Schulen beteiligten Menschen (LehrerInnen, Eltern und so weiter) ist, dass Kinder in diesen Bildung erfahren. Tatsächlich sollen sie vorgegebene Leistungsnormen erfüllen, die bewertet werden und so eine Selektion auf Lebenschancen ermöglichen. Genau dieses Ziel von Schulen, das die jungen Menschen mit Sicherheit auch wahrnehmen und dem sie sich anzupassen gezwungen sind, formt sie in ihrem Verhalten und Denken. Im Ergebnis ihrer Sozialisationstätigkeit sind sie dann vor allem bewertungs- und leistungsorientiert.

Dies entspricht überhaupt nicht der offiziellen Behauptung, es ginge darum, dass Kinder in Schulen andere Menschen und Meinungen kennenlernen und damit ihr Weltwissen erweitern sollen. Tatsächlich müssen sie mit den anderen Kindern konkurrieren – um die besten Bewertungen und somit Lebenschancen. Und da ein mittelständisches Ideal bevorzugt wird, kommt es zur Diskriminierung von jungen Menschen aus davon abweichenden Milieus, die sich auch unter den Kindern in entsprechenden Hierarchien zeigen wird. Hierbei wird vor allem auch die Ressourcenverteilung in den Familien eine Rolle spielen. Bestehende Ressentiments gegeneinander werden so eher noch stärker festgeschrieben.

Der Gedanke, dass junge Menschen aus verschiedenen Milieus sich begegnen sollten, ist durchaus verständlich und vernünftig. Sie sollten dies jedoch besser außerhalb von Institutionen tun, die sie zu Konkurrenten machen und einige bevorzugen sowie andere benachteiligen. Ein Bildungswesen, wie es mir vorschwebt und wie ich es noch erläutern werde, würde diese Möglichkeit gewähren. Ganz werden wir jedoch ein gewisses Separieren voneinander nicht überwinden können.

Nichtsdestotrotz sollten Kinder so viel Zeit wie möglich mit anderen Kindern verbringen, jedoch in selbst gewählten und von Erwachsenen unbeeinflussten Gruppen. Dort können sie sich in den für ihre Gesellschaft wichtigen Kulturtechniken und Verhaltensweisen üben, die sie in ihrer Umwelt, vor allem bei ihren Bezugspersonen, beobachten. Wenn wir von ihnen also ein bestimmtes Verhalten wünschen, müssen wir dieses einfach nur vorleben. Andersherum wirkt unser Benehmen natürlich auch – negativ – vorbildhaft, wenn wir mittels Druck und Zwang agieren, und formt ihr Verhalten entsprechend.

***

Kürzlich bot ich bei einer Veranstaltung an einem Stand Informationen zum Selbstbestimmten Lernen an. Ein junger Vater sah dies und äußerte im Vorbeigehen sinngemäß:

„Schulen müssen sein, sonst holt China uns ein!"

Zunächst die Frage: Worin soll China uns möglichst nicht überholen? Meinte der junge Mann Bildung und setzte diese – wie üblich – mit Schulzertifikaten gleich? Oder spricht aus diesem Satz die Angst davor, dass China uns wirtschaftlich ein- und überholt? Wahrscheinlich beides. Damit hat er jedoch, vermutlich unfreiwillig, preisgegeben, wozu Schulen da sind, nämlich um junge Menschen zu Mitläufern unseres Wirtschaftssystems zu erziehen. Sie sollen diesem dienen, damit unser Land – Oder geht es vielleicht doch nur um einige wenige Wirtschaftsunternehmen? – im Kampf um die wirtschaftliche Vormachtstellung auf diesem Planeten bestehen kann.

Wir könnten stattdessen aber auch an einem System ohne Konkurrenz arbeiten. Daran kreativ mitwirken können Menschen jedoch besser, wenn sie, wie schon so oft erwähnt, nicht auf das Bestehende eingeschworen werden.

Dieses Argument steht für das neoliberale Gedankengut und den Leistungsgedanken, die zurzeit die Götzen unserer Gesellschaft darstellen.

Zudem: Wenn wir eine bestmögliche Bildung wollen, wenn China uns diesbezüglich nicht überholen soll, müssen wir ein bestmögliches Lernen gewähren. Dass Schulen hierfür nicht die geeigneten Orte sind, sollte nach allem bisher Gesagten klar sein. Und so spräche dieses Argument gerade für die strikte Veränderung unseres Bildungswesens als für dessen Erhalt.

***

Oft geben Menschen in Diskussionen durchaus zu, dass Schulen auch negative Erfahrungen mit sich bringen, sagen dann jedoch häufig:

„Kinder müssen lernen, mit negativen Erfahrungen umzugehen!"

Sogar Richter haben so gegenüber uns argumentiert. Ich empfinde das als eine besonders schlimme Aussage – eine Bankrotterklärung à la „Wir leben in einer schrecklichen Welt, gewöhnt euch dran!", möglichst durch das Erleben am eigenen Leib.

Zwar bin auch ich der Meinung, dass wir die jungen Menschen nicht von der Realität abschotten sollten. Doch ist es schon ein Unterschied, ob ein Kind in der Begegnung mit seiner Umwelt, zum Beispiel über die Medien, etwas von den schlechten Seiten unserer Welt – Gewalt, Kriege und so weiter – wahrnimmt, oder ob es selbst in der Schule Mobbing und Gewalt ausgesetzt ist und den Ort des Geschehens nicht verlassen darf.

Im ersten Fall kann es sich, sollte es ihm zu viel werden, selbstbestimmt anderen Themen zuwenden, Menschen in seiner Umgebung dazu befragen, Trost suchen und anderes mehr. Vorausgesetzt, es ist nicht selbst davon betroffen. Dann benötigt es natürlich Unterstützung.

Im zweiten Fall hat es keine Möglichkeit, zu entkommen. Es muss sich der unangenehmen Situation immer wieder stellen und zudem erleben, dass die Familie oder LehrerInnen nicht wirklich helfen können, falls es sich diesen überhaupt anvertraut. Eine meiner Töchter sagte einmal zu mir, dass es ja keinen Sinn gehabt hätte, uns zu erzählen, wie es ihr in der Schule erging. Sie hätte so oder so immer wieder hingehen müssen.

Selbst wenn der Versuch unternommen wird, Mobbingsituationen zu klären, bringt das, wie ich bereits erwähnte, nicht viel. Die Situation, unter der dieses Mobbing entsteht, bleibt ja die gleiche. Es wird lediglich versucht, auf die mobbenden Personen einzuwirken, damit sie ihr Verhalten unterlassen, oder auf andere Kinder, damit sie das Mobbingopfer unterstützen. Dies kann nicht viel bringen, solange das zugrunde liegende Macht- und Hierarchiesystem bestehen bleibt.

Das ist die Erfahrung, die junge Menschen dann machen müssen – Ausgeliefertsein und Hilflosigkeit. Sich diesem Leiden zu verschließen und zu behaupten, das wäre für ihre Sozialisation notwendig, empfinde ich als menschenverachtend. Jeder Mensch muss das uneingeschränkte Recht haben, sich allen Situationen entziehen zu dürfen, denen er sich entziehen möchte.

Hierher gehört auch die Meinung, dass der junge Mensch sich später im Berufsleben ja auch nicht entziehen kann und dass es dann auch um Leistung gehen wird. Erstens ist das einfach nicht wahr, denn jeder Mensch hat zumindest potentiell die Möglichkeit, eine berufliche Tätigkeit, unter der er leidet, jederzeit zu kündigen. Zweitens haben wir diese Leistungsgesellschaft erschaffen und versuchen sie, unter anderem mittels Schulen, in den Köpfen unserer Kinder zu verankern. Jede neue Generation sollte jedoch die Wahl haben, ob sie weiter so leben will wie bisher oder etwas verändern möchte.

***

Fazit

Die hier besprochenen Argumente pro Schulpflicht erscheinen mir alle sehr befremdlich.

Soll Kinderarbeit verhindert werden, besteht die vermeintliche Lösung in der Kasernierung aller Kinder statt in der Schaffung von Gesetzen, die diese vor der Ausbeutung durch Kinderarbeit schützen und entsprechende Vergehen unter Strafe stellen könnten. Das Gleiche gilt bei (drohender) familiärer Gewalt.

Inwieweit macht aber die Behauptung tatsächlich Sinn, dass Ausbeutung und Gewalt ausgerechnet von Institutionen verhindert werden sollten, in denen zum einen Gewalt gegen die SchülerInnen immer ein legitimes Erziehungsmittel darstellte und zum anderen der wichtigste Grund für deren Schaffung die Anpassung an die jeweilige Herrschaft – samt der dazugehörigen Ausbeutung – gewesen ist.

Kaum jemand scheint es zudem eigenartig zu finden, dass ein Recht mittels Zwang durchgesetzt wird.

Die richtige Sozialisation, die richtige Bildung, ja überhaupt Lernen, könne – entgegen allen anders gearteten Beobachtungen – nur in Schulen stattfinden.

Sehen Menschen die negativen Seiten von Schulen, erklären sie diese zur Notwendigkeit.

Aus den Argumenten ist auch Angst spürbar – vor Parallelgesellschaften oder davor, dass China uns einholt.

Die Frage, wer eigentlich in der Schulpflicht ist, wird auch verkehrt herum beantwortet. Es ist in meinen Augen der Staat in der Pflicht, Lernangebote für alle Menschen zur

Verfügung zu stellen und für deren Erhalt und Personal zu sorgen. Die potentiellen Nutzer dieser Angebote müssen die Wahl haben, sich die herauszusuchen, die sie interessieren.

Keines der Argumente pro Schulpflicht hält einer näheren Betrachtung stand. Mir scheint hier eine weit verbreitete hysterische Pathologie in Form einer zwanghaften Fixiertheit vorzuliegen, die sich nicht rational erklären lässt, sondern auf einem Dogma – einem Mythos – beruht, an dem unter allen Umständen festgehalten werden muss. Vielleicht hauptsächlich, weil die Aufbewahrungsfunktion von Schulen essentiell für das Funktionieren unserer Wirtschaft ist? Geht es viel weniger um das Wohlergehen und die Bildung unserer Kinder, als wir uns alle gegenseitig glauben lassen wollen?

Im September 2017 äußerte die damalige Berliner Bildungssenatorin Sandra Scheeres: „Die Schulbesuchspflicht ist nicht verhandelbar." In einer Demokratie sollte jedoch das allermeiste verhandelbar sein, so auch die Schulpflicht. Aus dieser Aussage sprechen Herrschaftsallüren, die nach Gehorsam verlangen. Vermutlich weil eine Abschaffung von Schulen unsere Gesellschaft ins Mark treffen würde. Nicht weil es plötzlich keine Bildung mehr gäbe. Nein, wir müssten eine vollkommen neue Gesellschaft erschaffen, in der Kinder nicht mehr bis zum 18. Lebensjahr in spezielle Institutionen abgeschoben und dort auf eine Leistungsgesellschaft vorbereitet werden. In der sie sich womöglich stattdessen selbstbestimmt bilden und mitreden wollen würden. Und eventuell ganz andere Bedürfnisse hätten, als wir ihnen immer wieder unterstellen. Eine Gesellschaft, in der gar das Wohlergehen von uns Menschen einen höheren Stellenwert hätte als das Dogma von Konsum, Wachstum und einem angeblich alles zum Guten regelnden Markt. Wäre das alles wirklich so schrecklich, dass wir es um jeden Preis verhindern müssen und lieber so weiter machen wie bisher?

Literatur:
Die Gedanken Arno Gruens entstammen seinen Büchern „Wider den Gehorsam", in mehreren Auflagen seit 2014 bei Klett erschienen, und „Der Kampf um die Demokratie", 2004 bei dtv erschienen.
Das Eingangszitat stammt aus „Eine kurze Geschichte der Menschheit" von Yuval Noah Harari, erschienen 2015 bei Pantheon.
Über die menschliche Sozialisation durch das Spiel kann bei Peter Gray, „Befreit Lernen", 2013 im Drachenverlag erschienen, vertiefend gelesen werden. Aus diesem Buch stammen auch die Hinweise auf Studien zum Zusammenhang von gesellschaftlichen Strukturen und Gewalt.
Das Eingangszitat im Unterkapitel „Die Schulpflicht garantiert eine 'richtige' Sozialisation." entstammt einem Interview mit dem Erziehungswissenschaftler Volker Ladenthin in der Frankfurter Rundschau (https:// www.fr.de/ wissen/ staatliche- schule- versagt sozialisation -11682769 .html, abgerufen am 12. März 2020)

Kinderrechte

Der Argumentation der Befürworter der Schulpflicht ist nicht selten ein großes Misstrauen gegen die Eltern oder andere Bezugspersonen zu entnehmen. Von ihnen droht Kindern Gewalt und Ausbeutung, sie können nicht für deren Bildung sorgen und nicht die „richtige" Sozialisation gewähren. Über Schulen existiert dagegen der Mythos, dass sie vor Gewalt und Vernachlässigung schützen und Bildung und Sozialisation bestens gewährleisten. Ich denke, über Bildung und Sozialisation habe ich bereits genug geäußert. Schulen scheinen mir dafür – entgegen aller Mythen – nicht unbedingt geeignete Orte zu sein. Gewalt in Schulen, zumindest unter den SchülerInnen, wird zwar oft diskutiert, jedoch werden die Ursachen nie in den schulischen Strukturen gesucht. Als deren direkte Konsequenz ist sie ein Tabuthema.

Eltern sind die natürlichen KonkurrentInnen von Herrschenden, vor allem wenn erstere in der Erziehung ihrer Kinder andere Ziele verfolgen als letztere. MachthaberInnen, aber oft auch Eltern selbst, möchten junge Menschen allein in ihrem Sinne formen und über deren Entwicklungsprozess die alleinige Kontrolle ausüben. Das Machtverhältnis zwischen Eltern und Staat ist jedoch ein ungleiches. Die Entwicklung ging bis heute tendenziell immer mehr in Richtung der Entrechtung von Eltern. Je diktatorischer der Staat, um so intensiver der Griff des Staates nach den Kindern.

Und dieser Konflikt spielt ja auch in Deutschland bis heute eine Rolle, aktuell zum Beispiel in der Diskussion um die Aufnahme von Kinderrechten ins Grundgesetz.

Manche Eltern haben, in meinen Augen auch durchaus nicht grundlos, Angst davor, dass der Staat spezielle Kinderrechte im Grundgesetz dazu benutzen wird, sich mehr Eingriffe in die Familien zu ermöglichen. Denn – wer wird letztlich die Definitionshoheit haben, wenn es um die Frage geht, was das Kindswohl beinhaltet, was die richtige Bildung, geistige Entwicklung, Gesundheitsvorsorge oder staatsbürgerliche Gesinnung ist? Sicher nicht die Eltern, und am wenigsten die Kinder selbst. Gut kann man das heute schon am Umgang mit SchulverweigerInnen beobachten, wozu später noch Ausführungen folgen.

Für mich geht es jedoch nicht darum, ob die Eltern oder der Staat das größere Recht haben, über die Kinder zu verfügen. Ich habe bei dem Gedanken daran immer das Bild des „Kaukasischen Kreidekreises" aus dem gleichnamigen Theaterstück vor Augen. Beide sich streitenden potentiellen Mütter ziehen am Kind, das in diesem Kreis steht. Wer es herausziehen kann, gewinnt es. Das Kind wirkt wie eine Sache, über die zwei Parteien verfügen wollen. Auch wenn im heutigen Deutschland nicht derart offensichtlich an Kindern gezerrt wird, der Umgang mit ihnen ist ähnlich – wenn Eltern sich um das Sorgerecht streiten oder wenn das Jugendamt Eltern das Sorgerecht entziehen möchte und in vielen anderen Fällen mehr. Zwar werden jungen Menschen mittlerweile gewisse Rechte zugestanden, aber darüber, ob ihnen diese in einem speziellen Fall gewährt werden, entscheiden andere. Zum Beispiel darüber, ob sie zu einem Problem angehört werden und als wie glaubwürdig sie dann gelten. In meinen Augen kann dies nur verändert werden, wenn Kindern von Geburt an alle Menschen und BürgerInnenrechte uneingeschränkt zugestanden werden.

So lange dies noch nicht der Fall ist, sind Kinderrechte immer einschränkend und paternalistisch, was bedeutet, dass sie einer vormundschaftlichen Beziehung zwischen Herrschenden und Beherrschten entstammen. Herrschende gestehen also anderen – nicht gleichberechtigten – Menschen Rechte zu. In einer Demokratie darf es so etwas aber nicht geben. Dort müssen alle Menschen die gleichen Rechte besitzen.

Eine uneingeschränkte Gleichberechtigung von jungen Menschen schließt nicht aus, dass ihnen ein besonderer rechtlicher Schutz und Fürsorge zugestanden werden können, um der Tatsache Rechnung zu tragen, dass sie sich erst in ihre Gesellschaft sozialisieren. In meinen Augen wäre es aber der richtige Weg, ihnen zunächst einmal alle Menschen- und BürgerInnenrechte von Geburt an zuzubilligen, um ihnen dann in gewissen Bereichen bei Bedarf Schutz zu gewähren, statt sie prinzipiell als ganz oder teilweise unmündig zu begreifen, bis sie 18 sind, und ihnen erst dann alle Rechte zuzusprechen. Ich halte es für außerordentlich wichtig, dass Menschen von Anfang an spüren, dass ihnen alle Rechte uneingeschränkt zustehen und sie selbst darüber entscheiden können, wann und wie sie diese in Anspruch nehmen, zum Beispiel wann sie ihr Wahlrecht erstmals nutzen. Es geht also um Vertrauen vor Misstrauen, um Nachsicht und die Akzeptanz von Fehlern vor dem Unterbinden der Teilhabe.

Ansonsten glaube ich nicht daran, dass es viel Sinn hat, – paternalistische – Kinderrechte im Grundgesetz festzuschreiben. Wollten wir Kinderrechte wirklich respektieren und umsetzen, könnten wir das auf der Basis des bestehenden Rechts bereits tun. Wir sollten uns daher eher fragen, warum wir dazu offensichtlich nicht bereit sind, denn tatsächlich kann man ja beobachten, dass selbst die bestehenden Rechte von Kindern kaum wirklich respektiert werden. Ich denke, das liegt an unserer patriarchalen Sicht auf das Kind als unfertigen Menschen und unserem daraus resultierenden Wunsch, es in unserem Sinne zu erziehen.

Literatur:
Zu den Themen Kinderrechte und gleichwertiger Umgang mit Kindern kann in meinem Buch „Vertrauen ist gut, Kontrolle ist schlechter", 2019 im Autumnus-Verlag erschienen, vertiefend gelesen werden.

Freie Alternativschulen

"Die Montessori-Schule hat unstreitig ihre Verdienste. Aber das Richtige ist auch sie noch nicht. Bei allen ihren wohlmeinenden und geschickten Maßnahmen, - sie ist und bleibt eine Schule, d. h. ein Institut, in dem die Kinder erzogen und unterrichtet werden sollen. Die Montessori-Schule zwingt die Kinder nicht mehr, etwas bestimmtes sich anzueignen, aber sie lockt und verführt sie dazu, d. h. sie übt unmerklichen Einfluß auf das Kind aus, sich gewisse Kenntnisse und Fähigkeiten zu erwerben; sie führt das Kind heimlich in einer bestimmten Richtung, die sie für zweckmäßig hält, aber mit welchem Grund, mit welchem Recht?"

Walther Borgius

Ein Argument der BefürworterInnen der Schulpflicht ist die Existenz vieler verschiedener Schulformen, innerhalb derer sich doch wohl eine passende für jedes Kind finden lassen sollte. Vor allem gäbe es doch die so genannten freien Schulen. „Frei" bedeutet jedoch nichts anderes, als dass diese sich in freier – also nicht staatlicher – Trägerschaft befinden. Viel mehr heißt es aber auch schon nicht. Die OrganisatorInnen dieser Schulen dürfen ihre oft alternativen Ideen nur in ganz engen Grenzen verwirklichen. Es bleibt die Schulpflicht, die vieles, was mit freier Bildung zu tun hat, nicht erlaubt. Es muss Lehrplänen Genüge getan werden. Es muss meist letztlich doch bewertet werden. Für den Übergang in andere Schulen sind Zeugnisse notwendig, falls es keine weiterführende Alternativschule in der Nähe gibt.

So manche SchulgründerInnen beugen sich letztlich dem Druck und werfen ihre ursprünglichen Ideale ganz oder teilweise über Bord. Immer mehr ziehen in deren Schulen dann Bewertungen, Fremdbestimmung und andere pädagogische Unarten ein. Was bleibt, ist ein wenig mehr Freiheit, zum Beispiel bei der Bearbeitung des Lern-Wochenplanes, und ein wenig mehr Freude, weil etwas mehr Individualität möglich ist.

Als schwierig an jeder Art von Schule, so auch den alternativen, empfinde ich, dass sie jeweils ganz bestimmten pädagogischen Ansätzen folgen und andere ausklammern. Auf diese Art haben Eltern und Kinder zwar eine gewisse Wahl, aber die gewählte Schule bietet dann doch nur eine eingeschränkte Pädagogik beziehungsweise folgt ganz bestimmten konzeptionellen Grundsätzen. Diese können recht frei und umfangreich gestaltet sein, wie in so genannten Demokratischen Schulen, aber auch relativ starr, wie zum Beispiel in Waldorfschulen. Aber letztlich müssen sich die Eltern und Kinder immer für ein einziges, ganz bestimmtes, Konzept entscheiden, was wahrscheinlich nie wirklich ganz zufriedenstellend ist.

Es gibt trotz allem erstaunlich resistente alternative Schulen, die schon lange existieren und ihren SchülerInnen die größtmögliche Freiheit beim Selbstbestimmten Lernen gewähren. Ich bewundere deren OrganisatorInnen, denn es muss ein schwerer Kampf im Behördendschungel sein, der diesen viel abverlangt, um ihre Schulen zu erhalten und dabei bestimmten Idealen treu zu bleiben. Diese Schulen sind Nischen im System, die einigen wenigen Kindern die Möglichkeit geben, relativ selbstbestimmt zu agieren

***

Exkurs: LernbegleiterInnen vs. LehrerInnen

Die BetreiberInnen alternativer Schulen neigen dazu, ihr Lehrpersonal als LernbegleiterInnen zu bezeichnen. Für mich klang

das auch lange Zeit besser als LehrerIn. Nach reiflicher Überlegung halte ich nun aber doch den Begriff LehrerInnen für den besseren. LehrerInnen sind Menschen, die anderen etwas beibringen. Das Problem in den heutigen Schulen ist, dass die SchülerInnen sich nicht selbst entscheiden dürfen, ob sie dieses Angebot annehmen wollen. Aber es spricht nichts dagegen, dass es LehrerInnen gibt. Allerdings müssen das in meinen Augen nicht unbedingt PädagogInnen sein.

Aber was genau sind LernbegleiterInnen und wozu brauchen wir diese? Der Begriff suggeriert, dass Menschen andere Menschen brauchen, die ihr Lernen begleiten. Das ist jedoch in meinen Augen nicht so. Wir brauchen andere Menschen als Vorbilder, an denen wir uns orientieren oder auch gerade nicht orientieren wollen. Aber wir lernen, ohne dass wir explizit dabei begleitet werden müssen.

Die SchülerInnen, die Angebote von LehrerInnen annehmen, verarbeiten deren Inhalte jeweils individuell. Dieser innere Prozess kann nicht begleitet werden. Wie sollte das funktionieren? Das Wort "begleiten" suggeriert außerdem, dass das Lernen des jeweiligen Menschen eben doch irgendwie gelenkt werden soll. Als sollte er an die Hand genommen werden, damit er nicht fehl geht. Und tatsächlich müssen sich ja auch die SchülerInnen in den meisten freien Alternativschulen dem Lehrplan beugen und auf bestimmte Prüfungen hinarbeiten. In vielen Schulen werden Wochenpläne erarbeitet. Zwar werden die SchülerInnen oft daran beteiligt, aber es besteht letztlich eine Art Rechenschaftsverhältnis gegenüber den LernbegleiterInnen. Die SchülerInnen werden beispielsweise gefragt, womit sie sich in den nächsten zwei Wochen beschäftigen wollen. Aber schon das stört. Denn Lernen geschieht ganz spontan, Interesse wird durch bestimmte Situationen geweckt. Das Abarbeiten des Wochenplanes wird jedoch mehr oder weniger kontrolliert. Lernfortschritte müssen dokumentiert werden. Diese Art von Begleitung ist in meinen Augen überflüssig.

In einem Bildungswesen, wie ich es mir wünsche, gäbe es daher LehrerInnen, die ihre Kurse anderen Menschen anbieten. Letztere würden jedoch selbst entscheiden, ob sie die Kurse besuchen wollen oder nicht. Oder eine Gruppe von jungen Menschen sucht sich eine Lehrperson für das sie interessierende Thema und gestaltet gemeinsam mit dieser einen ganz eigenen Kurs. Auch Einzelpersonen könnten sich mit ihren Fragen an eine solche wenden.

Zusätzlich könnte es LernpatInnen geben, die den jungen Menschen helfen, sich innerhalb der Angebote zu orientieren und das Richtige für sich selbst zu finden, ohne aber einen Anspruch auf Rechenschaft oder Kontrolle zu haben.

Ein Problem ist in jedem Fall, dass Schulen in freier Trägerschaft nicht kostenlos sind. Auch wenn die OrganisatorInnen sich bemühen, jeder interessierten Familie den Schulbesuch ihrer Kinder zu ermöglichen, ganz ohne Geld geht es nicht. Zwar erhalten sie staatliche Zuschüsse, jedoch nicht genug, um auf Gebühren seitens der Eltern verzichten zu können. Sie werden hier ganz klar gegenüber staatlichen Schulen benachteiligt.

Jedoch ist der Vorwurf, freie Alternativschulen wären nur etwas für die Elite, in meinen Augen nicht gerechtfertigt. Drei von unseren vier Kindern haben verschiedene Alternativschulen besucht. Wir hatten nie viel Geld, bekamen auch Hartz IV, und trotzdem konnten wir das Schulgeld zahlen. Es kam den Verantwortlichen mehr darauf an, dass wir das jeweilige Schulkonzept mittragen würden. Vermutlich kommt daher in der Regel durchaus eine recht homogene Gruppe von Menschen zusammen, deren Konzept vom menschlichen Lernen sich ähnelt. Und es werden Menschen fehlen, die sich darüber gar keine Gedanken machen oder auch kein Geld für Schulen ausgeben wollen. Aber es stimmt nicht, dass freie Alternativschulen nur etwas für die Kinder der Elite beziehungsweise aus wohlhabenden Familien sind.

Zunehmend öffnen sich auch staatliche Schulen bestimmten Alternativen. So gibt es Flexklassen, Projektunterricht, Montessorimethoden, mehr Flexibilität im Lehrplan und einiges mehr. Ich sehe dabei das Problem, dass diese im Original häufig viel weiter gehenden alternativen Ideen dem Schulsystem angepasst und in dasselbe assimiliert werden. Das kann gewisse Verbesserungen mit sich bringen, ändert jedoch nichts Grundlegendes. Das Ziel der Reproduktion der Gesellschaft, der Selektion auf Lebenschancen und der Legitimation der herrschenden Zustände bleibt bestehen. Und diesem werden alle Methoden untergeordnet. So führt Montessoripädagogik eben auch nur zu Leistungen, die bewertet werden. So wird auch in Flexklassen zu homogenisieren versucht. So unterliegt auch der Projektunterricht Lehrplänen und Zielvorstellungen. So werden letztlich weiterhin vorgegebene Lerninhalte aufgetischt, konsumiert, ausgekotzt und bewertet.

***

Exkurs: Beispiel Waldorfschule

Unser Sohn wurde in eine Waldorfschule eingeschult. Das war definitiv die falsche Wahl. Nicht nur, dass er Religionsunterricht hatte, der nicht abgewählt werden durfte, was wir noch hätten akzeptieren können. Uns wurde aber zudem auch gesagt, wir sollten ihn nicht verwirren, indem wir ihm erzählen, dass es auch noch andere Weltanschauungen gibt, sondern diese geistige Entwicklung doch bitte vollkommen der Schule überlassen.

Das Schlimmste war jedoch, dass es einen Jungen gab, der unseren Sohn immer wieder verbal und körperlich angriff. Er litt sehr darunter. Ich glaube fest, dass der Junge Probleme mit sich herumschleppte, die ihn so handeln ließen. Aber natürlich stand unser Kind uns näher. Er tyrannisierte auch andere Kinder und sollte der Schule verwiesen werden, was letztlich aber nicht geschah. Dies rechnete ich den Verantwortlichen eigentlich hoch an – sie wollten ihn nicht einfach abschreiben und abschieben. Das Empörende aber war die Erklärung, die die Pädagoginnen uns gegenüber abgaben, warum speziell unser Sohn das Opfer dieses Jungen war. Wir Eltern würden ihn beeinflussen – beispielsweise in religiösen Dingen, beispielsweise mit schulkritischen Äußerungen –, so dass er sich nicht einfügen könnte, was dieser andere Junge spüren und deshalb genau unseren Sohn immer wieder attackieren würde. Sprich: Auf eine ganz verquere Art und Weise waren natürlich wir Eltern Schuld.

Dies und viele andere Erlebnisse, vor allem die starre Sicht auf die kindliche Entwicklung und das entsprechende Beharren auf ganz bestimmten pädagogischen Prinzipien sowie das Wahrnehmen von ähnlichen Erfahrungen anderer Familien in anderen Waldorfschulen, führten uns persönlich zu der Erkenntnis, dass es in unserer Schullandschaft wohl kaum dogmatischere Schulen als diese gibt. Und das will schon was heißen.

Literatur:
Das Eingangszitat stammt aus Walther Borgius' Buch „Die Schule – Ein Frevel an der Jugend", im Original aus dem Jahre 1930, als Neuauflage 2009 bei tologo erschienen.

Die Rolle von LehrerInnen

„Zur unfairness zwingt den Lehrer aber nicht nur bis zu einem gewissen Grad sein Beruf: dass er mehr weiß, den Vorsprung hat, ihn nicht verleugnen kann. Sondern er wird dazu, und das halte ich für wesentlicher, von der Gesellschaft gezwungen."

Theodor W. Adorno

Ich möchte ausdrücklich nicht die LehrerInnen an unseren Schulen für deren Dilemma verantwortlich oder ihnen Vorwürfe machen, weil ich davon ausgehe, dass die meisten ein ehrliches Bedürfnis danach haben, mit jungen Menschen an deren Bildung zu arbeiten. Sie sehen ihre Aufgabe darin, diesen etwas beizubringen. Dass dies mittels Plänen in einer durch die Schulpflicht verursachten Machtkonstellation geschieht, dass sie ihre Schützlinge bewerten müssen und anderes mehr sollte ihnen jedoch schon zu denken geben. Denn wem sind sie damit letztlich verpflichtet? Sicher nicht der bestmöglichen Bildung ihrer SchülerInnen.

Wenn es nur darum ginge, dass junge Menschen etwas lernen sollen, braucht es keine Pläne, keine Bewertungen, keine Pflicht. Diese sind direkte Folgen der Funktionen von Schulen. Und LehrerInnen deren VollzieherInnen! Ihre Bewertungen sind die Grundlage für Zertifikate, die die Lebenschancen junger Menschen festschreiben sollen.

Ich glaube, dass den meisten LehrerInnen bewusst ist, dass sie sich dabei nicht objektiv an gezeigten – wie auch immer definierten – Leistungen orientieren, sondern dass Kevin aus dem Problemviertel schlechtere Karten hat als Lisa, die Tochter einer Anwältin. Und selbst, wenn beide gleiche Schulnoten hätten, wäre Kevin noch benachteiligt.

Es müsste beispielsweise mehr Engagement zeigen, bis ihm zugetraut würde, dass auch er das Gymnasium schafft.

Die Perfidität des Systems ist gut am Fall von Sabine Czerny zu erkennen, die mit ihrem Buch „Was wir unseren Kindern in der Schule antun" vor einigen Jahren für Aufsehen sorgte. Sie – eine sehr mutige Lehrerin, wie ich finde – widersetzte sich der Idee, dass es schlechte SchülerInnen geben müsse, und erreichte durch ihren Unterricht, dass alle ihre SchülerInnen den Unterrichtsstoff begriffen und gute Noten bekamen. Sie tat also das sehr erfolgreich, was öffentlich als Aufgabe von Schulen propagiert wird. Dafür wurde sie nicht etwa gelobt und geachtet, nein, sie wurde von den Schulbehörden gerügt, strafversetzt und musste sich sogar einem psychologischen Test unterziehen – zur Methode der Pathologisierung von unliebsamen Meinungen werde ich noch einiges äußern. Hier zeigte das Schulsystem als Diener des staatlichen Selektionsauftrages sein wahres Gesicht. Es müssten eben auch schlechte SchülerInnen produziert werden – das war der Inhalt der Rüge, die sie zu hören bekam.

Ich wünschte, dass viel mehr LehrerInnen so aufrecht wären und im Sinne ihres Klientels handelten wie Sabine Czerny.

Die Forschung verlangt in letzter Zeit zunehmend, dass LehrerInnen achtsame Beziehungen mit ihren SchülerInnen eingehen. Sie werden dazu angehalten, entsprechende Fortbildungen zu besuchen und an sich zu arbeiten. Aber wie soll achtsamer Umgang funktionieren, wenn sie uneingeschränkte Macht über die jungen Menschen ausüben, zu denen sie eine Beziehung aufbauen sollen? Dafür können sie nichts – diese wird ihnen zugeteilt. Infolge der Schulpflicht und der patriarchalen Strukturen müssen die jungen

Menschen sich ihnen beugen, wenn sie eine Chance haben wollen. Aber das kann keine Grundlage für gute Beziehungen darstellen. Und natürlich spüren die jungen Menschen das auch. Sie reagieren entweder angepasst oder rebellisch. Erstere sind vielleicht leicht zu handhaben. Aber wie sollen gehorsame BefehlsempfängerInnen – und dazu werden sie – einmal souverän ihren Platz als GestalterInnen unserer Gesellschaft einnehmen? Gläubig dem vorgezeichneten Weg der Leistungsgesellschaft folgend, kaum fähig, kritisch eigene Wege zu gehen? Und das bei den großen Aufgaben, die gerade vor unseren nächsten Generationen liegen. Letztere – die RebellInnen – machen LehrerInnen das Leben vielleicht schwer, aber zeigen sie nicht wenigstens Eigensinn und Selbstbewusstsein? Sind deren Reaktionen nicht unter Umständen deswegen so feindselig und aggressiv, weil sie den Zwang spüren? Und stellt ihre Abwehrreaktion nicht ein natürliches menschliches Verhalten dar?

LehrerInnen werden dieser Zwangssituation ebenso ausgesetzt wie die jungen Menschen, auch wenn erstere wenigstens das Recht haben, ihren Job zu kündigen. Ich glaube aber, dass das System auch an deren Kräften zehrt. Viele von ihnen haben aufgegeben – manche fahren die strenge Schiene, schreien, verschaffen sich so zweifelhaften Respekt, manche sind abgestumpft, ziehen den Stoff durch und fertig, manche geben den Beruf auch frustriert auf. Nicht umsonst, so denke ich, sind vor allem LehrerInnen von Burnout und anderen psychischen Erkrankungen so stark betroffen.

***

Exkurs: Übergriffigkeit durch PädagogInnen

Als unser Sohn eingeschult werden solle, kam es zu einem Gespräch mit einer Lehrerin und der Sozialpädagogin der zukünftigen – letztlich jedoch nicht gewählten – Schule. Er wurde getestet und befragt. Dabei stützte er sich gelangweilt auf seinen Ellenbogen auf, sein Gesicht in der Hand vergraben. Abgesehen von der absurden Bewertungssituation an sich, fiel mir auf, dass die Sozialpädagogin(!) im Gespräch mehrmals seine Hand von seinem Gesicht nahm und seinen Arm auf den Tisch legte. Sie sagte nichts dazu. Dass das übergriffig war, kam ihr wahrscheinlich gar nicht in den Sinn. Aber diese kleine – respektlose – Geste ist ein Zeichen für das Machtverhältnis in Schulen.

In einer anderen Schule war ich gerade im PC-Raum anwesend, als eine Lehrerin begann, einen Schüler in rüdem Ton anzublaffen, dass er gefälligst sein Getränk wegstellen solle. Eine Wasserflasche mit Schraubverschluss – nichts, was sehr gefährlich ist, wenn der Schüler aufpasst! Er entschuldigte sich demütig und höflich. Sie blaffte weiter, er hätte die Flasche in die Tasche zu stecken und diese weit weg vom PC abzustellen. Das ginge nicht, da er keine Tasche dabei hätte, sagte der Schüler. Dann solle er eben die Flasche weit weg stellen. Das alles in einem herrischen Befehlston, den sie, so denke ich, selbst gar nicht mehr an sich wahrnahm. Sie nutzte diesen auch bei anderen Gelegenheiten. Es geht hierbei nicht um die Regel, dass am PC kein Getränk stehen soll, es geht einzig um den Ton im Umgang mit anderen Menschen.

LehrerInnen sind es derart gewöhnt, über ihre – eigentlichen – Schützlinge zu verfügen, dass es für sie bestimmt schwierig ist, festzustellen, wann sie zu weit gehen. Was eine logische Folge solch unnatürlicher Machtverhältnisse ist. Außerdem ist das in meinen Augen mit ein Grund dafür, dass wirklich gute – nicht machtbestimmte

– Beziehungen von LehrerInnen zu ihren SchülerInnen schwierig bis unmöglich sind, auch wenn erstere des Öfteren denken, sie hätten eine solche.

Literatur:
Das Eingangszitat stammt aus „Erziehung zur Mündigkeit" von Theodor W. Adorno, 1971 bei Suhrkamp erschienen.
Über Sabine Czerny, ihre Geschichte und einiges mehr zu unserem Schulsystem kann in ihrem Buch „Was wir unseren Kindern in der Schule antun", erschienen 2010 bei Südwest, nachgelesen werden.

Bildungspflicht statt Schulpflicht!?

Die strenge Schulbesuchspflicht, wie sie in Deutschland zur Zeit praktiziert wird, gibt es bei weitem nicht in allen Ländern. So existieren in Österreich, Großbritannien, Italien, Irland und einigen anderen europäischen Staaten verschiedene Regelungen, die außerschulische Bildung zulassen. Dort herrscht eine so genannte Bildungs- oder Unterrichtspflicht. Die Schulen dort funktionieren jedoch kaum anders als unsere. Sogar die Bewertung und Ahndung des Nichtschulbesuchs, wenn der junge Mensch denn nicht offiziell anderweitig lernt, geschieht ähnlich wie bei uns. Außerdem besucht auch dort die große Mehrheit der jungen Menschen die Schule.

Wieso wählen nicht mehr von ihnen den schulfreien Weg? Ich glaube, es liegt vor allem daran, dass der Schulbesuch zum einen auch dort als der einzig wahre Weg zur „richtigen" Bildung propagiert wird. Zum anderen werden die über Lebenschancen entscheidenden Zertifikate durch Schulen vergeben. Die Angst, diese durch außerschulisches Lernen nicht erreichen zu können, wird eine große Rolle bei der Entscheidung spielen, ob ein Kind die Schule besucht oder nicht. Das Problem ist also staatliche Propaganda. Die offizielle Politik unterstützt einerseits außerschulische Bildungswege kaum, auch wenn sie diese zulässt,. Andererseits werden diese Möglichkeiten sogar diffamiert, indem zum Beispiel behauptet wird, dass schulfreie Bildung etwas für Sonderlinge oder ExtremistInnen wäre, die sich nicht in die Gesellschaft eingliedern wollen.

Aber natürlich ist auch die Aufbewahrungsfunktion von Schulen nicht zu unterschätzen. So lange unsere

Gesellschaft durch die aktuelle Arbeits- und Wirtschaftsform geprägt wird, müssen Eltern in dieser einen – meist unkonventionellen – Weg finden, der ihren Kindern ein schulfreies Leben ermöglicht. Auch wenn sie nicht rund um die Uhr bei diesen sein müssen, bedeutet das doch meist einen Verzicht auf Vollbeschäftigung und das entsprechende Einkommen beziehungsweise Karrieren. All das erlaubt aber die Aufbewahrungsfunktion von Schulen. Nicht viele Eltern wollen oder können darauf verzichten. Auch wenn sie nicht rund um die Uhr bei diesen sein müssen, bedeutet das doch meist einen Verzicht auf Vollbeschäftigung und das entsprechende Einkommen beziehungsweise Karrieren. All das erlaubt aber die Aufbewahrungsfunktion von Schulen. Nicht viele Eltern wollen oder können darauf verzichten.

Wirklich etwas ändern könnte sich, wenn alle im Staat möglichen Bildungswege gleichwertig angeboten beziehungsweise unterstützt werden würden. Teilweise geschieht dies in Staaten mit Bildungs- oder Unterrichtspflicht, indem Familien, deren Kinder nicht in Schulen lernen, Gelder für Materialien erhalten (Kanada) oder Vergünstigungen, zum Beispiel bei Eintritten in Museen (England und Frankreich). Dennoch gilt auch dort der Schulbesuch als der normale Weg zu Bildung. In Systemen, die mit Hilfe von Schulen ihre BürgerInnen auf Lebenschancen selektieren wollen, kann das auch gar nicht anders sein. Sie müssen die Kontrolle über den Großteil der Menschen behalten, auch wenn sie Ausnahmen dulden. So müssen wir in Gesprächen mit Menschen aus Ländern mit Unterrichts- oder Bildungspflicht häufig feststellen, dass diese davon ausgehen, in ihrem Land herrsche eine strenge Schulbesuchspflicht. Erst durch uns erfahren sie dann, dass dort außerschulisches Lernen möglich ist. Und kaum jemandem ist bekannt, dass auch in Deutschland Schulabschlüsse nicht nur in Schulen erworben werden können. Tatsächlich besteht die Möglichkeit, alle Abschlüsse auch über externe Prüfungen – also außerhalb von Schulen – zu erreichen.

So würde wohl der Wegfall der strengen Schulbesuchspflicht in Deutschland allein kaum etwas ändern. Nur einige wenige Menschen würden die Chance auf außerschulische Bildung nutzen, der größte Teil der Kinder weiterhin Schulen besuchen. Diese bräuchten sich zudem nicht zu verändern, da die staatliche Propaganda Schulen als den einzig wahren Bildungsort verkauft und die Aussicht auf schulische Zertifikate als Voraussetzungen für den Zugriff auf Lebenschancen die meisten Menschen weiterhin am Schulbesuch festhalten ließe. Dennoch würde der Wegfall der Schulpflicht zumindest den Menschen helfen, die zurzeit aufgrund ihres schulfreien Weges noch drangsaliert und verfolgt werden.

Ich persönlich glaube nicht, dass eine Bildungs- oder Unterrichtspflicht eine wirkliche Alternative zu unserer strengen Schulpflicht darstellt. Wir Menschen müssen nicht zu etwas verpflichtet werden, das in uns allen von Natur aus angelegt ist. Wenn diese Pflicht zudem mit Prüfungen und permanenter Kontrolle verbunden ist, kann solches Lernen kaum bessere Ergebnisse erbringen als schulisches. Denn es werden den Lernenden doch wieder Ansprüche von außen übergestülpt.

***

Exkurs: Informelles Lernen

Alan Thomas, ein englischer Entwicklungspsychologe, beschreibt in seinem Buch „Bildung zu Hause", wie manche Eltern, deren Kinder keine Schulen besuchten, zunächst begannen, diesen Unterricht zu erteilen. Früher oder später erkannten sie, dass dies uneffektiv war und zu Konflikten führte. Sobald sie ihren Kindern das Feld des Lernens jedoch selbst überließen, zeigte sich deren Lernlust und die Eltern begannen, ihnen entspannt zu vertrauen und sie nicht mehr zu bevormunden. Dieses so genannte Informelle Lernen, das keinen vorgegebenen Strukturen sondern nur dem Interesse und der Begeisterung der Lernenden folgt, kann kaum geprüft und zertifiziert werden. Ganz im Gegenteil – Lernvorgaben und Tests würden den Lernvorgang stören. Natürlich können Menschen sich freiwillig bestimmten Prüfungen unterziehen, weil sie zum Beispiel wissen, dass sie das Prüfungsergebnis für eine Bewerbung benötigen. Aber eine Pflicht dazu – vor allem auch mit dem Hintergrund eines zu absolvierenden Pflichtlern- und Prüfungsplanes – sollte nicht bestehen, ob das Lernen nun in Institutionen oder zu Hause stattfindet.

Begriffsbestimmung:

Das Lernen zu Hause wird oft als Homeschooling – Heimunterricht – bezeichnet. Für mich besteht jedoch kein großer Unterschied zwischen Unterricht in Schulen und dem zu Hause. Unterricht selbst stellt das Problem dar, zumindest, wenn er nicht freiwillig gewählt wurde und den jungen Menschen Lernziele vorgibt, die nicht ihre eigenen sind. Homeschooling ist jedoch das, was in vielen Ländern, in denen ein Schulbesuch nicht zwingend Pflicht ist, erwartet wird, beispielsweise in Österreich, wo auch für außerhalb von Schulen lernende junge Menschen jährliche Prüfungen vorgesehen sind, so dass sie gezwungen sind, nach dem staatlichen Lehrplan zu arbeiten. In nur wenigen Ländern, wie zum Beispiel Großbritannien, gibt es keinerlei Vorgaben für das Lernen zu Hause. Für das ausschließlich Selbstbestimmte Lernen außerhalb von Schulen wurden die Begriffe Deschooling und Unschooling geprägt, in deutschsprachigen Ländern auch Freilernen genannt. Ich trete für einen Mittelweg ein. Es kann durchaus Institutionen geben, an denen formales Lernen in Kursform möglich ist, jedoch muss deren Besuch jederzeit freiwillig sein.

Literatur:
Vertiefend können die beiden Bücher „Bildung zu Hause" von Alan Thomas, 2007 bei tologo erschienen, und „Informelles Lernen" von Alan Thomas und Harriet Pattison, 2016 bei tologo erschienen, gelesen werden.

Schulisches vs. Selbstbestimmtes Lernen

„Wenn jedes Kind seine Begabungen selbstbestimmt entwickeln kann, ist nicht nur dem Kind, sondern auch der Gesellschaft am meisten gedient."

Remo Largo

Menschen sozialisieren sich, indem sie sich mit ihrer Umwelt auseinandersetzen und nach möglichst guten Strategien für ein Leben in dieser suchen. Die Frage muss also lauten, welche Umwelt Schulen bieten. Woran passen sich die jungen Menschen an?

Da ist zunächst die Tatsache, dass sie über einen nicht unerheblichen Teil des Tages in einem Gebäude anwesend sein müssen beziehungsweise gesagt bekommen, wo sie sich ansonsten aufzuhalten haben. Sie haben selbst keinerlei Einfluss darauf. Dies geschieht so nie wieder im Leben. Nein, auch nicht in Arbeitsverhältnissen, denn in diesen haben beide VertragspartnerInnen Rechte und sei es nur das Recht der Kündigung. Ähnlich verhält es sich am ehesten mit der Wehrpflicht und Gefängnissen. Erstere ist jedoch glücklicherweise zurzeit ausgesetzt und ins Gefängnis kommt der Mensch nicht, weil es grundsätzlich für alle Menschen so bestimmt wurde, sondern weil er selbst sich entgegen geltender Rechts- und meist auch moralischer Normen verhalten hat. Diese Art der Strafe können und sollten wir ebenfalls diskutieren, jedoch gehört das nicht hierher.

Zudem ist der Tagesablauf der jungen Menschen in Schulen von der Fremdbestimmung durch die für sie zuständigen PädagogInnen abhängig und sie müssen sich dem anpassen, wenn sie nicht ständig Stress infolge von Disziplinierung erleben möchten.

Wollen sie in der Institution Schule erfolgreich sein, müssen sie alles für eine gute Bewertung durch ihre LehrerInnen tun.

Durch – viele – Eltern, PädagogInnen und die schulische Umwelt wird ihnen deutlich klar gemacht, worum es geht – um das Erreichen von guten Noten und Zertifikaten. Es wird ihnen suggeriert, dass, wenn sie dies nicht schaffen, nichts aus ihnen werden kann.

An ihnen ist es dann, effektive Wege zu diesem Ziel zu suchen. Sie nutzen dafür die Fähigkeiten, die Klugheit und die Kreativität, die die Natur ihnen mitgegeben hat, aber meist eben nicht so, wie es die PädagogInnen gern hätten.

Teilweise wird dabei auch das gelernt, was gelernt werden soll. Durch das permanente Training lernt fast jeder schließlich lesen, schreiben und rechnen. Es passiert mit Sicherheit vereinzelt auch, dass bestimmte Themen einzelne SchülerInnen so begeistern, dass sie sich mit Freude damit beschäftigen und das dabei Gelernte langfristig behalten.

Das letztlich erworbene Wissen und Können stellt jedoch, wie bereits erwähnt, nur ein Minimum dessen dar, was möglich wäre. Der Output von Schulen ist extrem gering.

Natürlich „funktionieren" auch nicht alle jungen Menschen gleich gut. Einigen mögen Anpassung und das Finden von Überlebensstrategien leicht fallen, andere neigen zu Widerstand oder Rückzug. Nicht zuletzt spielt dabei auch die Ausstattung ihrer Familien mit verschiedenen Ressourcen (Zeit, Geld, Zuwendung und so weiter) eine wichtige Rolle. Die einen sind daher erfolgreich im Erreichen guter Bewertungen, die anderen nicht.

Die Fähigkeit, erfolgreiche Wege zu bestmöglicher Bewertung und zu höchsten Zertifikaten zu finden, ist die Schlüsselkompetenz von SchülerInnen. Wissen und Können, das sie eventuell darüber hinaus dauerhaft erwerben, ist ein Nebenprodukt.

Anhand von Bewertungen kann zwar effektiv selektiert werden. Das System ist aber absolut ineffektiv darin, eine gute Bildung zu ermöglichen.

***

Exkurs: Plagiate

Übrigens: Wenn Universitätsabschlüsse mit Hilfe von Plagiaten erworben werden, ist das nichts anderes als die konsequente Fortführung des in Schulen Gelernten. Wichtig ist nicht das Wissen und Können, wichtig ist das Zertifikat, wichtig ist der Titel. Natürlich – in der beruflichen Tätigkeit sind dann schon gewisse Fertigkeiten gefragt, aber wir Menschen sind im Stande, diese dann recht schnell mehr oder weniger gut zu erwerben, was zeigt, wie gut außerschulisches Lernen mitten im Leben funktioniert. Aber unabhängig davon, wie gut sie in der Arbeitswelt mithalten kann, so lange die entsprechende Person nicht erwischt wird, bleibt der Titel, der eine Eintrittskarte in die Elite darstellt, egal, wie wenig Wissen und Können tatsächlich damit in Verbindung stehen.

Der Begriff Selbstbestimmte Bildung als Gegenteil von schulischem Unterricht erklärt sich im Prinzip selbst. Vor allem wichtig ist, dass niemand anderes über die Bildung eines Menschen bestimmt, als er selbst. Er entscheidet, womit er sich wann, wo, wie und anhand welcher Vorbilder beschäftigt und wird dabei lernen, sich sozialisieren, sich bilden.

Ich glaube, wir alle haben ein Gefühl dafür, wie Lernen tatsächlich funktioniert. Wenn wir uns mit einem bestimmtem Thema auseinandersetzen möchten, dann versuchen wir, alles mögliche Wissen darüber anzusammeln. Zuerst ist das vielleicht nur ein Anhäufen von Informationen, später strukturieren und vernetzen wir diese. Meist tauschen wir uns auch mit anderen, am gleichen Thema interessierten Menschen aus. Die Beschäftigung mit dem Thema kann so intensiv sein, dass wir tage- und wochenlang nichts anderes tun möchten, bis wir ein Level erreicht haben, mit dem wir halbwegs zufrieden sind. Die Begeisterung kann aber auch ein Leben lang anhalten und wir werden zu echten ExpertInnen auf dem entsprechenden Gebiet. Wenn wir uns beispielsweise für Science-Fiction interessieren, weil uns ein entsprechender Film oder ein Buch begeistert hat, werden wir eventuell anfangen, zu hinterfragen, ob die dort vorgestellte Technik tatsächlich möglich ist, oder wir werden uns mit unserem Sonnensystem beschäftigen. Automatisch thematisieren wir dann Fragen der Physik, Mathematik, Philosophie und anderer Wissenschaften. Vielleicht ergreifen wir sogar einen entsprechenden Beruf.

Wieso verlassen wir uns eigentlich nicht einfach darauf, dass der Mensch lernen möchte und es seinen Interessen entsprechend auch immer tun wird? Weil solche individuellen Lernleistungen eine Selektion erschweren bis unmöglich machen. So einfach ist das. Es muss eine vordefinierte Leistung geben, die zu erfüllen ist, bewertet und verglichen werden kann. So kann auch der Anschein gewahrt werden, dass alle jungen Menschen gleich behandelt werden und die gleichen Chancen auf die angestrebten Zertifikate haben. Es liegt ja nur an ihnen, mit genügend Fleiß die Leistungsnorm zu erfüllen. Dabei wird leider außer Acht gelassen, dass jeder Mensch andere Voraussetzungen mitbringt, die ihn aber eben nicht besser oder schlechter als andere machen, und dass die Leistungsnormen sich an einem mittelständischen Ideal orientieren, das mehr oder weniger weit von den

Lebensumständen der jungen Menschen entfernt und daher auch mehr oder weniger wichtig für diese ist.

Gegen Lernorte an sich will ich gar nichts sagen. Sie können sehr nützlich sein und es sollte sie geben. Wenn ich zum Beispiel etwas über die Physik der Planeten wissen möchte, muss ich mir das nicht selbst erarbeiten. Es haben sich ja bereits kluge Köpfe damit beschäftigt. Ich kann mir entweder jemanden suchen, der oder die es mir erklärt. Mein Lernen kann aber auch in Form von Kursen in Gruppen innerhalb von wie auch immer genannten Lernorten stattfinden.

Der fundamentale Unterschied zu heutigen Schulen muss dabei jedoch sein, dass die jungen Menschen sich aus Interesse zu diesen Kursen entscheiden und dass dort nicht selektiert, sondern nur gelehrt wird. Die heute oft so umstrittene Unterrichtsform spielt dabei gar nicht die große Rolle. Wenn die Zuhörer interessiert sind, kann ein(e) DozentIn vor 100 Menschen gewinnbringend für alle etwas darlegen, obwohl das Frontalunterricht in Extremform wäre. Sich also um Unterrichtsformen zu streiten, geht am wirklichen Thema vorbei, wie auch der Streit um die Art und Weise der Leistungsbewertung. Text oder Zahlen oder Buchstaben – das ist vollkommen egal. Bewertung an sich ist das Problem.

Grundsätzlich sollten wir davon ausgehen, dass Menschen prinzipiell ohne Lehrinstitutionen gut lernen können, so wie sie es ja die meiste Zeit ihrer Existenz taten. Lernorte sollten ihnen nur für den Bedarf, der sich mit Sicherheit aus der Komplexität unserer heutigen Gesellschaft häufig ergeben wird, zur Verfügung stehen. Könnten sich alle Menschen nach ihren Möglichkeiten und Wünschen, in ihrem Tempo und ohne Druck bilden, könnte vermutlich beinahe jeder Mensch auch alle Abschlüsse erreichen, sofern er dies wollte.

Wie würde dann Selektion bewerkstelligt werden? Richtig – gar nicht. Unsere heutigen Schulen MÜSSEN dafür sorgen, dass es nicht alle schaffen. Und das tun sie auch. Noch dazu verhindern ihre Strukturen selbstbestimmte Lernprozesse. Wenn die jungen Menschen viele Stunden am Tag mehr oder weniger gezwungenermaßen sich mit Dingen beschäftigen müssen, die sie nicht oder gerade nicht wissen möchten, werden Konzentration und Forschergeist nicht selten unter Langeweile und Desinteresse verschüttet. Außerdem fehlt die Zeit. Das Arbeiten an Themen, die den eigenen Interessen entsprechen, beziehungsweise überhaupt das Finden dieser Themen fallen dann schwer. Schulen stellen damit ein nicht zu unterschätzendes Lernhindernis dar.

Als ich zur Schule ging, war diese spätestens am frühen Nachmittag beendet. Der Rest des Tages gehörte mir. Ja, ich musste Hausaufgaben machen, aber ich hatte noch genügend Zeit, mich mit meiner besten Freundin und anderen Kindern zu treffen und einen halben Tag voller Spiel zu erleben. Heute ist dies kaum noch möglich. In einem mir vollkommen unverständlichen Wahn wurde der staatliche Zugriff auf unsere Kinder in den letzten Jahren immer mehr verstärkt. Vor allem wurden die Schulzeiten, zunehmend mittels Ganztagsschulen, so verlängert, dass jungen Menschen kaum noch Zeit bleibt, die sie ganz allein – ohne erwachsene Aufsicht – verbringen können. Nachhilfe und organisierte Nachmittagsveranstaltungen tun das ihre dazu. Das von Erwachsenen unbeeinflusste und unbeaufsichtigte Spiel ist jedoch ungeheuer wichtig für die kindliche Entwicklung. Außerdem glaube ich, dass die Zeit, die unsere Kinder ohne Schule und nachmittägliche („Bildungs")Veranstaltungen verbringen, dringend notwendig ist, um die Zeit, die sie unnötigerweise in Schulen verschwenden, im echten Leben zu kompensieren. Das funktioniert leider zunehmend immer weniger.

Menschen, deren Kinder ein schulfreies Leben beginnen, beobachten oft eine mehr oder weniger lange Übergangsphase, die anscheinend von der Länge des vorangegangenen Schulbesuchs abhängt, und in der die jungen Menschen meist gar nichts tun, was irgendwie nach Lernen aussieht – die so genannte Deschoolingphase. Ich denke, dass auch so gut wie jeder Mensch diese Phase nach dem Ende seiner Schulzeit durchmacht. Es hat den Anschein, dass wir diese Zeit brauchen, um uns zu erholen. Ist es nicht traurig, dass dadurch nochmal ein Stück Lebenszeit verlorengeht? Manche finden nie mehr zur simplen Neugier zurück. Bei vielen setzt aber irgendwann die Initiative doch wieder ein. Sie lernen dann endlich auf eine bisher unterdrückte Art und Weise – vollkommen selbstbestimmt.

***

Exkurs: Selbstbestimmte Bildung

Als eine unserer Töchter mit 16 Jahren entschied, nicht mehr in die Schule zu gehen, war ich sehr gespannt, wie sich Selbstbestimmtes Lernen bei ihr zeigen würde – und wurde zunächst sehr auf die Folter gespannt, denn erst einmal geschah: gar nichts. Es dauerte einige Monate, in denen sie froh war, zu Hause zu sein, aber keine besonderen Interessen entwickelte. Erst danach begann sie plötzlich, sich politisch zu interessieren und Spanisch zu lernen. Und das mit einer Disziplin und Freude, dass es Spaß machte, das mitzuerleben.

Von da ab entwickelte sie immer wieder neue Interessen, die sie mit Enthusiasmus verfolgte. Bis heute.

    Aus der Wissenschaft: 1930 wurde eine Studie von Herbert Williams veröffentlicht. In einer 300.000-Einwohner-Stadt in den USA suchte er nach den „schlimmsten" Jungen, die häufig der Schule fern blieben und Ärger verursachten. Schließlich kam eine Gruppe zustande mit Kindern im Alter zwischen 8 und fast 16 Jahren, IQ-Werten zwischen 60 und 120 und verschiedenster Herkunft (Polen, Ungarn, Ureinwohner und Farbige). Das Experiment dauerte etwa 5 Monate. In dieser Zeit besuchten die Jungen keine regulären Schulen, stattdessen bekamen sie einen speziell hergerichteten Raum in einer Technischen Schule zugewiesen. In diesem Raum befanden sich Pulte, Tafeln, ein großer Tisch und eine Sammlung von Büchern, inklusive Belletristik, Sachbüchern und Lehrbüchern. Die Jungen wurden zu Beginn und nach 4 Monaten getestet. Sie wurden nicht instruiert, erhielten lediglich den Auftrag, sich zu beschäftigen und gegenseitig nicht zu ärgern. Williams schaute von Zeit zu Zeit, was die Kinder taten – zum Beispiel zeichnen, lesen, rechnen, Landkarten und Baupläne studieren. Hatte ein Kind spezielle Interessen, wurden ihm Möglichkeiten und Ermutigung gegeben, diese zu entwickeln. Die Kinder wurden über ihre ersten Testergebnisse informiert und ermutigt, diese zu verbessern, aber nicht gezwungen, sich damit auseinanderzusetzen. Sie beschäftigten sich allein oder gemeinsam und inspirierten sich gegenseitig. 13 Jungen nahmen an beiden Tests teil. Es zeigte sich, dass alle einen erheblichen Wissenszuwachs aufwiesen. Sie befanden sich am Ende über dem durchschnittlichen Alterslevel. Dieser Fortschritt basierte nur auf selbstbestimmten Aktivitäten. Zu beachten ist, dass es dem Autor vorrangig nicht um die Erhöhung des Bildungsniveaus ging, sondern um soziale Anpassung. Die Kinder hatten außerdem viel weniger Zeit, als in Schulen üblich, auf ihre Lernaktivitäten verwendet und viel Zeit in der Sporthalle und auf dem Spielplatz verbracht. Dies ist *ein großartiges Beispiel für den Erfolg von Selbstbestimmtem Lernen – selbst bei „schwierigen" Kindern.*

Literatur:
Über die Studie von Herbert Williams kann unter https://www.psychologytoday.com/blog/freedom-learn/201709/another-example-less-teaching-leading-more-learning, abgerufen am 16. April 2020, nachgelesen werden.

Maßnahmen gegen Menschen, die Nein sagen

„Tatsächlich gibt es mit Ausnahme des Strafvollzugs wohl keinen anderen Bereich, in dem der Staat vergleichbar intensiv und ähnlich lange in das Selbstbestimmungsrecht der Bürger eingreift."

Johannes Rux

Es gibt sie, die Menschen, die Nein zu diesem System sagen. Ein nicht geringer Teil jeder neuen Generation von Schulbesuchsverpflichteten meidet diesen Ort trotz Schulzwang mehr oder weniger häufig und lange. Dabei soll es erst einmal egal sein, warum sie nicht zur Schule gehen wollen. Sie sagen Nein, das muss respektiert werden. Auch Kinder sind Menschen, die das Recht haben, über sich selbst zu verfügen.

Daran, wie das System auf Verweigerer reagiert, ist gut erkennbar, wo der Fokus der Ämter und Behörden liegt. Es geht um den Vollzug einer staatlich verordneten Pflicht um jeden Preis. Worum es ganz und gar nicht geht, ist das Wohlergehen von Menschen. Ginge es darum, wären andere Reaktionen auf Schulverweigerung erkennbar.

Es gibt einen gewissen eingefahrenen Ablauf, der so oder ähnlich immer stattfindet, wobei die Bezeichnungen der Ämter variieren. Ich lehne mich in meinen Ausführungen an das Land Brandenburg an, weil ich dort lebe und die Behandlung am eigenen Leib, an der eigenen Familie, spüren durfte und bis heute darf.

Zunächst werden VertreterInnen der Schule versuchen, mit dem jungen Menschen und seinen Eltern zu sprechen. Fruchtet dies nicht und der junge Mensch verweigert weiter regelmäßig den Schulbesuch, werden Jugend- und Schulamt auf den Plan gerufen. Aber auch die polizeiliche Zuführung zur Schule kommt in Deutschland noch vor, obwohl zunehmend eingesehen wird, dass solche Gewaltakte nicht sinnvoll sind.

Das Jugendamt wird die Familie kontaktieren und untersuchen, ob eine Kindswohlgefährdung vorliegt. Das mag in guter Absicht geschehen und manchmal auch sinnvoll sein, jedoch wird meist unterstellt, dass der Nichtschulbesuch allein bereits eine Kindswohlgefährdung darstellt. Und das muss ganz und gar nicht so sein. Im Gegenteil. Dadurch, dass der junge Mensch die Schule verweigert, geht er eventuell einer Gefährdung aus dem Weg. Zum Beispiel der Gefährdung seiner Persönlichkeit durch Mobbing und Gewalt, zum einen durch LehrerInnen – in Form von Bewertung und Fremdbestimmung – und zum anderen auch durch MitschülerInnen. Es geschieht dann des Öfteren, dass Jugendämter die Familien vor ein Familiengericht bringen. Die Folge kann der Entzug des Sorgerechts – meist nur für schulische Angelegenheiten – sein, manchmal auch des Aufenthaltsbestimmungsrechts, komplett oder sofern es die Schule betrifft. Zum Glück gibt es gute AnwältInnen, mit deren Hilfe gegen solche Beschlüsse erfolgreich vorgegangen werden kann. Manche – mutige – MitarbeiterInnen von Jugendämtern schließen die Akte aber auch, wenn keine Kindswohlgefährdung in der Familie festzustellen ist, und überlassen die Frage des Schulbesuchs den Schulämtern. Diese, die so oder so auf jeden Fall in Aktion treten, verhängen Bußgelder. In Bremen, Hamburg, Hessen, Mecklenburg-Vorpommern und im Saarland kann es zu strafrechtlicher Verfolgung kommen, die zu Zuchthausaufenthalten der jungen Menschen führen kann. Auch die Androhung von Zwangsgeldern und in der Folge unter Umständen Gefängnisaufenthalte – Zwangshaft – von Elternteilen sind möglich. Auch hier lohnt sich das Hinzuziehen fähiger AnwältInnen.

Junge Leute, die die Schule nicht besuchen wollen, gelten also per se als kriminell. Zunächst einmal sind es doch aber mutige Menschen, die sich einem Zwang widersetzen. Da aber der Nichtschulbesuch laut derzeitiger Rechtsprechung eine Gesetzwidrigkeit darstellt, werden sie stigmatisiert und kriminalisiert, teilweise müssen sie ins Gefängnis.

Zusätzlich wird ihnen unterstellt, sich in der Zeit, die sie nicht in Schulen verbringen, wirklich mehr oder weniger kriminell zu verhalten, das heißt sich „herumzutreiben", provokant und gewalttätig zu sein, zu randalieren, zu stehlen, zu dealen und einiges mehr. Das mag auf einige junge Menschen zutreffen. Aber dies hat wohl eher nichts damit zu, dass sie keine Schulen besuchen. Wo soll da der kausale Zusammenhang sein? Macht sie allein die Tatsache, dass sie sich der Überwachung in Schulen entziehen, zu wirklichen Kriminellen? Vom Nichtschulbesuch als – angeblich – kriminelle Handlung einmal abgesehen. Droht jeder junge Mensch, kriminell zu werden, der nicht fremdbestimmt wird?

Das Meiden von Schulen könnte schlicht der Ausdruck einer allgemeinen widerständigen Haltung sein, der mit der Zuschreibung von Kriminalität, also einem Abdrängen an den Rand der „normalen" Gesellschaft, nicht gerade sinnvoll begegnet wird. Ohne den Fokus auf den Schulbesuch und der darauf beruhenden Kriminalisierung könnte diesen Menschen ohne Stigmatisierung begegnet werden. Sie müssten sich nicht als „Ausgestoßene" begreifen. Gäbe es gesellschaftliche Angebote, denen sie sich freiwillig zuwenden könnten, wäre ihnen sicherlich mehr geholfen als durch diese Kriminalisierung.

Dass sie statistisch eventuell zu mehr Straftaten neigen als der Durchschnitt der Bevölkerung, könnte damit zusammen hängen, dass Menschen im Allgemeinen sehr schnell dazu bereit sind, ihnen gemachte Zuschreibungen tatsächlich zu übernehmen. Das „Herumtreiben" ist vielleicht zunächst nur ein Verstecken, um wegen ihrer Abwesenheit von der Schule nicht erwischt und bestraft zu werden. Es werden sich nicht wenige ohnehin unwohl und schuldig fühlen, weil die Schulverweigerung verboten ist. Sie können sich allein dadurch bereits in die kriminelle Ecke getrieben fühlen. In der Folge ist der Schritt in echte Kriminalität eventuell ein kleinerer als für andere Menschen. Das heißt, wenn einem Menschen nur eindringlich genug unterstellt wird, er sei kriminell, ist die Chance hoch, dass er sich irgendwann auch so verhält. Ein Beispiel für eine solche Zuschreibung ist die 2009 durch den Rat für Kriminalitätsverhütung in Schleswig-Holstein herausgegebene Veröffentlichung „Schulabsentismus. Konzept zur Kriminalitätsverhütung". Menschen, die keine Schulen besuchen, erscheinen bereits im Titel als potentiell kriminell.

Man könnte sagen, dass der Staat hier sein Wächteramt vernachlässigt und diese jungen Menschen nicht vor erheblichem Schaden zu schützen versucht. Aber das ist auch typisch. Das Wächteramt richtet sich selten gegen die eigenen Methoden des Umgangs mit jungen Menschen, sondern in der Regel gegen Familien, und speziell Eltern.

Stattdessen wird massiver Druck auf die jungen Menschen ausgeübt, die Schule wieder zu besuchen. Hilfe bei Problemen, die sie eventuell tatsächlich haben, wird ihnen nur in Verbindung mit einem erneuten Schulbesuch

– manchmal in Form von alternativen Schulangeboten – zuteil. Wenn aber die jungen Menschen nun einmal genau das nicht möchten, wird ihr Widerstand mit Sicherheit noch wachsen.

Die Begründung der Ämter und Gerichte für ihr Eingreifen, abgesehen davon, dass sie sich auf die gesetzliche Schulpflicht berufen, ist meistens, dass die Kinder ohne den Schulbesuch schwerwiegende Defizite erleiden würden. Beweisen müssen sie dies nicht. Und das wäre auch schwierig. Es ist eine schlichte Behauptung, aber so fest in den meisten Köpfen verankert, dass beinahe alle von deren Logik überzeugt sind. Selbst vielen schulkritischen Menschen fällt es schwer, sich ein Leben ohne irgendwie formales und fremdbestimmtes Lernen – mit Anleitung, Lernplänen, Lernzielen – vorzustellen. Es gibt aber sehr wohl Belege dafür, dass Menschen sich ohne Schulen gut entwickeln, vorausgesetzt, sie werden nicht als psychisch krank oder kriminell stigmatisiert und erfahren keine anderweitige – zum Beispiel familiäre – Gewalt.

Wehren sich Menschen gegen die Schulpflicht, genügt es jedoch nicht, eventuell mögliche Gefahren für das Kindswohl in Schulen zu erwähnen. Nein, diese müssten dann bewiesen werden. Es soll also gewartet werden, bis das Kind ganz sprichwörtlich schon längst in den Brunnen gefallen ist. Während Ämter und Gerichte ihre Behauptungen nicht beweisen müssen – und können! –, dürfen Familien aufgrund ihrer Ansicht, dass das Leben in Schulen ihre Kinder schädigt, diese nicht schützen. Dabei gibt es mindestens einige gewichtige Argumente, die für deren Ansicht sprechen – ungewöhnlich viele Stresssymptome bei Schulkindern, ungewöhnlich viel Mobbing und Gewalt in Schulen durch andere SchülerInnen und LehrerInnen, ungewöhnlich viele psychische Erkrankungen bei Schulkindern, Druck, Zwang, Selektion, Fremdbestimmung sowie lernbehindernde Methoden und äußere Umstände in Schulen. Diese Erscheinungen und daraus eventuell entstehende Ängste, psychosomatische Symptome, Zwangshandlungen oder eben Schulverweigerungen werden seitens der Ämter und Gerichte nicht als Problem beziehungsweise Folge von schulischen Gegebenheiten anerkannt, sondern als – im Zweifelsfall schon vorher unterschwellig vorhanden gewesene – Defizite der Kinder und Eltern, die sich eben nicht richtig integrieren können.

Die bürokratische und untertänige Art und Weise, in der die MitarbeiterInnen der Ämter und Gerichte oft vorgehen, erschüttert. Dabei sind weder die Schulpflicht noch der angebliche Erziehungsauftrag des Staates hundertprozentig rechtlich abgesichert. Mutige BeamtInnen und Angestellte hätten die Möglichkeit, menschlich zu handeln und gute Lösungen ohne Zwang zu finden. Mir scheint jedoch, dass das System umso mehr Zwang und Druck einsetzt, je mehr Widerstand zu spüren ist, und ich fühle mich unangenehm an diktatorische Vorgehensweisen erinnert.

***

Exkurs: Verfahrensbeistand

Schlimm genug, dass eine persönliche Entscheidung eines Menschen gegen einen Zwang – eine Entscheidung, durch die dieser Mensch niemandem schadet – juristisch geahndet wird. Die oft unausweichlichen gerichtlichen Auseinandersetzungen finden zudem auch unter der unhinterfragten Annahme statt, dass Schule ein Naturgesetz ist, dass der junge Mensch ohne Schule unmöglich eine gute Entwicklung nehmen kann.

Minderjährigen werden in der Regel VerfahrensbeiständInnen zur Seite gestellt, die deren Interessen vertreten sollen. Das ist ja zunächst eine gute Idee, nur leider kann es in den Fällen von Menschen, die um ihr Recht kämpfen, Nein zum Schulzwang sagen zu dürfen, nicht funktionieren.

Unsere Kinder bekamen auch eine solche Verfahrensbeiständin zur Seite gestellt. Sie war davon überzeugt, dass Schulen den einzig wahren Weg zu Bildung bieten, und ist unseren Kindern dreimal begegnet, zweimal für je circa eine Stunde zu Hause und in einem Familienzentrum sowie einmal vor Gericht. Ihre Meinung pro Schule konnte sie über die schon besprochenen Behauptungen hinaus uns gegenüber nicht begründen. Durch uns zur Verfügung gestelltes wissenschaftliches Material, das unsere Meinung stützte, ignorierte sie. Vor Gericht behauptete sie, wir hätten unsere Kinder instruiert, bestimmte Aussagen zu tätigen, wenn diese uns positiv darstellten. Äußerten die Kinder hingegen Dinge, die sie gegen uns benutzen konnte, zitierte sie diese, waren deren Aussagen also plötzlich glaubhaft.

Zum Beispiel erzählten sie ihr, dass sie Computerspiele spielen würden, was die Verfahrensbeiständin zu der Aussage nutzte, dass unsere Kinder nur Medien nutzen und sonst keine Bildung erfahren würden, was sie nach drei kurzen Treffen ganz sicher nicht einschätzen konnte. Dass unsere Kinder zu Beginn ihrer Schulverweigerung noch traurig und unsicher wirkten, was wir Eltern klar mit dem vorausgegangenen Schulbesuch und der unsere Familie bedrohenden Situation infolge ihrer Verweigerung in Verbindung bringen konnten, interpretierte die Verfahrensbeiständin als Wunsch unserer Kinder, die Schule zu besuchen, was wir verhindern würden. Waren die Kinder beim späteren Treffen fröhlich und ausgeglichen, was wir klar mit dem entspannteren Leben infolge ihres Nichtschulbesuchs in Zusammenhang brachten, behauptete sie eine Gewöhnung der Kinder an ihre Situation, die sie aber eigentlich nicht wünschten, da sie ja angeblich in die Schule gehen wollten. Geäußert haben sie den Wunsch nach erneutem Schulbesuch übrigens nie. Ganz im Gegenteil.

Aber die Meinung der Verfahrensbeiständin stand fest und sie interpretierte alles, was sie bei uns sah und erlebte, mit dem Hintergedanken, dass unsere Kinder eigentlich die Schule besuchen möchten, was ja auch in ihren Augen einzig natürlich, richtig und vernünftig wäre. Das heißt, sie orientierte sich nicht an den tatsächlichen Interessen unserer Kinder, sondern an dem Dogma in ihrem Kopf. Ich weiß nicht, wie bewusst ihr dies selbst gewesen ist. Aber für uns war das eine sehr bedrückende Erfahrung. Viele Familien in unserer Situation haben genau dieselben Erfahrungen mit VerfahrensbeiständInnen gemacht. Mit dem Wohl von Kindern hat das nichts zu tun.

Das alles ist die eine – die juristische – Seite. Mindestens genauso beunruhigend gestaltet sich der Umgang mit den Schulbesuch meidenden jungen Menschen durch Pädagogik und Psychologie. Infolge der – vermeintlichen – juristischen Vorgabe der Pflicht zum Schulbesuch besteht deren „Hilfe" einzig und allein in Interventionen, die die Reintegration in Schulen zum Ziel haben. Das heißt, das Ziel steht schon fest, die Betroffenen haben sich zu fügen und es wird nur eine einzige Entscheidung – nämlich die, in die Schule zu gehen – zugelassen.

Schulpsychologie und Pädagogik sind um eine Lüge herum aufgebaut, die Behauptung, dass Schule ein Muss ist, dass sich Menschen ohne Schule nicht richtig entwickeln. Für diese Behauptung gibt es jedoch überhaupt keine Beweise. Völlig kritiklos bauen sie trotzdem ihre Theorien um diesen Zwang herum auf. Der Schulbesuch wird als unverrückbares Muss angesehen und wer das nicht genau so sieht, muss krank sein. Diesen Menschen wird also aufgrund einer

Behauptung ein krankhaftes Verhalten unterstellt, welches dann weitreichende therapeutische Interventionen zulässig machen soll. Dass das schulverweigernde Verhalten eine richtige Reaktion auf Zwang und Konditionierung sein könnte, weil sich die jungen Menschen nicht durch Selektion zu „Verlierern" machen oder auf eine Normalität, der sie sich nicht zugehörig fühlen, festlegen lassen wollen, darf von vorn herein nicht angenommen werden. Mit welchen Argumenten sollten sie in diesen Fällen auch zurück zur Schule bewegt werden können?

Also werden psychologische Diagnosen gestellt, die das Problem immer beim jungen Menschen oder in seiner Familie sehen, nicht etwa bei den schulischen Gegebenheiten. Wenn diese durch Eltern oder Kinder argumentativ angebracht werden, liegt die Schuld trotzdem beim jungen Menschen. Dann ist er unfähig, die gewünschte Leistung zu erbringen, ist rebellisch, unaufmerksam und hat es deswegen schwer. Über das Leistungsprinzip habe ich schon einiges gesagt. Wieso nun könnte der junge Mensch unaufmerksam sein? Vielleicht, weil er nicht am Thema interessiert ist, mit dem er sich herumschlagen muss? Und ist es nicht naheliegend, dass Menschen, die einem permanenten Zwang unterliegen, rebellisch werden? Aber diese Erklärungen würden zu sehr am System kratzen, daher muss die alleinige Schuld beim Kind und seiner Familie gesucht werden.

Da werden Schulängste und Schulphobien diagnostiziert, die natürlich auf Grund einer psychischen Grunderkrankung des Kindes existieren, nicht etwa, weil sie direkt durch die Schule verursacht wurden. Es werden Therapien angesetzt, teilweise mit wochenlangen Klinikaufenthalten, natürlich verbunden mit regelmäßigem Schulbesuch, dem der junge Mensch sich dann nicht mehr entziehen kann. Ich glaube, dass die Wahrscheinlichkeit für schulgeschädigte junge Menschen, die eigentlich Erholung, Bindung und liebevolle Zuwendung bräuchten, hoch ist, noch belasteter aus derartigen Therapien entlassen werden. Da wird aus einem souveränen Nein eines Menschen zu einem Zwang eine Pathologie gemacht. Per Therapie soll ihm der Widerstand ausgetrieben werden. Das nennt sich dann Hilfe. In hunderten Büchern aus Pädagogik und Psychologie kann nachgelesen werden, was mit diesen jungen Menschen nicht stimmt.

Und nicht nur sie, auch ihre Familien sind natürlich krank. Auch die Eltern brauchen psychologische Hilfe.

Eltern wünschen in der Regel das Beste für ihre Kinder, infolge der Orientierung auf eine Leistungsgesellschaft sind das unter anderem die höchsten Schulabschlüsse. Der Druck, diese zu erreichen, wirkt jedoch nicht selten destruktiv auf die Beziehungen in Familien. Meidet das Kind dann die Schule, kommt die Angst vor Sanktionen hinzu, so dass der Druck noch steigt. Kommt es in der Folge zu Stress und Konflikten, werden die Eltern dafür verantwortlich gemacht. Dabei entstehen diese nicht selten infolge des elterlichen Versuchs, sich den schulischen Normen zu beugen und ihre Kinder zu deren Erfüllung anzuhalten.

Verstehen die Eltern die Nöte ihrer Kinder jedoch und unterstützen diese in ihrem Widerstand, gelten sie schnell als erziehungsunfähig, psychisch krank oder extremistisch. Vor allem, wenn es dem Ziel des Schulbesuches direkt im Wege steht, wird ihr Verhalten ganz einfach pathologisiert, was schwere Eingriffe in die Familie zur Folge haben kann. Es wird nur ein einziges elterliches Verhalten als richtig akzeptiert – das Gewährleisten des Schulbesuchs ihrer Kinder um jeden Preis. Dabei wird lieber akzeptiert, dass Eltern dafür Zwang und Gewalt ausüben, als dass sie in Akzeptanz der Wünsche und Ängste ihrer Kinder ohne Gewalt und Zwang nach durchaus vorhandenen außerschulischen Bildungsmöglichkeiten suchen. Dies ist extrem entmündigend und diskriminierend.

Wie wahrscheinlich kann es denn tatsächlich sein, dass Menschen psychisch krank sind oder Defizite aufweisen, nur weil sie ihrer Rolle als Schulkind entfliehen und einen vollkommen künstlichen Ort nicht besuchen wollen, der zudem nicht aufgrund von Erwägungen des Kindswohls, sondern klar als Mittel der Beeinflussung und Lenkung von UntertanInnen, entstand und sich in dieser Beziehung bis heute kaum gewandelt hat? Gibt es stattdessen nicht genügend Hinweise darauf, dass junge Menschen gerade infolge des Schulbesuchs psychisch und physisch erkranken?

Ich will keine Probleme kleinreden. Manche Menschen benötigen und wünschen psychologische Hilfe und sollen sie auch bekommen. Aber doch bitte nicht als unausweichliche Folge von Schulverweigerung. Die Behauptung, dass schon der Nichtschulbesuch allein pathologisch ist, sehe ich als Symptom an – für eine gesellschaftliche Normierungssucht, die über das Leid der betroffenen Menschen einfach hinweggeht. Nirgendwo sonst in der Gesellschaft besteht ein so massiver Druck auf Menschen, sich schädigenden oder ängstigenden Situationen immer und immer wieder zu stellen, ohne die Möglichkeit zu haben, selbst über sich zu bestimmen.

Menschen, die Schulen meiden, sind eher keine „Normschüler". Kann es nicht sein, dass sie spüren, dass ihre Chancen nicht die gleichen sind wie die ihrer eher der Norm genügenden MitschülerInnen? Meiden sie Schulen dann nicht zu Recht? Meist fehlen ihnen und ihren Familien Ressourcen auf einem oder mehreren Gebieten. Ihnen sollte nicht „geholfen" werden aufgrund der Tatsache, dass sie nicht zur Schule gehen wollen. Ihnen sollte geholfen werden aufgrund der unter Umständen fehlenden Ressourcen, die sie oder ihre Familien benötigen, damit sie sich umfassend bilden können.

Da in unseren heutigen Schulen nun einmal Verlierer und Gewinner produziert werden sollen, besteht doch tatsächlich gar kein Interesse daran, benachteiligte junge Menschen zu den gleichen Erfolgen zu führen wie die SchülerInnen, die sich besser anpassen können beziehungsweise mehr der Norm entsprechen. Mit den derzeit möglichen Maßnahmen bei Schulverweigerung soll nur der Vollzug der Schulpflicht erreicht werden. Echte Hilfe wird den Betroffenen nicht zuteil.

Zur Lösung des Problems könnten leicht außerschulische Wege gegangen werden, indem den jungen Menschen ein selbstbestimmtes Lernen ermöglicht wird, das bei Bedarf auch zu Zertifikaten führen kann. Das würde bedeuten, von lehrplangeleiteter Wissensvermittlung abzulassen und den Menschen endlich Raum zu geben, autonom über sich und ihre Bildung zu bestimmen. Das würde bedeuten, Schulverweigerung nicht als Problem zu definieren und die Entscheidung der jungen Menschen gegen Schule zu respektieren. Das würde bedeuten, bei über Schulverweigerung hinausgehenden familiären oder anderen Problemen – und dann in einem gleichberechtigten Verhältnis mit den jungen Menschen und ihren Familien – für Veränderungen zusammenzuarbeiten. Das würde bedeuten, vorurteilsfrei davon auszugehen, dass alle Menschen lernen wollen, und ihren entsprechenden Kompetenzen zu vertrauen. Das könnte bedeuten, Lernangebote zu unterbreiten und es den jungen Menschen zu überlassen, ob, wann und wie sie diese annehmen, und ihnen ansonsten in Bezug auf die Abschlüsse beratend zur Seite zu stehen. Und einiges mehr. Diese Verfahrensweisen könnten ab sofort umgesetzt werden.

Die Einengung der „Hilfe" nur auf das Ziel des erneuten Schulbesuchs mindert die Chancen gerade von schulgeschädigten und durch Schulen benachteiligten jungen Menschen. Diese Fixiertheit von Pädagogik und Psychologie einzig auf den Schulbesuch ist nur angesichts des vollkommen kritiklosen Hinnehmens der Schulpflicht mit dem Hintergrund der Funktionen von Schulen sowie mit einer damit einhergehenden Angst vor Kontrollverlust zu verstehen, was einer angeblich freiheitlich-demokratischen Gesellschaft nicht gut zu Gesicht steht.

***

Exkurs: Die Not von Eltern und Kindern

Ich bin viel auf Facebook unterwegs, auch in Gruppen zum Thema Erziehung und in schulkritischen Gruppen. Ungelogen – ich lese jede Woche mindestens einmal von Müttern und Vätern, die verzweifelt fragen, was sie machen können, denn ihr Kind wolle nicht mehr zur Schule gehen. Oft hat es keinen speziellen Grund – es wolle einfach nicht mehr. Manchmal werden die jungen Menschen gemobbt oder befinden sich in anderen schwierigen Situationen. Die Kinder sind verzweifelt, die Eltern suchen verzweifelt nach Lösungen. Aber es gibt keine. Der junge Mensch muss weiter zur Schule gehen, das Problem wird zwar mit den LehrerInnen besprochen, aber häufig genug gibt es einfach keine Besserung. Interventionen gegen Mobbing und Gewalt mögen punktuell Erfolge zeigen, aber insgesamt bringen sie wenig. Sie greifen ohnehin nicht an der Wurzel des Übels an, sondern stellen nur ein weiteres Lehrplanziel von Erwachsenen dar. Was bleibt dem Kind? Wie wird es die Tatsache empfinden, dass die Eltern ihm nicht helfen können, dass es der Situation weiterhin ausgeliefert ist?

Besonders schlimm ging es in einer Facebook-Gruppe zu, die ich aus purem Selbstschutz wieder verlassen musste. Es ging um Schulängste. Ich musste dort erkennen, wie massiv Eltern leiden, wenn es ihren Kindern in Schulen so schlecht geht, dass sie Symptome wie Bauchschmerzen und mehr entwickelten. Noch schlimmer für mich war aber die kritiklose Bereitschaft mancher Eltern, ihre Kinder den pädagogischen und psychologischen „Hilfen" auszusetzen. Wie gesagt, nichts gegen Hilfen, wo sie notwendig und vor allem von den Betroffenen auch gewünscht sind. Viele dieser Eltern hatten jedoch so sehr verinnerlicht, dass Schulen gut für ihre Kinder wären und sie nur dort lernen könnten, dass sie Klinikaufenthalte in Kauf nahmen, ja selbst die Zwangseinweisung ihrer Kinder in Erwägung zogen, und einfach keine Alternativen sehen konnten. Oder sie waren verzweifelt, weil sie diese „Hilfen" nicht annehmen wollten, aber keine Wahl hatten.

Meine großen Kinder haben mir als Teenager gesagt, dass es doch keinen Zweck gehabt hätte, uns Eltern zu erzählen, dass sie nicht zur Schule gehen wollten. Wir hätten ihnen ja mit all unseren Handlungen und Aussagen zu verstehen gegeben, dass es keine Alternative gab. Also haben sie die Dinge, die sie beschäftigten, vielleicht bedrückten, für sich behalten. Nur selten haben sie uns erzählt, was in der Schule vor sich ging, viel zu spät von Mobbing berichtet. Es hätte ja eh keinen Sinn gehabt. Wir waren immer offene Eltern, die auf Seiten ihrer Kinder standen. Trotzdem haben auch wir offenbar in den ersten Jahren des Schulbesuchs unserer Kinder vermittelt, dass Schule ein Naturgesetz ist. Das hat mich im Nachhinein sehr traurig gemacht. Und es zeigt, dass wir nicht glauben dürfen, dass es Zustimmung oder gar Zufriedenheit bedeutet, wenn unsere Kinder keinen offensichtlichen Widerstand gegen den Schulbesuch leisten. Vielleicht ist es oft nicht mehr als ein hilfloses Ertragen.

FreilernerInnen in Deutschland

„We don't need your education!"
Aus „Another Brick in the Wall" von Pink Floyd

In vielen Ländern ist es möglich, den Schulbesuch zu umgehen. Die jungen Menschen werden zu Hause unterrichtet, was als Homeschooling bezeichnet wird, oder sie sind Unschooler. Das heißt, sie bekommen keinen Unterricht, sondern bilden sich vollkommen selbstbestimmt. Es gibt auch in Deutschland eine Gruppe von jungen Menschen, die ganz bewusst nicht die Schule besuchen möchten. Sie nutzen für sich oft den Begriff FreilernerInnen. Die Bezeichnung ist nicht unumstritten, nicht alle schulfreien Menschen würden sich vermutlich so nennen. Sie hat sich aber seit geraumer Zeit eingebürgert. Gemeinsam ist den FreilernerInnen, dass sie nicht sporadisch oder spontan die Schule schwänzen, sondern diese bewusst überhaupt nicht besuchen wollen, und ihre Eltern sie darin, ebenfalls ganz bewusst, unterstützen. Sie haben oft klare Vorstellungen davon, dass und wie sie selbstbestimmt lernen können. Viele, vor allem sehr junge, FreilernerInnen lehnen jedoch nur den Schulbesuch an sich ab, ohne wirklich Vorstellungen darüber zu haben, was sie stattdessen tun möchten. Da der Mensch aber immer lernt und ihre Familien sie unterstützen, finden die meisten bald reichlich Beschäftigungsmöglichkeiten.

***

Exkurs: Außerschulisches Lernen

*Ich erinnere mich, wie vermutlich jeder Mensch, an besondere außerschulische Lernerlebnisse. Beispielsweise hatte ich in der Schule Französisch als Zweitsprache gewählt. Englisch oder Französisch – irgendwie war mir das damals egal. Ich hatte als DDR-Bürgerin sowieso nicht ernsthaft damit gerechnet, diese Sprachen jemals nützlich anwenden zu können. Als ich 13 war, trat allerdings Elvis in mein Leben. Ich liebte ihn heiß und innig und wollte natürlich auch wissen, wovon er sang. So begann ich, ausgerüstet mit Wörterbuch und englischer Grammatik, seine Songtexte zu übersetzen. Ich weiß noch, wie wütend ich war, weil ich anfangs einfach keine logischen Sätze herausbekam. Aus „I got stung" wurde „Ich Gott stinke"....
– Ich wusste, das konnte nicht stimmen, bekam es jedoch nicht heraus und war verzweifelt. Aber ich gab nicht auf, übersetzte weiter und begann, mir Briefe nach Graceland, seinem Wohnhaus und meinem damals unerreichbar scheinenden Mekka, auszudenken. Schließlich schrieb ich diese und warf sie – höchst konspirativ – in Polen in den Briefkasten, in der Hoffnung, dass sie über diesen Umweg sicher ankommen würden. Ob das geklappt hat, habe ich nie erfahren. Aber ich lernte innerhalb kürzester Zeit die englische Sprache. Und als ich später mein Abitur auf der Abendschule ablegte und dort Englisch statt Französisch wählte, stellte ich fest, dass ich die Sprache besser beherrschte als die meisten MitschülerInnen, die teilweise frisch aus der 10. Klasse kamen. Übrigens inklusive der Grammatik, die ich mir weder bewusst angeeignet noch irgendwie gelehrt bekommen hatte. Ich konnte sie einfach – durch hören, lesen und nachahmen. Ganz ohne Schule oder Englisch sprechende Menschen in meinem Umfeld.*

Etwas aus der Wissenschaft: In den 20er Jahren des letzten Jahrhunderts änderte der zuständige Schulsuperintendent L. P. Benezet für einen Teil der Kindern in den ärmsten Schulen seines Distrikts (Manchester, New Hampshire) die Lehrpläne. Diese Kinder bekamen keinen Unterricht in den Grundrechenarten bis zur 6. Klasse. Zu Beginn der 6. Klasse, bevor sie irgendeinen entsprechenden Unterricht erhalten hatten, führten sie Textaufgaben besser aus als die SchülerInnen, die die ganze Zeit über die Grundrechenarten geübt hatten, auch die aus den reicheren Schulen. Sie konnten weniger gut mit den üblichen Rechenaufgaben (Addition, Subtraktion, Multiplikation und Division) umgehen, holten dies jedoch im Laufe der 6. Klasse nach und waren dann immer noch besser in den Textaufgaben. Benezet schlussfolgerte, dass der frühe Unterricht in Mathematik nicht nur Zeitverschwendung sei, sondern eventuell sogar kontraproduktiv beim Erlernen von Rechnen. Er äußerte, der frühe Arithmetikunterricht würde die „Köpfe der Kinder chloroformieren", weil sie durch ihn den gesunden Menschenverstand in Bezug auf Zahlen verlieren würden.

Behandelt werden FreilernerInnen prinzipiell genauso wie alle anderen, die den Schulbesuch meiden. Viele Familien suchen daher nach ganz individuellen Wegen, der Schulpflicht zu entkommen, zum Beispiel indem sie ins Ausland gehen. Andere scheuen gerichtliche Auseinandersetzungen in Deutschland nicht und arbeiten daran, unser Bildungswesen aktiv zu verändern.

Diese Gruppe wird gern übersehen und übergangen oder es wird – noch schlimmer – behauptet, dass sie aus extremistischen, meist religiösen, Gründen handeln. So einfach ist das jedoch nicht. Extremistisch im Sinne von „nicht der Norm entsprechend" mögen deren Meinungen oft sein. Bei genauerer Betrachtung wünschen sich jedoch die meisten dieser jungen Menschen nur eine Kindheit und

Jugend, in der sie sich selbst um ihre Bildung kümmern können, und ihre Eltern wollen ihnen dies ermöglichen. Häufig sind es sehr engagierte Eltern, immer auf der Suche nach Angeboten für ihre Kinder und nach Möglichkeiten, deren Neugier und Wissbegierde zu befriedigen. Dabei geht es in der Regel ganz und gar nicht darum, die jungen Menschen zu indoktrinieren, denn sie haben die Freiheit, nach ihren Interessen zu leben und dabei zu lernen.

Es gibt auch Eltern, die ihre Kinder zu Hause unterrichten wollen, wo die Initiative also von diesen ausgeht. Dies entspricht dann dem Homeschooling und ich würde das nicht als Freilernen bezeichnen. Jedoch muss auch das nicht von vornherein negativ sein. Wichtig ist in meinen Augen, dass es in den Familien nicht zu Gewalt kommt. Ist die Beziehung von Eltern und Kindern liebe- und vertrauensvoll, passiert es nicht selten, dass der Unterricht gegenüber den frei gewählten Bildungsthemen immer mehr in den Hintergrund tritt.

Auf Familien, die ihren Kindern einen bestimmten Unterricht aufzwingen, der stark von Dogmen, religiösen oder politischen, geprägt ist, könnte im Rahmen des staatlichen Wächteramtes Einfluss genommen werden, indem zum Beispiel die Lernthemen der Kinder auf ihre Verfassungsmäßigkeit hin geprüft werden. Mir ist bewusst, dass dies nicht leicht sein würde. Auch stellt sich die Frage, wie bei Verstößen vorgegangen werden sollte. Jedoch bringt ja die derzeitige Lösung, alle Menschen in Schulen zu zwingen, auch nicht wirklich Erfolge bei der Verhinderung von starren antidemokratischen oder menschenfeindlichen Weltbildern, wie gerade heutzutage gut zu beobachten ist.

Leider können FreilernerInnen selten auf Institutionen zurückgreifen. Wäre es möglich, dass sie zum Beispiel an

Schulen Kurse nach Interesse besuchen, würden viele das tun. Diese Schulen müssten jedoch Orte sein, an denen Menschen ihren Wissensdurst befriedigen können, nicht Orte, an denen sie angepasst und selektiert werden sollen.

Einige schulfrei aufgewachsene Menschen in Deutschland sind mittlerweile erwachsen. Es gibt bei denen, die ich kenne, keine Anzeichen dafür, dass sie sich in irgendeiner Form negativ entwickelt hätten. Manche haben Abschlüsse, manche nicht. Letztere haben trotzdem Beschäftigungen für sich gefunden. Und – sie sind in unsere Gesellschaft integriert. Dieses Ergebnis zeigt sich auch in Ländern, in denen außerschulisches Lernen leichter möglich ist als in Deutschland.

Der Vorwurf, Freilernen wäre nur etwas für Eliten, wie er auch gegenüber Alternativschulen gebraucht wird, stimmt in meinen Augen auch hier nicht. Oft wird dabei daran gedacht, dass die Eltern selbst unterrichten, also eine gewisse Bildung besitzen müssten. Dies ist jedoch, wie gesagt, mit dem Begriff Freilernen nicht gemeint. Die Eltern müssen die Bildungsbestrebungen ihrer Kinder lediglich unterstützen. Das kann darin bestehen, ihnen Dinge zu erklären, über die sie selbst gut Bescheid wissen. Das wird aber viel öfter darin bestehen, ihnen zu helfen, die ihren Interessen entsprechenden Angebote zu finden.

Die Finanzierung verschiedener Aktivitäten spielt eine Rolle. Jedoch ist es durchaus möglich, andere Einigungen zu finden als finanzielle. André Stern, der schulfrei aufgewachsen ist, berichtet zum Beispiel davon, dass er Gitarren bauen, aber nicht in die entsprechende Lehre gehen, wollte. Er suchte so lange einen Gitarrenbauer, der ihm einfach nur zeigen würde, wie es geht, bis er diesen fand.

Auf jeden Fall sind viele deutsche Freilernfamilien nicht gerade wohlhabend. Sie stellen ihr Leben ja darauf ein, Zeit für ihre Kinder zu haben – auch, wenn sie diesen keinen Unterricht geben. Sie folgen oft recht alternativen Lebensentwürfen, arbeiten nur stundenweise oder sind selbständig. Aber sie stehen trotzdem inmitten der Gesellschaft und schotten sich nicht ab.

Ich will nicht behaupten, dass alle Menschen als FreilernerInnen glücklich wären. Es wird immer auch unglückliche Biografien geben, weil noch andere Faktoren eine Rolle spielen. Dies ist aber auch nicht anders, wenn Menschen Schulen besuchen, beziehungsweise stellt der Schulbesuch selbst oft die Ursache für schwierige Lebensverläufe dar.

Zunehmend organisieren sich die FreilernerInnen. Es gibt verschiedene Vereine und Menschen, die sich gesellschaftlich und politisch engagieren, es finden Treffen und Festivals statt und es gibt juristische Beratung und anwaltliche Begleitung. Widerstand ist spürbar – und er wächst.

***

Exkurs:

Verschiedene Vereine, Initiativen und Einzelpersonen beschäftigen sich mit dem Thema Selbstbestimmte Bildung in Deutschland. Die folgende Liste erhebt keinen Anspruch auf Vollständigkeit. Ungenannte Initiativen und Menschen fühlen sich bitte nicht ausgeschlossen. Über Ergänzungen freue ich mich.

AkteurInnen

ABINOM und Methodos
Jugendliche haben diese Gruppen gegründet, um gemeinsam ihr Abitur selbstständig und eigenverantwortlich zu erreichen.
www.abinom.de
www.methodos-ev.org

Bundesverband für Bildungsfreiheit e.V.
Die Mitglieder des Vereins engagieren sich für die Umwandlung des staatlichen Schulzwangs in eine echte Bildungsfreiheit, die es Kindern und Eltern ermöglicht, ihren eigenen Bildungsweg in freier Selbstbestimmung zu wählen.
www.bundesverband-bildungsfreiheit.de

Bundesverband Natürlich Lernen! e.V. – BVNL
Die Mitglieder des BVNL engagieren sich für ein freies, selbstbestimmtes und von Institutionen unabhängiges Lernen von Kindern und Jugendlichen und eine entsprechende Umgestaltung unseres Bildungswesens.
www.bvnl.de

EuLe – European Learning
EuLe ist ein Netzwerk von Gruppen, die sich für freies Lernen einsetzen und dafür, dass Eltern ihre Kinder auf ihrem individuellen Lern- und Lebensweg unterstützen können.
www.eu-le.eu

Facebook-Gruppe – Freilernen in Deutschland
Stellvertretend für sehr viele Facebook-Seiten und -Gruppen sei diese erwähnt. Sie will Raum geben für Vernetzung und Diskussion, wobei es von Vorteil ist, dass viele ExpertInnen zum Thema Mitglied sind. Sie wird zudem gut moderiert.
www.facebook.com/groups/FreilerneninDeutschland/

Frei sich bilden – Bertrand Stern
Bertrand Stern ist freischaffender Philosoph, der sich seit über 50 Jahren unter anderem schul- und pädagogikkritisch, und – damit zusammenhängend – auch über Kinderrechte äußert. Im Mittelpunkt stehen Ansätze einer (Selbst)Befreiung des Menschen von zivilisatorischen Ideologien und Institutionen.
www.frei-sich-bilden.de
www.bertrandstern.de
www.bertrandstern-stiftung.de

Stellvertretend für viele Initiativen zum Selbstbestimmten Studieren seien folgende genannt:

Freies UniEXperiment
Die InitiatorInnen entwickeln, erforschen und praktizieren neue Formen des selbstbestimmten Miteinander- und Voneinander-Lernens in Gemeinschaft: Selbstbestimmt lernen und studieren als Basis für die berufliche Tätigkeit UND als persönlicher, individueller Wachstums- und Entwicklungsweg!
https://uniexperiment.wordpress.com

Selbstbestimmt studieren – Ein Bildungsexperiment
Junge Menschen möchten neue Formen selbstbestimmten Studierens realisieren, sodass sie in Selbstverantwortung und im Kontext einer Gemeinschaft von Mitstudierenden, Lehrenden und PartnerInnen ihren Bildungsweg selbst gestalten können. Ihr Anliegen ist es, dass Studierende sich nicht verbiegen müssen, um in ein Bildungsraster zu passen. Zugleich ist es ihnen wichtig, diesen Bildungsweg im gesellschaftlichen Zusammenhang zu verankern.
www.selbstbestimmt-studieren.org

ReiseUni
Die Idee der ReiseUni ist, Bildung selbstbestimmt, eigenverantwortlich und mobil zu gestalten und dabei sowohl Studienrichtung als auch

dazugehörige Lerninhalte, Lernorte und Dozenten frei zu wählen. Dabei designt jeder Studierende seinen eigenen Studiengang aus intrinsisch motivierten Themen. Oder er schließt sich einem bereits bestehenden Studiengang an, interpretiert ihn auf eigene Art und Weise und macht ihn so zu seinem.
www.reiseuni.wordpress.com

Die Freilerner – Zeitschrift für selbstbestimmtes Leben und Lernen
Die Freilernerzeitschrift dient dem Austausch und der Vernetzung von Menschen, Gruppen und Initiativen, die sich für selbstbestimmtes Leben und Lernen einsetzen. www.freilerner.de
Der Freilerner-Kompass
Hier sollen Interessierte einen Überblick über die Freilernlandschaft erhalten, um sich besser orientieren und die richtigen Informationen finden zu können.
www.freilerner-kompass.de

Freilerner-Solidargemeinschaft e. V.
Ein Verein, dessen Mitglieder sich für die Achtung und Stärkung der Grundrechte und Selbstbestimmungsrechte junger Menschen sowie die Akzeptanz und Anerkennung informeller Bildungsformen und selbstbestimmter, selbstorganisierter Bildung einsetzen. Sie unterstützen und begleiten junge Menschen, die sich für einen Bildungsweg ohne Schulbesuch entschieden haben, sowie deren Familien. Dies geschieht durch juristische Informationen, Unterstützung bei Behördengesprächen, finanzielle Unterstützung bei Anwalts- und Verfahrenskosten. Außerdem leisten sie Aufklärungsarbeit in Form von Vorträgen, Kolloquien, Seminaren und Workshops.
www.freilerner-solidargemeinschaft.de

Gewalt? Ohne mich!
Ein Aufruf zum Bekenntnis gegen jedwede Gewalt gegen junge Menschen, gestartet durch Franziska Klinkigt. Gleichgesinnte können sich virtuell – über eine Fotogalerie – einreihen.
www.gewaltohnemich.de

Initiative für Selbstbestimmte Bildung
Die AkteurInnen dieser Initiative setzen sich mit verschiedenen Aktionen für das Recht jedes Menschen ein, sich selbstbestimmt zu bilden – auch ohne den Besuch einer Schule.
www.infsb.de

Kern-Bildung – Selbstbestimmtes und selbstorganisiertes Lernen mit Begleitung
Bildungsberatung und -betreuung für junge Menschen, die sich ohne Schulbesuch bilden, individuell zugeschnitten auf die persönliche Situation. Schwerpunkte sind Schulverweigerung, Bildungswege, Berufswahl, Betreuung in Primarstufe und Sekundarstufe I und Betreuung bei der Vorbereitung auf Nichtschülerprüfungen für alle Schulabschlüsse.
www.kern-bildung.de

Die Lernwerkstatt in Berlin
Die InitiatorInnen der Lernwerkstatt unterstützen unter anderem bei der individuellen Vorbereitung auf Abschlüsse, Bildungsreisen oder allgemein beim Finden des eigenen Bildungsweges.
www.die-lernwerkstatt.org

Schule ist kein Naturgesetz
Das ist meine Infoseite zu dieser Streitschrift und zu unserer Familie.
www.schule-ist-kein-naturgesetz.de

Die Schulfrei-Community
Eine Vernetzungsplattform von FreilernerInnen für FreilernerInnen. Die Seite bietet eine Termineliste von FreilernerInnenveranstaltungen in ganz Europa, ein Archiv mit Büchern, Artikeln, Radio- und Fernsehbeiträgen zum Thema Bildungsfreiheit, für registrierte Mitglieder eine FreilernerInnenlandkarte und ein Forum zum Austausch. Mitglieder können sich im geschützten Raum untereinander kontaktieren.
www.schulfrei-community.de

Septré
Septré ist eine Gruppe von jungen Menschen, die zum Teil lange Zeit nicht zur Schule gegangen sind. Sie möchten, dass es jedem Menschen möglich ist, seinen eigenen Bildungsweg frei zu wählen. Sie organisieren das Schulfrei-Festival.
www.septembertreffen.de

TENHE
Ein europäisches Netzwerk von AkteurInnen, die sich für häusliche Bildung einsetzen.
www.tenhe.eu

Filme

Alphabet
Eine schul- und gesellschaftskritische Dokumentation von Erwin Wagenhöfer (2013).
www.alphabet-film.com

Being and Becoming
Eine Dokumentation über das Selbstbestimmte Lernen von Clara Bellar (2014).
www.etreetdevenir.com

CaRabA
Auf Initiative von Bertrand Stern entstandener Spielfilm, der erstmals ein Leben jenseits der Beschulung vorstellt (2019).
www.caraba.de

Schooling the world
Eine Dokumentation, die die negativen Seiten des Exports unseres Schulsystems in alle Welt aufzeigt (2010).
www.schoolingtheworld.org

Schulfrei
Eine Dokumentation, die drei deutsche Familien porträtiert, die sich für ein freies, selbstbestimmtes Lernen zu Hause entschieden haben (2010). Zu beziehen über www.tologo.de.

Aktionen

95 Thesen gegen Schule
Am 25. Oktober 2017 schlug Rene Böttcher seine 95 Thesen gegen Schule symbolisch in Wittenberg an einer Schule an und setzt sich auch darüber hinaus für freie Bildung ein.
www.95-thesen-gegen-schule.de

Bildungsgang der Demokratischen Stimme der Jugend
2017 wurde der Verein Demokratische Stimme der Jugend gegründet. Mit der Aktion Bildungsgang, die ihren vorläufigen Höhepunkt in einer Demonstration in Stuttgart fand, setzen sie sich für ein anderes Bildungswesen ein, in dem die jungen Menschen selbst das Sagen haben.

www.demokratische-stimme-der-jugend.de
Erklärung zum Recht auf Selbstbestimmung in der Bildung
Die InitiatorInnen dieser Erklärung wollen ein plurales, demokratisches und wirklich inklusives Bildungssystem, das die Grundrechte junger Menschen respektiert. Sie fordern die Anerkennung des Rechts auf Selbstbestimmung in der Bildung und die Legalisierung von Bildungswegen ohne Schulbesuch in Deutschland. Die Erklärung kann von Gleichgesinnten unterschrieben werden.
https://erklaerung-selbstbestimmte-bildung.de

Schulfrei-Festival/Festival für Bildungsvielfalt
Dieses Festival findet seit 2013 im September in Brandenburg – früher in Klein Leppin, heute in Damelack – statt. Es dient der Darstellung verschiedenster Bildungswege, der eigenen Weiterbildung zum Thema, der Vernetzung und dem gemeinsamen Feiern. Das Programm besteht aus Musik, Performance, Workshops und Vorträgen. Organisiert wird das Festival von der Jugendgruppe Septré.
www.schulfrei-festival.de

Drapetomanie

„Es ist nichts weniger, als eine demagogische Floskel, wenn ich von der 'Sklaverei' der Kinder spreche. Die Kinder, bis zum Alter der Mündigkeit, haben tatsächlich in der europäisch-amerikanischen Kultur rechtlich und sachlich genau die Stellung, wie die Sklaven in der antiken Kultur. Wir sehen nur den 'Sklaven' immer mit den sentimentalen Augen der Beecher-Stove an, das Kind immer mit den stumpfen, verständnislosen Augen des Erwachsenen und sehen daher nicht die Gleichheit der Situation."

Walther Borgius

Ich habe bereits davon berichtet, wie Menschen pathologisiert werden, wenn sie sich nicht gehorsam dem Schulzwang fügen. Diese Methode ist nicht neu. Mitte des 19. Jahrhunderts etablierte sich eine neue Krankheit in den USA: Drapetomanie. Sie betraf den Wunsch von Sklaven, der Gefangenschaft zu entfliehen. Ihnen wurde unterstellt, dass diese Form des Widerstandes das Symptom einer Geisteskrankheit sei. So wurde die Idee, dass Sklavenwirtschaft eine ganz natürliche Sache sei, der sich nur einige psychisch kranke Menschen widersetzten, aufrechterhalten. Widerstand wurde einfach als abnormes Verhalten definiert. Dem Freiheitswunsch der betroffenen Menschen konnte auf diese Art die Legitimität entzogen werden. Die „Therapie" bestand zumeist in Züchtigung. Heute wird Drapetomanie als Beispiel für rassistisch motivierte Pseudowissenschaft betrachtet.

Ich denke, die erschreckende Ähnlichkeit zur heutigen Behandlung von schulverweigernden Kindern und Eltern ist offensichtlich. In Bezug auf den Schulzwang heißen die Diagnosen heute Schulangst, Schulphobie, auffälliges

Verhalten oder zu starke Bindung an die Eltern – ja, auch das wird tatsächlich diagnostiziert und als abnorm dargestellt. Dabei wird damit nur Verhalten beschrieben, das nicht schulkonform ist. Nicht mehr und nicht weniger. Pathologisch muss es deswegen noch lange nicht sein. Und dass zum Beispiel Ängste direkt aus den schulischen Gegebenheiten resultieren, Schule also Angst macht, das interessiert dabei nicht. Das Problem wird bei den Betroffenen gesucht, die sich partout nicht an die – als vollkommen natürlich angesehene – Schule anpassen wollen. Sie müssen krank und ihr Widerstreben gegen den Zwang kann nicht natürlich sein.

Heute wird zwar nicht mehr gezüchtigt – jedenfalls nicht in Form von Auspeitschen, wie damals üblich –, aber die betroffenen Menschen haben kaum eine Möglichkeit, sich gegen die Pathologisierung ihres Verhaltens zu wehren und sind häufig genug genötigt „Therapien", inklusive mehrmonatiger Klinikaufenthalte, anzunehmen. Das könnte durchaus als Züchtigung verstanden werden. Zumal es ja auch dem Ziel der Herstellung von Gehorsam dient. Die jungen Menschen müssen wieder brav zur Schule gehen. Andere Lösungen sind nicht möglich.

Ich könnte mir vorstellen – beziehungsweise hoffe ich dies inständig –, dass dieser Umgang mit widerständigen Familien im Lexikon bald nur noch als „vom staatlichen Wunsch nach Verfügungsgewalt über seine BürgerInnen motivierte Pseudowissenschaft" zu finden ist.

***

Exkurs: Drapetomanie heute

Irgendwann hatten sich unsere Kinder entschieden, keine Schule mehr besuchen zu wollen. Unter anderem beantragten wir daraufhin die Befreiung von der Schulpflicht. Im ablehnenden Bescheid des Schulamtes wurden wir aufgefordert, unsere Kinder mit geeigneten Mitteln auf den Schulbesuch einzustimmen. Eventuell auftretende Anpassungsschwierigkeiten seien doch nicht schlimm. Da wir schon mitgeteilt hatten, dass unsere Kinder, wenn überhaupt, nur mit psychischer und/oder physischer Gewalt zur Schule zu bewegen seien, die wir aber keinesfalls anzuwenden bereit seien, empfinde ich diesen Bescheid geradezu als Aufforderung zur Gewalt. Am Ende des Schreibens fand sich der bezeichnende Satz: „Sollten Sie sich als Eltern hierdurch überfordert sehen, empfehle ich ihnen, sich einer psychologischen Begleitung dieses Prozesses zu bedienen. In diesem Zusammenhang könnte auch eine schulpsychologische Beratung hilfreich sein." Da haben wir es wieder: Ein souveränes Nein – das Nein unserer Kinder zum Schulbesuch und unser Nein zu Gewalt – ist nicht legitim. Wir Eltern müssen wohl psychisch labil sein und benötigen psychologische Hilfe. Die netten BürokratInnen meinen es doch nur gut. Diagnose: Drapetomanie.

Die Tochter einer Bekannten weigerte sich hartnäckig, weiterhin eine Schule zu besuchen. Die Eltern besuchten mit ihr unter anderem auch einen Psychologen, der sinngemäß zu dieser sagte: Kinder wie Du, die sagen, sie gehen nicht in die Schule, landen stationär im Krankenhaus. Ohne weitere Worte!

Literatur:
Das Eingangszitat zum Kapitel „Drapetomanie" stammt aus Walther Borgius' Buch „Die Schule – Ein Frevel an der Jugend", im Original aus dem Jahre 1930, als Neuauflage 2009 bei tologo erschienen.
Bei dem Beispiel für die Kriminalisierung von SchulverweigerInnen handelt es sich um die durch den Rat für Kriminalitätsverhütung in Schleswig-Holstein 2009 in Kiel herausgegebene Veröffentlichung „Schulabsentismus. Konzept zur Kriminalitätsverhütung".
Das Eingangszitat stammt aus dem Aufsatz „Die Schulpflicht und der Bildungs- und Erziehungsauftrag des Staates" von Dr. Johannes Rux, zu finden in RdJB – Recht der Jugend und des Bildungswesens, 2002, S. 423 – 434.
Nähere Informationen über Andrè Stern sind unter anderem in seinem Buch „„... und ich war nie in der Schule", erschienen bei Herder 2013, zu finden.
Über den Versuch von L. P. Benezet kann unter
https://www.psychologytoday.com/blog/freedom-learn/201709/another-example-less-teaching-leading-more-learning, abgerufen am 16. April 2020, nachgelesen werden.
Es widerstrebt mir, Literatur anzugeben, die Pathologisierung und Kriminalisierung von jungen Menschen betreibt. Die Bibliotheken sind jedoch voll davon. Ihr werdet beispielsweise unter den Stichworten „Schulverweigerung" oder „Schulabsentismus" erschöpfend fündig.

Über die Zustimmung der Mehrheit

"Aber wie bringt man Menschen dazu, an erfundene Ordnungen [...] zu glauben? Die oberste Regel ist: Sie dürfen nie zugeben, dass diese Ordnung nur ein Fantasieprodukt ist. Sie müssen immer darauf bestehen, dass die Ordnung, auf die sich die Gesellschaft stützt, eine objektive Wirklichkeit ist, die von Göttern geschaffen wurde oder den Gesetzen der Natur entspricht."

Yuval Noah Harari

***

Exkurs: In den sozialen Netzwerken kursiert eine kleine Geschichte:

Eine Gruppe von Wissenschaftlern schloss fünf Affen in einen Käfig. In der Mitte war eine Leiter mit Bananen am oberen Ende. Jedes Mal, wenn ein Affe die Leiter hinauf kletterte, wurden die restlichen Affen mit kaltem Wasser bespritzt. Nach einiger Zeit schlugen die anderen Affen jedes Gruppenmitglied, das versuchte die Leiter hochzuklettern, bald auch ohne dass die unangenehme Dusche erfolgte. Von nun an versuchte keiner der Affen mehr hochzuklettern. Die Wissenschaftler beschlossen, einen der Affen auszutauschen. Das erste, was der neue Affe versuchte, war die Leiter hochzuklettern. Die anderen Affen schlugen ihn direkt, und nach einigen Schlägen lernte der neue Affe, dass er die Leiter nicht hoch klettern durfte, obwohl er nicht wusste warum. Ein weiterer Affe wurde ausgewechselt und dasselbe Szenario passierte. Der erste ausgewechselte Affe beteiligte sich an dem Schlagen des zweiten Affen. Nun wurde ein dritter Affe ausgetauscht und alles wiederholte sich. Dann wurde der vierte Affe ausgetauscht und zum Schluss der fünfte. Was übrig blieb, war eine Gruppe von fünf Affen, die, obwohl sie nie eine kalte Dusche bekommen hatten, jeden schlugen, der es wagte die Leiter hinaufzuklettern.

Ob es wahr ist, dass WissenschaftlerInnen jemals eine solche Studie durchgeführt haben, ist irrelevant. Die Geschichte beschreibt ausgezeichnet, was in Sachen Schule mit uns passiert ist. Wir wurden darauf konditioniert, zu glauben, dass Schulen nur zu unserem Besten existieren und dass es uns schaden würde, wenn wir sie nicht besuchen. Und wir glauben so fest daran, dass wir selbst unsere nachkommenden Generationen immer wieder neu konditionieren, ohne wirklich zu wissen warum. Sprich: Ohne jegliche Beweise dafür, dass Schulen Bildung ermöglichen. In vorauseilendem Gehorsam versuchen wir gar nicht mehr, auszubrechen und andere Lösungen zu finden, denn wir haben es doch immer so gemacht. Ich unterstelle niemandem eine wirklich böse Absicht. Ab einem bestimmten Punkt, als niemand mehr wusste, wie es eigentlich ohne Schulen gewesen ist, war es ein Selbstläufer geworden.

Als ich einmal mit einem Juristen über die Schulpflicht sprach, konterte er meine Argumente mit dem Satz, diese sei nun einmal demokratisch eingeführt worden. Das stimmt sicherlich, aber, wie ich schon bemerkte, muss sie trotzdem weiter diskutierbar bleiben. 1948/49, als unser Grundgesetz geschaffen wurde, war diese zudem schon lange mehr oder weniger Normalität und wurde leider nicht noch einmal neu betrachtet. Ganz im Gegenteil: Ihre alte Funktion, die Erziehung von UntertanInnen, wurde beibehalten. Die meisten an der Schaffung des Grundgesetzes beteiligten Menschen waren sich darin einig, dass Schulen zur Schaffung von StaatsbürgerInnen notwendig seien. Sicher wollten sie nicht bewusst UntertanInnen schaffen, sondern mündige BürgerInnen. Aber sie erkannten offenbar nicht, dass Schulen infolge ihrer Strukturen, inklusive der Schulpflicht, eben hauptsächlich nur UntertanInnen hervorbringen können.

Vor einiger Zeit sprach ich mit einem linken Politiker und fragte ihn, wie Schulen mit den Menschenrechten vereinbar wären. Er antwortete mit den üblichen Argumenten. Beispielsweise: Bildung sei wichtig, wobei er Bildung ganz unkritisch mit Schulen gleichsetzte. Als ich nicht locker ließ, äußerte er letztlich sinngemäß: Ja, es wisse ja jeder, dass Schule Scheiße sei, aber.... Leider sprach er nicht weiter. Das Gespräch, ohnehin zugegebenermaßen in einer ungünstigen Situation geführt, war beendet.

Heute hat es den Anschein, dass Schulen mindestens sehr akzeptiert und oft auch als positiv angesehen werden. Aber stimmt das? Die Tatsache, dass die Schulpflicht in Deutschland mittlerweile mehrere hundert Jahre alt ist, wird das ihrige dazu beitragen, dass kaum jemand sich Alternativen vorstellen kann. Wir haben alle Schulen besucht und sind deren Strukturen ausgeliefert gewesen, die uns formten. Dass etwas schon lange existiert, heißt aber nicht automatisch, dass es allseits akzeptiert ist. Es gibt durchaus einige Indizien, die dagegen sprechen.

Der Schulbesuch ist ein staatlicher, zudem derzeit juristisch untermauerter, Zwang. Die meisten Menschen wollen nicht gegen Gesetze verstoßen und fordern deren Einhaltung auch von anderen. „Es ist Gesetz!" ist daher auch eine häufige Aussage. Aber wie anerkannt ist eine Sache wirklich, zu deren Verteidigung ein juristischer Zwang bemüht werden muss? Würde es nicht eigenartig klingen, wenn wir sagten, einen Mord zu verüben, ist gesetzlich verboten und nur deshalb tun wir es nicht? Nein, wir wissen, dass Morden, Rauben und andere Verbrechen gesellschaftlich nicht akzeptabel sind. Wäre es nicht eher ein Zeichen von gesellschaftlicher

Akzeptanz, wenn wir auch Schulen außerhalb von Gesetzen begründen könnten, beispielsweise damit, dass es Orte sind, die wir gern besuchen?

Kürzlich belauschte ich zwei ErstklässlerInnen. Sie saßen bei mir am Tisch und spielten. Plötzlich freute sich das Mädchen: „Ja! Morgen ist keine Schule!" Es war Freitag. Der Junge stimmte ein. Beide fragten sich dann, warum sie überhaupt zur Schule gehen müssten. Das Mädchen hatte eine Antwort: „Sonst kommt die Polizei." Bei diesen beiden war der Zwang bereits ganz klar in den Köpfen verankert.

Nicht wenige Menschen, ich kenne einige, haben Probleme mit dem Schulbesuch, fürchten aber verständlicherweise die ja nicht geringfügigen Konsequenzen, wenn sie sich verweigern. Außerdem fällt es ihnen schwer, sich vorzustellen, wie Selbstbestimmte Bildung funktionieren soll. Aber schon die Tatsache, dass sie überhaupt über Alternativen nachdenken, ist ein Zeichen für ihre Unzufriedenheit mit dem bestehenden System.

Unter Einbeziehung aller jungen Menschen, die der Schule fern bleiben, egal ob sie sich FreilernerInnen nennen oder eher einem unspezifischen, Schule ablehnenden, Gefühl folgen, sowie unter Beachtung jeder möglichen Form von Schulabwesenheit, auch dem kurzfristigen Fernbleiben oder dem Abschalten während des Unterrichts, kann festgestellt werden, dass der so genannte Schulabsentismus in Größenordnungen auftritt, die ihn zu einer normalen Erscheinung machen, nicht zur Ausnahme. Menschen entziehen sich also recht häufig, was in meinen Augen eine Ablehnung der bestehenden Schulsituation zum Ausdruck bringt.

Das Hauptargument pro Schule ist für die meisten Menschen, mit denen ich ins Gespräch komme, das

Erreichen von Zertifikaten. Das würde ich aber nur als bedingte Zustimmung betrachten, denn dahinter steht ja vor allem die Angst, dass die Kinder ohne Schule, also ohne Zertifikate, keine Chance auf eine wie auch immer geartete Karriere bekommen. Meist haben diese Menschen trotzdem Etliches an Schulen zu kritisieren und sind somit nicht wirklich zufrieden.

Demgegenüber gibt es gesellschaftliche Kräfte, die aus ganz egoistischen Gründen an Schulen festhalten könnten. Zum Beispiel sollte der Selbsterhaltungstrieb, der von pädagogischen Institutionen ausgeht, nicht unterschätzt werden. Die Studienrichtung Pädagogik oder auch Bildungswissenschaft/Erziehungswissenschaft nimmt einen vorderen Platz innerhalb unserer akademischen Ausbildung ein. Es gibt allein knapp 800.000 LehrerInnen und zusätzlich einen gewaltigen bürokratischen Überbau. Das ist ein riesengroßer Apparat, der sich seine Existenzberechtigung nicht so leicht absprechen lassen wird. Viele seiner Mitglieder werden – wie bewusst, sei dahingestellt – für dessen Erhaltung arbeiten und sich seinen grundlegenden Problemen verschließen.

Auch das Geschäft mit Waren und Dienstleistungen rund um den Schulbesuch ist nicht zu unterschätzen. Von Schreib- und Schulmaterialien über Schultaschen und Schulbücher bis hin zum Riesengeschäft mit der Nachhilfe und dem noch größeren mit den Familienreisen in den Ferien oder dem Bau von Schulgebäuden und Schulmöbeln existiert ein Markt, dessen Nutznießer das jetzige System nicht gern in Frage stellen werden.

***

Exkurs: Mehr Schein als Sein?

"Sie hatten nie eine Kamera in meinem Kopf!"
Aus dem Film „Die Truman-Show"

Der Literaturwissenschaftler Jürgen Link hat eine Normalismustheorie aufgestellt, auf die ich hier insgesamt nicht weiter eingehen möchte. Nur einen Aspekt will ich herausheben. Er beschreibt, dass es zu einer „Fassade" kommen kann, wenn Menschen sich aufgrund äußerer Zwänge nicht nach ihren Wünschen und Bedürfnissen verhalten können. Sie werden dann nach außen angepasst agieren, nach innen aber doch versuchen, nach ihren Ideen zu leben.

Diese Fassade findet sich meines Erachtens in puncto Schule par exellence. Sie zeigt sich, wenn Eltern ihren Kindern freie Zeiten durch „Kranksein" ermöglichen; wenn sie deren Hausaufgaben erledigen; ihnen durch Worte und Taten zu verstehen geben, dass Schule nun mal sein muss, aber deren Normen zu Hause nicht für richtig gehalten werden; wenn sie die Schulverweigerung ihrer Kinder bewusst tolerieren und decken; indem sie die schulische Bewertung ihrer Kinder relativieren und ihnen Mut machen, sich nicht daran zu orientieren; wenn sie zu Hause über Schule und LehrerInnen ablehnend sprechen und vieles andere mehr. Ganz abgesehen von nicht wenigen Eltern und jungen Menschen, die Schule zwar als Weg zur Erlangung von karrierewichtigen Zertifikaten akzeptieren und nutzen, jedoch nicht als den Lern- und Erziehungsort, der der Pädagogik vorschwebt. Diese Eltern klagen zum Beispiel Noten oder den Übergang in die „richtige" weiterführende Schule gerichtlich ein oder versuchen, über Gremien oder gute Beziehungen zu LehrerInnen die Chancen ihrer Kinder zu erhöhen.

Es wird dabei versucht, den größtmöglichen Nutzen aus Schulen zu ziehen. Hinter der Fassade muss jedoch nicht die Schule an sich mit ihren Normen und Praktiken die wichtige Rolle spielen, kann sogar ganz abgelehnt werden.

Auch der Heimliche Lehrplan gehört hierher, denn die jungen Menschen lernen offensichtlich ganz andere als die von Schulen pädagogisch intendierten Dinge. Wenn junge Menschen danach fragen, ob eine Tätigkeit im Unterricht benotet wird, und ihre Aussagen – unabhängig von ihrer tatsächlichen Meinung – den Erfordernissen einer guten Bewertung anpassen, ist das ebenfalls Fassade, wie auch das innere Abschalten während des Unterrichts. Das sind Verhaltensweisen, die wohl jede(r) LehrerIn kennt. Es gehört auch zur Fassade, dass Schulen von den jungen Menschen vornehmlich als Orte des Treffens mit FreundInnen gesehen werden und Unterricht für sie eine geringe Rolle spielt. Vieles andere wäre zu nennen.

Dies alles findet statt hinter einer Fassade von Schule als anerkanntem Bildungsort, dessen uneingeschränkter Zugriff auf die jungen Menschen allgemein zustimmend akzeptiert wird. Es mag sein, dass dies auf einige Menschen auch zutrifft. Nach vielen Jahren der immer perfekteren Normierung der Mitglieder unserer Gesellschaft ist Gewöhnung eingetreten, in deren Folge viele Menschen gar nicht mehr auf die Idee kommen, trotz negativer Erfahrungen die Institution Schule zu hinterfragen. Akzeptanz muss aber nicht Zustimmung bedeuten. Sie kann auch ein Zeichen für Desinteresse, Ohnmacht oder Resignation sein.

Link betrachtet in seinen Ausführungen beispielhaft den in den 50er Jahren veröffentlichten Kinsey-Report über sexuelle Praktiken. Hinter der Fassade fand überraschenderweise ein ganz anderer Sex statt als normativ propagiert. Was würde wohl ein ehrlicher Kinsey-Report in

Bezug auf die Schulfassade ans Licht bringen? Und was sagt das über uns aus? Wir nehmen es lieber hin, dass die meisten so tun als ob, anstatt etwas Grundlegendes zu ändern?

Literatur:
Das Eingangszitat stammt aus „Eine kurze Geschichte der Menschheit" von Yuval Noah Harari, erschienen 2015 bis Pantheon.
Über Jürgen Links Normalismustheorie kann vertiefend in seinem Buch „Versuch über den Normalismus", erschienen 1999 bei Vandenhoeck, gelesen werden.

Gehorsam als die Wurzel allen Übels

„Schule MACHT gehorsam. Gehorsam MACHT(e) Auschwitz."

Aber unabhängig davon, wie viel Zustimmung vorhanden ist, könnte die betroffen ganz oder teilweise aufgrund der folgenden Ausführungen ebenfalls fraglich sein.

Der bereits erwähnte Arno Gruen beschäftigte sich mit den Ursachen und Folgen von Gehorsam, wovon ja auch hier bereits oft die Rede war. Nach ihm ist Gehorsam immer Unterwerfung unter den Willen eines anderen, weil dieser Macht über einen hat. Ihr Ursprung liege in der Gewalt, der viele Menschen bereits seit frühester Kindheit durch autoritäre Erziehung ausgesetzt sind. Erziehung sei ein Machtkampf gegen den angeblich unreifen Willen des Kindes. Dieses solle gebrochen und unterworfen, seine Wünsche und Gefühle zum Schweigen gebracht werden.

Um zu überleben, würden die betroffenen Kinder ihre eigenen Gefühle und Wahrnehmungen unterdrücken und sich mit der Autorität ihrer Peiniger identifizieren. Ihr eigenes Ich verleugneten sie, um es den Autoritäten recht zu machen. Diese Unterdrückung des Eigenen löse Hass und Aggressionen aus, die sich aber nicht gegen die Unterdrücker richteten, sondern an andere Opfer weitergegeben würden.

Durch diesen Kreislauf würde der Gehorsam gegenüber Mächtigen tief in der menschlichen Seele verankert. Alles würde dann zum Ausdruck eines Überlebenskampfes, dessen Ziel es ist, nicht abgewertet zu werden und vor allem nicht zu versagen.

Die Basis unserer modernen Kulturen sei es, die Welt im Griff zu haben, sie zu beherrschen. Gleichzeitig gäbe es einen

Mechanismus der Verschleierung dieser Motivation, indem behauptet würde, alles sei zum Besten der kontrollierten Umwelt. Gegen den Gehorsam zu verstoßen, bedeute daher, Schuld auf sich zu laden, weil dadurch dieses „Beste" hintergangen wird.

Dies alles führe zu Angst davor, ungehorsam zu sein. Die betroffenen Menschen könnten ihre angestaute Wut nicht gegen jene richten, die dafür verantwortlich sind. Dadurch untermauere Gehorsam deren Macht.

Menschen fühlten sich außerdem bedroht, wenn sie mit ihrem Gehorsam konfrontiert werden. Sie unterdrücken dies lieber, weil sie sonst mit dem Angst und Terror ihrer Kindheit konfrontiert würden. Daher könnten sie sich selbst nicht als Opfer erkennen, und die Täter nähmen sich ebenfalls nicht als solche wahr.

Ein Kind, dessen Wesen akzeptiert, das geliebt und zärtlich versorgt werde, kenne keinen Gehorsam. In Familien mit Machtstrukturen werde jedoch der Gehorsam zur Basis der zwischenmenschlichen Beziehungen. Dies sei der Nährboden dafür, dass sich Gehorsam, Obrigkeitshörigkeit und eingeschränktes Denken durchsetzen könnten.

Wir müssten daher die gesellschaftlichen Strukturen, die auf Gehorsam zielen, in Frage stellen. Wer die Demokratie stärken wolle, müsse auf die Wurzel des Übels – den kritiklosen, blinden Gehorsam – zielen.

Damit erklärt Gruen gut, was ich auf den vorigen Seiten erläutert habe. In Schulen ist es notwendig, sich den Wünschen von PädagogInnen zu unterwerfen und dies führt zu mehr oder weniger starkem Gehorsam. In der Folge identifizieren wir uns aber auch mit dem Schulsystem. Wir übernehmen zum Beispiel die Idee, das schulische Zertifikate unsere Bildung widerspiegeln und bemühen uns um gute Bewertungen. Die Aggressionen, die durch die Unterdrückung unseres Eigenen, unserer Bedürfnisse, Gefühle und Wahrnehmungen, entstehen, richten wir gegen andere. So sind Gewalt und Mobbing in Schulen gut zu erklären.

Die Verschleierung der Motivation der absoluten Kontrolle führt zu Paternalismus, das heißt, es wird behauptet, Schulen existierten nur zum Besten der jungen Menschen. Aus der Geschichte wird jedoch ersichtlich, dass dies niemals der Fall war. Und da wir nach wie vor das gleiche vordemokratische System nutzen, in dem über sie verfügt wird, in dem sie gehorsam sein müssen, ist das auch heute nicht der Fall.

Die Schuldgefühle, die junge Menschen vermutlich ohnehin mehr oder weniger in sich tragen, wenn sie die gesellschaftlich hoch geehrte Institution Schule meiden, werden heute noch verstärkt durch Kriminalisierung und Pathologisierung. Daher erfordert Widerstand sehr viel Mut. Um so erstaunlicher, dass es nach wie vor nicht wenige Menschen gibt, die sich nicht mit dem Schulsystem arrangieren wollen. Das lässt hoffen.

Dass Menschen sich bedroht fühlen, wenn sie mit ihrem Gehorsam konfrontiert werden, habe ich bereits des Öfteren selbst erlebt. Wenn ich mit anderen meine Gedanken zu unserem Schulsystem diskutiere, reagieren diese nicht selten wütend, werden sogar ausfallend. Es wird klar, dass sie sich sehr angegriffen fühlen. Verletzungen infolge ihres Schulbesuchs verleugnen sie jedoch. Die Heftigkeit der Reaktion und der Angriff auf diejenige, die sie mit dem Thema konfrontiert (in dem Fall ich) zeigt aber, dass sie dieses Thema kaum ohne starke emotionale Beteiligung diskutieren können. Ein echter Austausch von Argumenten ist meist nicht möglich, da einfach uneingeschränkt auf der

Richtigkeit des Systems beharrt wird. In der Regel fällt auch der Satz „Uns hat es doch auch nicht geschadet.", der in meinen Augen gerade ausdrückt, dass dem eventuell nicht so wahr.

Ich halte es für sehr wichtig, dass wir lernen, unsere Verletzungen durch die Gewalt von Menschen, die Macht über uns hatten oder haben, nicht länger zu verleugnen. In diesem Buch geht es um Schulen. Arno Gruen betrachtete jedoch vornehmlich die Elterngewalt in unserer frühkindlichen Entwicklung. Und damit hatte er natürlich auch Recht. Die Gewalt beginnt schon mit der Geburt, die durch viele medizinische Eingriffe eher gestört als unterstützt wird, und setzt sich unmittelbar fort. Da sollen Babys entgegen ihren Bedürfnissen durchschlafen und zu vorgegebenen Zeiten ihre Milch trinken. Sie sollen ihre ganze Kindheit hindurch rund um die Uhr tun, was Erwachsene von ihnen wollen, und meist durchgetakteten Tagesabläufen mit vorgegebenen Essens-, Spiel- und Schlafenszeiten folgen, müssen sich bereits frühzeitig „Förderung" gefallen lassen und so weiter. An dieser Stelle sei auch noch einmal an den Film „Die Elternschule" erinnert.

Wie bereits erläutert, brauchen wir hier unbedingt Veränderungen. Erziehungsverhalten muss in der ganzen Gesellschaft endlich als das erkannt werden, was es ist: Gewaltausübung über als nicht gleichwertig anerkannte andere Menschen. Aber selbst, wenn junge Menschen während ihrer ersten Lebensjahre in ihren Familien ohne Machtstrukturen und den Zwang zum Gehorsam aufwachsen, werden diese ihnen spätestens in Schulen begegnen – und wirken. An irgendeiner Stelle muss dieser Kreislauf unterbrochen werden!

Wir können nur etwas ändern, wenn wir die, vermutlich mehr oder weniger stark bei den meisten von uns vorhandene, Identifikation mit den Mächtigen hinterfragen. Diese, die Täter, im Zusammenhang mit Schulen sind das vor allem LehrerInnen, müssen sich jedoch ebenfalls reflektieren. Auch, wenn es wehtut. Sie nehmen in der Regel ihre Täterschaft ja ebenso wenig wahr wie die SchülerInnen ihre Opferrolle.

Die auf den vorigen Seiten erwähnten Beispiele für den Gehorsam von PädagogInnen, BeamtInnen, JuristInnen, SchülerInnen und anderen, die nur innerhalb klar vorgegebener Grenzen forschen und agieren, zeigt, dass dieser Mechanismus tatsächlich wirkt. Unsere Gesellschaft, und da besonders unser Schulsystem, produziert nach wie vor zu einem großen Teil gehorsame UntertanInnen.

Die Zustimmung zum Schulsystem, die scheinbar zu beobachten ist, könnte sich zu einem Großteil aus diesem Gehorsam speisen.

In diesem Zusammenhang ist jedoch noch ein anderes Thema sehr wichtig. Nach 1945 war es ein großes Anliegen, wie Theodor W. Adorno es formulierte, „dass Auschwitz nicht noch einmal sei." Adorno sah – ganz richtig in meinen Augen – nur den mündigen Menschen als fähig an, dafür zu sorgen. Die Menschen sollten entsprechend erzogen werden. Leider war Adorno und vielen anderen offenbar nicht bewusst, dass die Erziehung selbst dabei das Problem darstellt. So, wie in Schulen keine Demokratie gelernt werden kann, weil diese nun einmal nicht demokratisch strukturiert sind, können aus diesen auch kaum mündige Menschen erwachsen. Ein Mensch kann sich nur mündig verhalten, wenn er es von seiner Geburt an sein durfte und niemand versuchte, ihn, und sei es auch in den besten Absichten, zu einem bestimmten Menschen zu erziehen. Mündigkeit kann sich daher erst beim Fehlen von jeglicher Erziehung wirklich vollkommen entwickeln.

Wenn Menschen sich gehorsam verhalten, geben sie Verantwortung ab. Politisches Engagement besteht dann eher darin, Parteien oder einzelnen Personen zu folgen als selbst zu denken, sich selbstbewusst zu beteiligen und die anstehenden Probleme ohne Dogmen sachlich und rational lösen zu wollen. Als UntertanInnen fühlen sich Menschen zudem nicht an der Regierung beteiligt, sondern ausgeschlossen. Das derzeitig wachsende Misstrauen vieler Menschen gegen ihre Regierung entspringt meines Erachtens einem UntertanInnengeist, der ein Gegeneinander von „denen da oben" – den Mächtigen – und „uns" – den Ohnmächtigen – wahrnimmt.

Infolge der Orientierung an Autoritäten, die sie führen sollen, werden gehorsame Menschen zum Spielball der Interessen anderer. Dies kann zu undemokratischen und menschenfeindlichen gesellschaftlichen Ordnungen führen. Im Fall von rechtsradikaler Gesinnung muss dann nur die Angst vor Fremden geschürt werden und eine Selbstdarstellung als Retter vor diesen erfolgen. Es ist in meinen Augen nicht so verwunderlich, dass in unserer Gesellschaft rechtes Gedankengut nach wie vor auf fruchtbaren Boden fällt und heute sogar offener denn je zur Schau gestellt wird. Aber natürlich haben auch Anhänger anderer Dogmen ein leichteres Spiel bei gehorsamen UntertanInnen.

Auch dem – scheinbar – demokratischen Staat kann es durchaus nützen, wenn seine BürgerInnen gehorsam funktionieren – an ihren Arbeitsplätzen (Leistungsprinzip!) und auch als Machtinstrumente, wie beispielsweise

PolizistInnen oder SoldatInnen. Gerade diese weisen in Deutschland massive Probleme mit rechter Gesinnung auf, was in meinen Augen ebenfalls kein Zufall ist. Denn die institutionellen Strukturen von Polizei und Militär verlangen ebenso wie die Schulstrukturen UntertanInnenverhalten. Vermutlich ziehen sie auch vermehrt Menschen an, die sich infolge ihres UntertanInnengeistes gern Autoritäten unterordnen wollen. Diese Strukturen gehören daher zu den Dingen, die in demokratischen Staaten unbedingt völlig neu gestaltet werden müssen, damit diese Demokratien erwachsen werden können. Aber das führt weit über dieses Buch hinaus.

Gerade die Erziehung zu UntertanInnen könnte also einen wichtigen Grund für den Erhalt menschenfeindlichen Gedankengutes in unserer Gesellschaft darstellen. Wollen wir, dass Auschwitz nicht noch einmal sei, halte ich es für ausgesprochen wichtig, unseren nachwachsenden Generationen endlich das Vertrauen entgegenzubringen, das sie verdienen. Das Vertrauen in ihre Fähigkeit, sich selbst in unsere Welt zu sozialisieren und ihre Rechte eigenverantwortlich wahrzunehmen, sobald sie dies wollen. Die Voraussetzung dafür, dass sie sich zu demokratischen Menschen entwickeln, ist einzig das kompromisslose Vorleben von Demokratie. Ich glaube sogar, dass die mündigen Menschen, die heranwachsen, wenn wir unsere Kinder endlich von unserem Machtverhalten befreien, auch unfertige Demokratien verbessern werden, weil diese die besten Aussichten darauf bieten, ein selbstbestimmtes, individuelles, von Gewalt und Krieg weitgehend freies Leben zu führen, und eine größtmögliche Beteiligung an ihrer Gestaltung erlauben.

Es wird mündigen Menschen widerstreben, IdeologInnen zu folgen, da sie dafür ihre Selbstbestimmung in UntertanInnengeist eintauschen müssten. Natürlich ist es trotzdem möglich, dass sich Menschen, die die gleichen Ziele verfolgen, zu deren Verwirklichung in Gruppen zusammenfinden. Jedoch werden die einzelnen Gruppenmitglieder dies selbstbestimmt tun und ihrem eigenen Gewissen folgen.

***

Exkurs: Über das Nachwirken von staatlicher Indoktrination

Wie nachhaltig Gehorsam und Untertänigkeit wirken können, möchte ich am Beispiel meines Onkels aufzeigen. Er wuchs in Nazideutschland auf. In den 1980er Jahren besuchte ich ihn einmal und rezitierte im Gespräch mein damaliges Lieblingsgedicht – „Der Führer" von Erich Weinert – mit nicht sehr schmeichelhaften Beschreibungen Hitlers. Seine Reaktion ist mir bis heute im Gedächtnis geblieben, weil ich sie als merkwürdig empfand. Er lachte verhalten – gleichzeitig verschwörerisch und anerkennend, als hätte ich mutig entgegen des Erlaubten gehandelt. Dies war ein untertäniges Reaktionsmuster aus der Zeit seiner Sozialisation in der NS-Zeit, das offenbar immer noch wirkte. Erwartet hatte ich von ihm ein zustimmendes Belächeln der Person Hitlers.

Es geht mir dabei um die Grundhaltung, nicht darum, in wessen Namen die Erziehung zu UntertanInnen erfolgte. Vermutlich hätte er auch so reagiert, wenn ich mich beispielsweise über Honecker oder die Stasi lustig gemacht hätte. Dies wäre mir nur nicht so in Erinnerung geblieben, denn Untertänigkeit gegen das DDR-Regime erschien mir damals selbst als ganz normal.

Ich frage mich immer, warum rechtsextremes Gedankengut gerade im Osten Deutschlands so erfolgreich ist. Sicher – die Menschen lebten jahrzehntelang mehr oder weniger unter sich. Man kann ihnen also leichter Angst vor Fremden machen. Wichtig scheint mir aber auch, dass die gesellschaftlichen Strukturen der DDR, vor allem das Schulsystem, ganz strikt darauf ausgerichtet waren, den „sozialistischen Menschen" zu erziehen. Der Druck, dieser Erziehung zu gehorchen, war sehr hoch. Daher glaube ich, dass die Menschen im Osten auch tendenziell untertäniger sind. Und dies führt, in Verbindung mit dem von Demagogen geschürten Menschenhass und dem Vermissen eines fehlenden paternalistischen Staates – also eines Staates, der seine BürgerInnen wie Untergebene „väterlich" an die Hand nimmt – dazu, dass rechte Ideologie dort auf besseren Nährboden fällt als anderswo. Sprich: „FührerInnen" finden größere Zustimmung.

Das sind natürlich nur meine Gedanken dazu. Aber sollten sie auch nur ansatzweise der Wahrheit entsprechen, wäre es um so wichtiger, endlich von der Produktion von gehorsamen UntertanInnen abzusehen.

Literatur:
Theodor W. Adornos Gedanken zur Erziehung nach Auschwitz finden sich unter anderem in seinem Buch „Erziehung zur Mündigkeit", 1971 bei Suhrkamp erschienen.
Die Gedanken Arno Gruens entstammen seinem Buch „Wider den Gehorsam", in mehreren Auflagen seit 2014 bei Klett erschienen.

Angst vor Kontrollverlust

Wie bereits erwähnt, scheint der Wunsch, die Welt im Griff zu haben, eine wichtige Basis unserer modernen Gesellschaften darzustellen. Kontrolle – also Macht – über die UntertanInnen auszuüben, ist seit Beginn unserer Zivilisation auch das Ziel von staatlichen Institutionen gewesen. Zwar sozialisieren sich Menschen ohnehin in die sie umgebende Gesellschaft, was bedeutet, dass sie beispielsweise in Monarchien lernen, dass es Menschen gibt, die über sie herrschen. Jedoch erkannten die Mächtigen sicher bald, dass Schulen nützliche Instrumente zur Verstärkung dieses UntertanInnendenkens darstellen, vor allem durch die frühe Erzeugung von Gehorsam. Triebkraft war vermutlich immer die Angst, dass die UntertanInnen nicht länger bereit sein könnten zu gehorchen, zum Beispiel an die Gottgegebenheit ihrer Lage zu glauben oder die Machtpolitik ihre HerrscherInnen mit ihrem Blut zu bezahlen.

Und auch heute spielt diese Angst eine wichtige Rolle. Es geht dabei vor allem um den Erhalt unseres Wirtschaftssystems. An den Funktionen von Schulen ist das besonders gut zu erkennen. Und natürlich können diese nur zielführend sein, wenn alle Kinder Schulen besuchen. An dieser Stelle sei dahingestellt, wie erfolgreich sie letztlich umgesetzt werden. Es geht allein darum, dass es sie gibt, um die SchülerInnen zu formen und auf Lebenschancen zu verteilen – sie unter Kontrolle zu halten. Es gibt sie, weil ein staatlich-wirtschaftliches Interesse dahinter steht. Mit Demokratie hat das alles nichts zu tun. Nach wie vor versucht eine Elite, eine Politik- und Wirtschaftselite, die sich zunehmend personell kaum verändert, einen Großteil der Bevölkerung zu gehorsamen UntertanInnen zu erziehen, die zwar wählen dürfen, aber doch kaum eine Wahl haben. Denn die meisten Rahmenbedingungen werden gar nicht zur Debatte gestellt. Man denke an den Satz „Die Schulpflicht ist nicht verhandelbar!". Da die meisten von uns sich nicht selbstbestimmt sozialisiert haben, fügen wir uns viel zu oft. Und es fällt auch den meisten schwer, sich andere Optionen überhaupt nur vorstellen zu können. Auch nicht im Bildungswesen. Wir sind nach wie vor stark an vordemokratische Denkweisen über Macht und Hierarchien gebunden. Einige unserer Institutionen, wie das Militär oder die Polizei, stammen aus diesen Zeiten. Auch Schulen gehören dazu. Das muss verändert werden!

Die Wenigsten von uns werden diese Mechanismen durchschauen und absichtlich ausnutzen. Es handelt sich eher um einen Gehorsam, der sich durch die ganze Bevölkerung zieht. PolitikerInnen, PädagogInnen, Eltern – sie alle glauben, es sei zum Besten der Kinder, wie wir sie behandeln. Hier hatte Arno Gruen sicher Recht, wenn er erklärte, dass wir es vermeiden wollen, an frühe Verletzungen erinnert zu werden, und so unsere Opfer- und Täterrollen kaum erkennen können.

Ein wichtiges Motiv der Verteidiger von Schulen scheint mir daher auch die – wohl meist unbewusste – Angst vor Kontrollverlust zu sein. Sie spricht zum Beispiel aus fast allen Argumenten für die Schulpflicht.

Es geht darum, dass die Kinder die richtige Sozialisation und Bildung erfahren. Was richtig ist, bestimmen nach wie vor staatliche Institutionen. Damit niemand ausschert, wird ein Recht einfach zur Pflicht gemacht. Parallelgesellschaften, die, wenn überhaupt, ebenfalls staatlicherseits definiert werden, sollen verhindert werden. Auch Gewalt, Vernachlässigung und Kinderarbeit. Während ich der Meinung bin, dass Parallelgesellschaften, so lange sie demokratische Grundsätze beachten, mit Toleranz begegnet werden sollte, ist bei jeglicher Gewalt natürlich einzuschreiten.

Nichtsdestotrotz wird in diesem Argument der Wunsch nach Kontrolle deutlich. Alle Eltern müssen ihre Kinder quasi „vorzeigen", sich unter Kontrolle begeben, damit Gewalt oder Vernachlässigung an den betroffenen wahrgenommen werden können. Dabei kann dies auch in der Öffentlichkeit geschehen, in der junge Menschen sich aufhalten würden, wenn sie sich selbstbestimmt bilden dürften. Die Verantwortung läge dann mehr bei der ganzen Gesellschaft als nur bei staatlichen Institutionen, was ja einer Demokratie auch besser zu Gesicht stünde. Fälle, in denen Eltern Vernachlässigung und Gewalt verbergen wollen, sind dann genau so möglich, wie sie es auch heute trotz aller Kontrollversuche sind. Davon, dass eine umfassende Kontrolle auch mit der Schulpflicht nicht gut funktioniert, zeugt je die Tatsache, dass Gewalt und Vernachlässigung nach wie vor eine bedeutende Rolle in unserer Gesellschaft spielen. Mögliche Ursachen dafür habe ich bereits erörtert.

Bei Kinderarbeit würde ich genauer hinschauen, ob die jeweilige Tätigkeit in irgendeiner Form schädlich für den jungen Menschen wäre (körperlich schwer, zu schlecht bezahlt und so weiter), ob er diese selbstbestimmt gewählt hat und ob der Lohn nur ihm zugute kommt. Ein Mensch, dem alle Menschen- und BürgerInnenrechte zustehen, muss prinzipiell aber selbst darüber entscheiden dürfen, ob er eine Lohnarbeit annehmen möchte. In einer Welt ohne Schulen hätte er auch die Zeit dafür und würde vermutlich auch mehr lernen als in diesen. Nur würde es sich dabei nicht unbedingt um die von heutigen Lehrplänen vorgegebenen Inhalte handeln.

Wie bereits erwähnt, spricht nichts gegen einen gewissen Bildungskanon in dem Sinne, dass es Wissen und Können gibt, welches in einer Gesellschaft als besonders wichtig angesehen wird. Ist es tatsächlich wichtig, wird es also von den meisten Menschen benötigt und entspringt nicht nur der Idee, den nachfolgenden Generationen Dogmen oder abstrakte Ideen erzieherisch einzuprägen, werden die jungen Menschen sich von allein damit beschäftigen. Dies folgt logisch aus ihrem Wunsch, sich in die sie umgebende Gesellschaft zu sozialisieren. Wie ich ebenfalls bereits beschrieben habe, wird eine daraus resultierende Bildung Gemeinsamkeiten aufweisen, aber auch sehr individuell sein. Sie würde aber auch mündige und verantwortungsvolle BürgerInnen hervorbringen, während der Versuch, Kontrolle über deren Bildungsprozess auszuüben, zu einem Großteil zu gehorsamen UntertanInnen führt. Mit diesen kann eine echte Demokratie jedoch nichts anfangen.

Die Idee, dass wir nicht mithalten, dass China uns einholen könnte, zeigt am deutlichsten den wirtschaftlichen Aspekt der schulischen Erziehung auf, die aufgrund dieser Angst auch unbedingt aufrecht erhalten bleiben soll. Wenn wir unsere jungen Generationen nicht an unsere Wirtschaft anpassen, sie nicht unter unserer entsprechenden Kontrolle halten, glauben viele, werden wir wirtschaftlich nicht mehr erfolgreich sein. Sicher, vielleicht würden sie nicht mehr so bereitwillig unseren derzeitigen Dogmen folgen, aber es ist ja wohl kaum zu erwarten, dass sie die Hände in den Schoß legen und verhungern würden. Es wird weitergehen, aber sie werden mitbestimmen, auf welche Art und Weise. Und das müssen sie auch unbedingt dürfen.

Auch einige Argumente, die regelmäßig gegen Selbstbestimmte Bildung vorgebracht werden, zeugen von der Angst vor Kontrollverlust.

Da wäre zunächst die Behauptung, dass ja niemand mehr in die Schule gehen würde, wenn dies keine Pflicht wäre.

Wie perfide ist es eigentlich, zu wissen, dass die meisten jungen Menschen Schulen nicht freiwillig besuchen würden, und trotzdem keine einladenden Lernorte daraus zu machen, sondern einfach zu deren Besuch zu verpflichten?

Wenn Kinder die Wahl hätten und keinerlei Druck erfahren würden, gingen vermutlich tatsächlich viele von ihnen nicht zur Schule. Aber nicht, weil sie nicht lernen möchten. Lernen will jeder Mensch. Aber unsere heutigen Schulen können diesem Wunsch nicht adäquat genügen.

Vermutlich würde allein das Erlauben von außerschulischem Lernen beziehungsweise auch die Abschaffung der Schulpflicht, wie schon erwähnt, nicht viel ändern. Die Erfahrung aus anderen Ländern zeigt, dass nur wenige Menschen den schulfreien Weg wählen, selbst wenn er erlaubt ist. Der Druck der Gesellschaft und der Familien, dass der junge Mensch ein Zertifikat erreichen muss, ist groß. Sowie die Angst davor, dass dies nicht ohne Schulen gelingen kann. Daher muss Selbstbestimmtes Lernen als gleichwertige Möglichkeit des Erreichens von Zertifikaten kommuniziert, besser noch an einem System ohne Selektion gearbeitet werden. Dann kann es schon passieren, dass den Schulen die SchülerInnen davonlaufen. Jedoch bekämen sie auch die Möglichkeit, sich zu wirklich attraktiven Lernorten zu entwickeln, deren Angebote von interessierten Menschen gern angenommen werden.

In diesem Zusammenhang wird dann auch oft behauptet, dass zumindest „bildungsferne" Kinder wahlweise nichts lernen, abgehängt, sich selbst überlassen werden würden oder im anderen Extrem Eltern ihre Kinder im Sinne nicht genehmer Weltsichten indoktrinieren könnten.

Auch dahinter steckt meines Erachtens vor allem die Angst vor Kontrollverlust.

Aus dem Begriff „bildungsfern" spricht zunächst einmal bildungsbürgerliche Arroganz. Hierzu habe ich schon einiges geäußert. Gemeint sind in der Regel ressourcenarme Familien. Aber gerade Kinder aus diesen Familien werden in unserem Schulsystem benachteiligt. Wieso wird also argumentiert, dass ausgerechnet ihnen in Schulen geholfen wird und sie ohne Schulen benachteiligt wären? Ihr Problem ist in meinen Augen nicht das Fehlen von Schule. Ihr Problem ist sowohl mit als auch ohne diese die Ressourcenknappheit ihrer Familien. Das kann bedeuten, dass ihnen nicht ausreichende oder veraltete Technik zur Verfügung steht, sie nicht an Freizeitangeboten teilnehmen können oder auch zu wenig Familienzeit haben. Wenn zum Beispiel eine alleinerziehende Mutter für ihre Arbeit sowie An- und Abfahrt 9 Stunden von zu Hause abwesend sein muss. Davon hängen, wie ich schon beschrieben habe, ihre Bildungsmöglichkeiten ab. Dies führt oft zu weniger umfangreicher und vom mittelständischen Bildungskanon stark abweichender Bildung. Ich glaube aber fest daran, dass Selbstbestimmtes Lernen in einem Bildungswesen, wie ich es noch skizzieren werde, gerade Kindern aus ressourcenarmen Familien zu Gute käme.

Nichts spricht ja gegen Anlaufstellen außerhalb ihrer Familien, in denen diese Kinder Lernangebote und Zuwendung finden können. Das müssen (und sollten!) jedoch keine Schulen sein. Am besten wäre es, wenn sie den Großteil ihres Tages in frei gewählten Kinder- und Jugendgruppen verbringen würden, gern auch in Institutionen, deren

Angebote sie freiwillig nutzen. Wichtig ist allein, dass dies geschieht, ohne dass Erwachsene mit ihren Forderungen und Ansprüchen auf sie einwirken. Wobei die Familien ihre Kinder natürlich versorgen und beachten müssen, wann immer diese das brauchen und wünschen.

Was die Indoktrination durch Eltern betrifft: Zunächst einmal sollte dieser Vorwurf nicht von VertreterInnen einer extrem indoktrinären Institution hervorgebracht werden. Auch hier kommt eine gewisse Arroganz zum Ausdruck, nämlich darüber, dass die mittelständische Lebensweise, die in Schulen die Norm bildet, die einzig richtige sei, andere Lebensweisen aber per se falsch. So steht in Schulen der möglicherweise heimischen Indoktrination durch die Eltern einfach nur eine schulische gegenüber. Die jeweiligen dahinter stehenden Machtstrukturen ähneln sich. ErzieherInnen wollen Kinder in ihrem Sinne formen.

Dabei wäre es gerade viel sinnvoller, einer indoktrinären Erziehung die Möglichkeiten einer Selbstbestimmten Bildung entgegenzuhalten. Die jungen Menschen könnten dadurch die Erfahrung machen, über sich selbst bestimmen zu können, was ihnen zu Hause nicht gewährt wird.

Wir müssen Familien in schwierigen Situationen und dem Wohl ihrer Kinder auf jeden Fall besondere Aufmerksamkeit widmen, um Vernachlässigung, Gewalt und Indoktrination zu vermeiden. Damit die jungen Menschen sich selbstbestimmt bilden können, muss deren Familien unmissverständlich bewusst gemacht werden, dass sie die Rechte ihrer Kinder zu wahren haben. Nur wenn diesen Schaden an Körper und Psyche droht oder sie verfassungsfeindlich indoktriniert werden, empfinde ich ein weiteres Eingreifen als notwendig. Dies müsste jedoch genauestens geprüft werden und nicht von Vorurteilen geleitet sein. Es sollte auch unbedingt so gestaltet sein, dass Menschen keine Angst vor einem – heute nicht selten traumatisierenden – Eingreifen der Ämter, vor allem des Jugendamtes, haben müssen. Hier sind klar staatliche Institutionen gefragt, deren MitarbeiterInnen vor allem auf die Einhaltung des Grundgesetzes achten, aber auch auf ihren eigenen gleichwertigen Umgang mit den Menschen, die sie unterstützen und schützen wollen. Was das Selbstbestimmte Lernen betrifft, könnte es zur Unterstützung Lernpaten und Kiezbüros geben, wie ich sie noch erläutern werde.

Auf jeden Fall sind Schulen in den genannten Fällen nicht sehr erfolgreich, obwohl dies immer wieder behauptet wird. Weder wird in diesen die Indoktrination durch Eltern verhindert, noch, dass ressourcenarme Familien benachteiligt werden. Es geht viel eher darum, alle jungen Menschen unter Kontrolle zu halten. Davon zeugen auch die einleitend beschriebenen Normierungsbemühungen in der pädagogischen Wissenschaft, die jedoch darüber hinaus auch große Teile unserer Gesellschaft durchziehen.

All das bedeutet jedoch nicht, dass wir uns den genannten Problemen – Ungleichheit, Gewalttätigkeit, Verschiedenartigkeit von Weltsichten und anderen – nicht widmen sollten. Aber das muss auf wirklich demokratischen Wegen geschehen. Nicht, indem über Menschen verfügt wird, sondern indem sich alle Menschen in Lösungsprozesse einbringen können. Meiner Meinung nach auch unter größtmöglicher Toleranz verschiedenster Lebensweisen – unter der Wahrung unseres Grundgesetzes.

Eine wirkliche Demokratie kann, wie gesagt, nichts mit gehorsamen UntertanInnen anfangen. Deswegen ist es sehr wichtig, vom Kontrollzwang abzulassen. Wir müssen Mut zum Vertrauen haben. Die jungen Menschen in Demokratien müssen sich selbstbestimmt in ihre Gesellschaften sozialisieren, wobei ihnen von Anfang an alle demokratischen Einrichtungen zur Verfügung stehen müssen. Nur so lernen sie, diese gemäß ihren Bedürfnissen zu gebrauchen und werden zu mündigen StaatsbürgerInnen, nicht länger zu BefehlsempfängerInnen.

Skizze eines anderen Bildungswesens

„Wenn Kinder wirklich die Freiheit haben, sich von der Schule zu verabschieden, wird das Weiterbestehen der Schulen davon abhängen, dass sie zu kinderfreundlichen Orten werden."

Peter Gray

Der schon des Öfteren erwähnte Walther Borgius machte in seinem Buch „Die Schule – Ein Frevel an der Jugend" folgende Aussage: „In geselliger Unterhaltung bin ich, wenn zufällig einmal die Rede auf meine grundsätzliche Ablehnung der Schul-Institution gekommen war, fast stets gefragt worden: 'Und was wollen Sie an Stelle der Schule setzen?' Ich habe dann stets erwidert: Wenn Sie Zahnschmerzen haben und gehen zum Zahnarzt und der sagt Ihnen: 'Sie haben ein Zahngeschwür' und sticht es Ihnen auf, und die Schmerzen sind dann fort, – sagen sie dann auch unwillig zum Zahnarzt: 'Und was geben Sie mir jetzt für mein aufgestochenes Zahngeschwür?' oder sind Sie nicht froh, daß Sie es los sind?"

Ja, das klingt drastisch, aber in meinen Augen stimmt es noch immer. Auch ich werde oft gefragt, was ich denn anstelle von Schulen setzen möchte. Und tatsächlich ist meine Antwort: nichts. Schulen, wie wir sie kennen, müssen abgeschafft, jedoch nicht ersetzt werden.

***

Voraussetzungen

Wir können, wie schon mehrfach erklärt, davon ausgehen, dass jeder Mensch lernen möchte und auch überall lernt. Jedoch tut er das nur nachhaltig, wenn ihn das entsprechende Thema mindestens interessiert, besser noch begeistert. Er muss – und darf! – also nicht dazu gezwungen werden, Schulen aufzusuchen. Der wichtigste Grundsatz eines neuen Bildungswesens muss daher sein, dass der Mensch frei entscheiden kann, ob er Lernorte aufsuchen möchte und welche. Bildungsangebote müssen stattdessen einfach nur interessant genug für ihn sein. Dann werden sie ihn magisch anziehen. Wünschenswert wäre, wenn die Bejahung dieses Grundsatzes seine Erweiterung in der generellen Übertragung aller Menschen- und BürgerInnenrechte an alle jungen Menschen fände. Dies geht jedoch weit über das Schulthema hinaus.

Wir müssen uns außerdem von dem Gedanken eines gleichen Bildungsstandes aller Menschen in dem Sinne, dass alle über einen gleichen Fundus an Wissen und Können verfügen, verabschieden. Das ist unerreichbar. Es wird immer individuell, aber auch milieuspezifisch begründete Unterschiede zwischen den Menschen geben. Jedoch müssen gleiche Angebote für alle existieren, so dass jeder Mensch sich nach seinen Interessen uneingeschränkt bilden kann. Dies wird eine Gleichberechtigung viel mehr begünstigen als der Zwang, sich mit einem bestimmten Bildungskanon beschäftigen zu müssen.

Meiner Meinung nach muss sich auch unsere Einstellung zu Lohnarbeit ändern. Wir sind und waren nie dafür da, einen Großteil unseres Lebens als abhängige LohnarbeiterInnen zu verbringen. Heute – in Zeiten von Lohndumping und Automatisierung – müssen erst recht neue Lösungen her. Ich trete beispielsweise für ein bedingungsloses Grundeinkommen ein und denke, dieses würde auch besser zu dem von mir hier skizzierten Bildungswesen passen. Jedoch ist es nicht zwingend dafür notwendig. Das Schulsystem kann sofort revolutioniert werden. Es gibt genügend Infrastruktur, die nur geringfügig verändert werden müsste.

***

Organisation

Ein Schulplatz kostet heute pro Kind im Jahr durchschnittlich 7100 Euro (Tendenz steigend). Jedem Menschen in Deutschland könnten von Geburt an jährlich zum Beispiel 3000 Euro zur Verfügung gestellt werden, womit er sich bilden kann, wie er es möchte. Ich gehe bewusst mit einer niedrigen Summe heran. Es könnten auch die ganzen 7100 Euro sein, jedoch wird sicher auch ein gewisser Teil für organisatorische Zwecke eingesetzt werden müssen, vermutlich aber viel weniger als 4100 Euro pro Kind.

Damit das Geld nur für – im weitesten Sinne! – Bildungsangebote genutzt werden könnte, bekäme jeder Mensch ein Punktekonto, das dieser Summe entspräche. Die Punkte würden auf eine personalisierte Bildungspunkte-Karte geladen werden, mit der Kurse und andere Angebote dann bezahlt werden könnten. Sie müssten nicht jährlich verbraucht werden, sondern könnten auch für größere Dinge, zum Beispiel eine Bildungsreise, gespart werden. Ungebrauchte Punkte könnten an einem Stichtag, zum Beispiel dem 21. Geburtstag, verfallen. Möglich wäre aber auch, dass jedem Menschen die Summe komplett zur Verfügung gestellt wird, die sein Schulplatz in 12 Jahren gekostet hätte, und er dieses Geld, in Form der Bildungspunkte, für seine Bildung ausgeben kann, wie er möchte, bis es verbraucht ist. Würden die Punkte gar nicht genutzt, wäre es denkbar, die entsprechenden Familien zu besuchen oder in die weiter unten beschriebenen Kiezbüros einzuladen, über ihre Rechte aufzuklären und dabei zu schauen, ob es den jungen Menschen gut geht. Gegebenenfalls könnte Unterstützung angeboten werden. Möglich wäre auch ein Pflichtbesuch pro Jahr in diesen Kiezbüros. Mich persönlich würde die Pflicht stören. Aber das wäre gegenüber der Schulpflicht das wesentlich kleinere Übel und ein Zugeständnis an das Wächteramt des Staates. Zwang zum Ausnutzen der Bildungspunkte dürfte jedoch nicht bestehen. Vielleicht lernen die betroffenen Kinder lieber ganz selbstbestimmt. Sie sollten aber in regelmäßigen Abständen über die in ihrer Umgebung existierenden Angebote informiert werden.

Den Angeboten wären kaum Grenzen gesetzt. Für Babys und Kleinkinder könnte es Spiel- und Krabbelgruppen, Babymassagekurse, Ausflüge und so weiter geben, später wären vielleicht Schreib-, Lese- und Rechenkurse interessant. Aber auch Angeln, Bogenschießen, Theaterbesuche, Reiten, Musizieren, Vereinsmitgliedschaften und alles nur Denkbare könnten angeboten werden. Natürlich könnte es sich auch um Kurse zu Themen aus Physik, Chemie, Biologie und so weiter handeln.

Staatliche Institutionen würden die Angebote genehmigen und überwachen, jedoch nur im Hinblick auf ihre Verfassungskonformität und eventuell auch die angemessene Preisgestaltung. Jede mögliche pädagogische Ausrichtung, jede Unterrichtsform, jede Methode könnte angewandt werden. Ob ein Angebot für die Menschen relevant ist, würden nur diese selbst entscheiden. Es gibt solche Angebote bereits heute. Zum Beispiel das weiter unten erwähnte „Extavium" und andere Museen, aber auch Bibliotheken, Kinder- und Jugendfreizeitzentren, alle so genannten Freizeitangebote, wie Musik- und Tanzschulen oder auch CoderDojos und vieles mehr. Leider werden diesbezüglich heute ressourcenarme Familie sehr benachteiligt, denn diese Aktivitäten müssen bezahlt werden. Dabei tragen sie vermutlich wesentlich zur Bildung der NutzerInnen bei.

Die Angebote müssten nicht nur in klassischen Kursen bestehen. Es wäre auch möglich, dass einzelne junge Menschen sich beispielsweise an Universitäten oder auch Handwerksbetriebe wenden, um AnsprechpartnerInnen zu finden, die ihnen zu einem bestimmten Thema Fragen beantworten oder gewisse Fertigkeiten beibringen können. Oder es finden sich junge Menschen zusammen und schaffen sich selbst einen Kurs, für den sie einen entsprechenden Experten engagieren.

Die Angebotsverzeichnisse wären online einseh- und buchbar. Werbung dafür sollte nur eingeschränkt möglich sein, zum Beispiel wären eigene Internetpräsenzen kein Problem. Es sollte aber vermieden werden, dass eine „Werbeschlacht" um die jungen Menschen einsetzt. Ein Verzeichnis, das allen Angeboten eine gleichrangige Darstellung ermöglicht, genügte völlig.

Es wird sich kaum vermeiden lassen, dass anfangs die Eltern noch viel über die Aktivitäten ihrer Kinder bestimmen. Sie werden entscheiden, ob sie lieber einen Babymassagekurs besuchen oder eine andere Babygruppe. Zunehmend werden sie jedoch die Vorlieben ihrer Kinder kennen und ihnen entsprechende Angebote empfehlen, bis diese letztlich dazu übergeben, sich selbst zu informieren und auch vollkommen selbstbestimmt zu entscheiden, welche Angebote sie besuchen möchten. Die Eltern müssten Geduld haben und dürften ihre Kinder nicht zum Besuch von Angeboten zwingen.

Wobei natürlich auch die individuellen Gegebenheiten der jeweiligen Familie eine Rolle spielen würden. Ich verstehe beispielsweise, dass Eltern aufgrund der derzeitigen Struktur unserer Lebens- und vor allem Arbeitswelt verlässliche Unterbringungsmöglichkeiten für ihre jüngeren Kinder bevorzugen würden. Dies wäre möglich. Es ginge dann aber wirklich nur um eine Versorgung in möglichst familiären Strukturen und nicht um eine Förderung im heutigen Sinne. Das heißt, die BetreuerInnen würden dafür sorgen, dass die Kinder sich in der Zeit der Abwesenheit ihrer engen Bezugspersonen wohl fühlen, dass sie Zeit für gemeinsames Spiel haben, ihre Bedürfnisse (Nahrung, Körperpflege und so weiter) erfüllt werden, sie Unterstützung und Zuwendung erhalten und anderes mehr. Es dürfte jedoch keinerlei „Bildungsprogramme" geben, an denen sie sich zu beteiligen hätten. Stattdessen könnte es Angebote geben, die sie bei Interesse nutzen könnten, zu denen sie aber nicht gedrängt, überredet oder sonstwie animiert werden dürften. Dies entspräche durchaus der heutigen Aufbewahrungsfunktion von Kitas und Schulen, jedoch wären die BetreuerInnen nicht im Auftrag des Staates tätig, sondern DienstleisterInnen gegenüber den Familien, vor allem den Kindern. Sie wären somit auch keinen pädagogischen Vorgaben des Staates verpflichtet.

Neben Institutionen, die diese Betreuung gewährleisten, sollte es andere geben, die nur Lernangebote zur Verfügung stellen und von Kindern selbständig aufgesucht werden können. Auch diese müssten Dienstleistungen nur gegenüber den Kindern darstellen. Es könnte sich sowohl um größere Organisationen handeln, die an einem Ort viele Angebote versammeln, als auch um Einzelpersonen; gern auch PädagogInnen, aber nicht nur. Jeder Mensch, der meint, über ein andere Menschen interessierendes Wissen oder Können zu verfügen, könnte dieses anbieten. Die NutzerInnen der Angebote selbst würden entscheiden, ob und wie sie mit der Lehrperson oder den Lerninhalten zurechtkommen.

Das Lernen in Institutionen fände jedoch neben dem immer und überall geschehenden Informellen Lernen statt, das ja quasi nebenher – während der täglichen Beschäftigungen – geschieht und über das jeder Mensch völlig frei bestimmt. Junge Menschen würden sich ihre Zeit frei einteilen, was natürlich nicht bedeutet, dass es kein Familienleben oder gegenseitige Rücksichtnahmen mehr gäbe, nur, dass sie das selbe Mitspracherecht bei der Organisation des täglichen Lebens besäßen, wie in der Regel die erwachsenen Familienmitglieder. Sie würden sich sowohl allein als auch gemeinsam mit FreundInnen, sowohl zu Hause als auch in ihrem nahen oder weiteren Umfeld, mit den sie interessierenden Themen beschäftigen, das heißt vor allem auch: Sie würden spielen! Wenn nicht wirklich wichtige Gründe dagegen sprächen, sollten sie ihre Eltern an ihren Arbeitsplätzen aufsuchen dürfen. Möglich sollte auch sein, dass sie, wenn sie etwas interessiert, die entsprechenden

ExpertInnen aufsuchen können, dass also alle Menschen offen für ihre Fragen sind, ihnen Handlungsmöglichkeiten aufzeigen und Erklärungen geben, vielleicht auch kurzfristige Praktika gewähren. Das institutionalisierte Bildungswesen wäre ein zusätzliches Angebot zum täglichen Selbstbestimmten Lernen und würde nur bei Bedarf genutzt werden.

Auch wenn die Verantwortung für ihre Bildung klar bei den jungen Menschen und unter Umständen ihren Familien läge, müssten diese nicht allein gelassen werden. In jedem Kiez könnte es ein Kinder- und Jugendbüro geben, an das sie sich mit der Bitte um jegliche Art von Unterstützung wenden könnten, zum Beispiel auch in Fällen von häuslicher Gewalt. Diese Büros würden Dienstleistungen darstellen. Zwischen den Beteiligten würde kein Hierarchie- oder Machtverhältnis bestehen, wie es oft zwischen Kindern und ihren Eltern oder LehrerInnen beziehungsweise AmtsträgerInnen der Fall ist. Nur so wären offene, vertrauensvolle und konstruktive Gespräche und sinnvolle Hilfen möglich.

Eine Bedingung dafür, als Lehrperson tätig zu werden, sollte – wie heute bereits üblich – ein polizeiliches Führungszeugnis sein, eine pädagogische Ausbildung jedoch keine Voraussetzung darstellen.

Für die einzelnen besuchten Kurse würden Nachweise des Besuchs ausgestellt, so dass jeder Mensch ein ganz persönliches Portfolio besäße, mit dem er sich später bewerben könnte, wo er wollte. Dabei darf es jedoch keine Bewertungen geben. Der jeweilige Nachweis gäbe lediglich darüber Auskunft, dass ein Kurs besucht wurde. Ansonsten wird der Mensch selbst am besten einschätzen können, ob er das entsprechende Wissen und Können wirklich verinnerlicht hat. Für Fertigkeiten, die er sich außerhalb von Institutionen aneignen würde, besäße er ohnehin keine Nachweise und müsste diese in Bewerbungen selbst umschreiben. Es wäre dann an den Ausbildungsstätten, Universitäten oder ArbeitgeberInnen, entweder diese Nachweise anzuerkennen oder selbst Eignungstests durchzuführen. Genügte ein Mensch diesen nicht, stünde es ihm frei, fehlende Fertigkeiten noch zu erlangen und sich dann erneut zu bewerben.

Bewerbungen für alle Berufsausbildungen, Arbeitsplätze und Studiengänge könnten jederzeit erfolgen, wenn es nicht arbeitsrechtliche Einschränkungen gäbe. Ein 13jähriger Mensch könnte so studieren, dürfte aber zum Beispiel nicht in 12-Studen-Nachtschichten arbeiten.

Alle Menschen sollten die Zeit bekommen, die sie brauchen, um sich für einen beruflichen Weg zu entscheiden. Erfahrungen in der Arbeitswelt sollten sie – zum Beispiel in Form von Praktika – jederzeit sammeln dürfen, jedoch immer freiwillig.

Berufsausbildungen müssten nach wie vor einem gewissen Curriculum folgen. Aber, wenn ein Mensch einen bestimmten Beruf erlernen möchte, wird er diese Notwendigkeit anerkennen und sich auch mit Dingen beschäftigen, die wichtig, wenn auch vielleicht weniger interessant für ihn persönlich, sind. Niemand wird in Frage stellen, dass ein angehender Chirurg das Nähen von Wunden üben muss, Physiker gute mathematische Grundkenntnisse benötigen und vieles mehr. Hätte die entsprechende Person keine Lust, sich bestimmte Kenntnisse anzueigen, könnte sie sich gegen die Ausbildung entscheiden oder müsste damit rechnen, beruflich nur dort eingesetzt werden zu können, wo sie diese nicht benötigt. Wichtig ist, dass der Mensch seine Grenzen kennt und verantwortungsbewusst handelt.

Wie bereits erwähnt, setzt verantwortliches Handeln einen selbstbestimmten Menschen voraus.

Selektion würde vor allem bei der Bewerbung um begehrte Arbeitsplätze durchaus stattfinden müssen – durch die entsprechenden Arbeitgeber. Aber das ist etwas ganz anderes als das Leben von Menschen mittels Bewertungen und Schulempfehlungen bereits frühzeitig in eine bestimmte Richtung zu lenken, aus der diese nur noch sehr schwer wieder ausscheren können. So müssten eventuell Aufnahme- oder Eignungsprüfungen abgelegt werden, aber welche Prüfungen er ablegen will, wann und wie oft er es versucht, würde jeder Mensch nach seinen Interessen und dem Stand der Vorbereitung darauf selbst entscheiden. Würde er an der gewünschte Stelle nicht angenommen, könnte er es einerseits zu einem späteren Zeitpunkt oder bei einer ähnlichen Stelle wieder versuchen und sich besser vorbereiten. Es wäre ihm andererseits auch möglich, stattdessen uneingeschränkt jeden möglichen anderen Weg zu gehen.

Letztlich wird über die Verteilung der Menschen auf die verschiedenen Berufe und Arbeitsstellen das Prinzip von Angebot und Nachfrage entscheiden. Heute wird mittels der Selektion versucht, diese Verteilung zu organisieren. Tatsächlich funktioniert das aber gar nicht besonders gut, denn schon bald nach der ersten Berufsausbildung arbeiten viele Menschen in ganz anderen Berufen. Trotzdem findet durchaus eine gewisse Festlegung der jungen Menschen auf bestimmte Karrierewege statt, aus der sie sich später kaum noch lösen können.

Eine gewisse Selektion wird auf diesem „Markt" jedoch weiterhin zugunsten von Menschen aus ressourcenreichen Familien erfolgen. Dies konnten Schulen aber bis heute auch nicht verhindern. Ganz im Gegenteil – sie verstärkten es. Hier müssen gesamtgesellschaftliche Veränderungen erfolgen, die durch ein nicht selektives Bildungswesen jedoch vorangetrieben werden könnten.

Auf durch Gewalt und Armut belastete Familien müsste sicher besonders geachtet werden, ihre Kinder hätte aber prinzipiell die selben Möglichkeiten wie alle anderen. Und eine Bildung ohne Druck würde diese Familien mit Sicherheit entlasten. Eltern, die ihre Kinder in ihren Rechten beschränken wollten, müsste unmissverständlich begreiflich gemacht werden, dass sie diese zu gewähren haben. Ich könnte mir hier auch so etwas wie Bildungspaten vorstellen, die Unterstützung leisten und den Kindern beispielsweise helfen, sich für passende Angebote zu entscheiden. Sie wären spezielle DienstleisterInnen für die Kinder, nicht für die Eltern. Auch die Kiezbüros wären hier nützlich. Ebenso Vereine und andere Institutionen, wie zum Beispiel der weiter unten im Corona-Kapitel angesprochene Verein „Die Arche", die als Lernorte gelten und mit den entsprechenden Einnahmen ihren heute häufig schwierig zu realisierenden Erhalt sichern könnten.

***

Vorteile

Das wäre ein System, in dem die Wahl komplett bei der Zielgruppe liegen würde, wie es bei anderen gesellschaftlichen Angeboten ganz selbstverständlich der Fall ist. Die Angebote würden zudem keinen so bürokratischen Überbau wie unser heutiges Bildungssystem benötigen.

Kinder wären wieder Teil der Gesellschaft, nicht den ganzen Tag in bestimmten Gebäuden vor den Augen der

Gesellschaft verborgen, sondern sichtbar an allen möglichen öffentlichen Orten. Sie würden sich mit zunehmendem Alter mehr und mehr ihre Zeit frei einteilen und ihre Aufenthaltsorte selbst bestimmen.

Ein großer Vorteil eines solchen Systems bestünde darin, dass wirklich alle Menschen, unabhängig von ihrem Herkunftsmilieu, die selbe Chance hätten, alle möglichen Bildungsangebote wahrzunehmen. Allen stünde die gleiche Anzahl an Bildungspunkten zur Verfügung. Diese könnten zudem gezielt eingesetzt werden, da nicht der Zwang bestünde, Kurse zu besuchen, die für den jeweiligen Menschen nicht interessant wären.

Eltern würden nicht mehr so in die Pflicht genommen wie heute. Ihre Aufgabe bestünde nur noch in der druckfreien Unterstützung ihrer Kinder. Das heißt, sie könnten diese in ihren Bildungsbestrebungen ermuntern, bei der Umsetzung helfen, sie bei Bedarf begleiten, sich mit ihnen über ihre Ziele austauschen und an ihren Plänen teilhaben. Sie könnten aber nicht mehr als Handlanger der Schulen missbraucht werden, müssten sich nicht um die Erledigung von Hausaufgaben, die Organisation von Nachhilfe oder die Anpassung des Familienlebens an schulische Anforderungen kümmern. In der Folge würde die Eltern-Kind-Bindung nicht mehr so gestört werden, wie das heute infolge des Einflusses von Schulen auf das Familienleben nicht selten der Fall ist.

Der Druck, der von einem gemeinsamen Bildungskanon ausgeht, der an einer Mittelstandsnorm orientiert und daher von einigen Lebenswirklichkeiten weit entfernt ist, entfiele. Stattdessen wäre eine an der jeweils eigenen Umwelt orientierte Bildung möglich. Für Menschen mit Migrationsgeschichte zum Beispiel – ebenso wie für Menschen, die an der jeweiligen Kultur interessiert sind – könnten Bildungsangebote in den entsprechenden Muttersprachen stattfinden.

Es wäre infolge der Möglichkeit der Teilhabe an allen Angeboten nicht ausgeschlossen, dass sich junge Menschen aus ressourcenarmen Familien oder solchen mit Migrationsgeschichte auch für einzelne Aspekte des Mittelstands-Bildungskanons interessieren. Wir müssten aber damit rechnen und leben, dass Bildung sehr individuell wäre. Ich habe das große Vertrauen in unsere jungen Menschen, dass sie ein solches Bildungswesen mit Freude nutzen würden und gerade in ressourcearmen Milieus eine vielseitigere Bildung erreicht werden würde, als es heute der Fall ist, da die jungen Menschen aus diesen heute sowohl durch ihre Lebenslage als auch durch Schulstrukturen und -abläufe benachteiligt werden. Letzteres entfiele ganz und ersteres wäre wesentlich abgemildert, da die Bildungspunkte auch für die heute in schulische „Bildung" wenig einbezogenen so genannten Hobbys, zum Beispiel Sport oder Musik, genutzt werden könnten. Diese stellen ja gerade Beschäftigungen dar, für die sich die jungen Menschen ernsthaft interessieren und die daher auch nachhaltige Bildung ermöglichen. Deren Pflege ist heute aber sehr abhängig von den Ressourcen der Familien, die Gelder aus dem Bildungs- und Teilhabepaket nur ein Tropfen auf dem heißen Stein.

Obwohl infolge der Bildungspunkte die Bezahlung von Angeboten für alle Familien keine Belastung darstellen würde, wäre Bildung wegen ihrer Ressourcenabhängigkeit dennoch unterschiedlich und vermutlich auch tendenziell weniger umfangreich in ressourcenarmen Familien. Helfen könnte hier, daran zu arbeiten, dass diese gesamtgesellschaftlich nicht länger diskriminiert werden, allein zum Beispiel mit der Bezeichnung „bildungsfern" oder auch durch Hartz IV. Es muss außerdem an der Vermeidung von Ressourcenknappheit gearbeitet werden. Ein bedingungsloses Grundeinkommen könnte hier nützlich sein.

Niemand würde durch institutionelle Strukturen beziehungsweise Bewertungen bevorzugt oder diskriminiert werden, da die AnbieterInnen der Angebote DienstleisterInnen wären, die nicht bewerten würden. Es wäre allein Sache der NutzerInnen, zu entscheiden, wann sie sich mit dem jeweiligen Thema ausreichend beschäftigt haben.

Machtverhalten und Disziplinierungsmaßnahmen, wie sie in Schulen üblich sind, gäbe es nicht, da sie wegen der Freiwilligkeit der Teilnahme und des Dienstleistungsverhältnisses nicht nötig beziehungsweise möglich wären.

Hielten sich junge Menschen nicht an die Hausordnung eines Dienstleisters, müssten sie eventuell die Konsequenz tragen und das Gebäude verlassen. Das würden sie aber in der Regel gar nicht wollen, denn sie wären freiwillig dort. Also würden sie sich mehrheitlich auch an die Hausregeln halten. So einfach ist das.

Wie jeder Mensch wären sie allein für ihr Verhalten und die daraus folgenden Konsequenzen verantwortlich. Sie könnten sich in jeder möglichen Form verhalten und müssten mit Konsequenzen rechnen, wenn ihre Handlungen unangemessen wären. Sie wären aber nicht dazu gezwungen, sich nur auf eine gewünschte Art und Weise zu verhalten, wie es in Schulen üblich ist, denn sie hätten das sehr wichtige Recht, sich einfach zu entfernen, wenn ihnen die Rahmenbedingungen eines Angebotes nicht (mehr) gefielen.

Die Kinder wären also in ihrem Verhalten vollkommen eigenverantwortlich, während ihnen in Schulen, wo sie viele

Dinge nicht dürfen und ebenso viele Dinge müssen, die Verantwortung für ihr Leben vollkommen abgenommen wird.

Mobbing und Gewalt wären mit Sicherheit kaum noch ein Thema. Zum einen würde der Zwang zum Schulbesuch wegfallen, der ja selbst Gewalt darstellt und mit Sicherheit dadurch auch hervorbringt. Zum anderen könnten sich Menschen, die nicht miteinander auskommen, aus dem Weg gehen. Sie selbst würden entscheiden, mit wem sie sich wann und wo abgeben wollen. Natürlich wären nach wie vor Konflikte möglich, jedoch gäbe es ganz andere Wege, diese zu klären, wenn jeder beteiligte Mensch gleichwertig seine Meinung vertreten kann und das Problem wirklich miteinander geklärt wird, statt letztlich – wie meist in Schulen – durch eine übergeordnete machtvolle Instanz (LehrerInnen, Eltern, Schulbehörden) in einem eng vorgegebenen Rahmen, der gar nicht alle Lösungen zulässt.

Technische und andere Innovationen würden sofort nach ihrer Erfindung oder Entdeckung Eingang in die Angebote finden, da diese in der Regel in unsere Gesellschaft viel schneller Eingang finden als in den derzeitigen Schulbetrieb. Es würde schnell ExpertInnen geben, die ihr Wissen und Können ohne Umweg über die Schulbehördenbürokratie und ohne daraus folgende Zeitverzögerungen weiter geben könnten.

Die Kategorien „Hochbegabung" oder „Förderbedarf" würden keine Rolle mehr spielen. Sie machen ja nur Sinn, wenn Menschen an einer Norm gemessen werden. Stattdessen würde jeder Mensch in seinem Tempo vorgehen und soviel lernen, wie er kann und möchte. So könnte auch jeder Mensch viel besser herausfinden, was ihn begeistert oder wo er besonders gut ist. Er könnte andererseits Themen vernachlässigen, die ihn nicht interessieren.

Die Berufswünsche der jungen Menschen wären mit Sicherheit so bunt wie ihre Bildung. Manche würden sich ihre Berufe selbst erfinden. Andere hätten vielleicht kein spezielles Interesse und würden sich mit jedem gut bezahlten Job zufrieden geben. Und das ist ein wesentlicher Punkt. Es ist nicht gerecht, Menschen durch schulische Auslese auf unbeliebte – und in der Regel unterbezahlte! – Arbeitsstellen abzuschieben. Sicher würden selbstbestimmte Menschen das auch nicht mehr hinnehmen. Stattdessen muss unbeliebte Arbeit dann so gut bezahlt werden, dass sich Menschen finden, die sie tun wollen.

Diese Skizze ist eine kurze Zusammenfassung meiner wichtigsten Gedanken zu einem Bildungswesen, das einer Demokratie würdig ist. Es braucht nicht viel. Die wichtigste Voraussetzung dafür ist, dass jungen Menschen Selbstbestimmte Bildung ohne Zwang, ohne staatlich-pädagogische Selektion, ohne Kontrolle, stattdessen mit Vertrauen und echter Unterstützung ermöglicht wird. Dies ist in meinen Augen notwendig, um altes Macht- und Hierarchiedenken hinter uns lassen und unsere Demokratie sinnvoll weiterentwickeln zu können.

Literatur:
Die einführende Geschichte (Zahngeschwür) stammt aus Walther Borgius' Buch „Die Schule – Ein Frevel an der Jugend", im Original aus dem Jahre 1930, als Neuauflage 2009 bei tologo erschienen.
Das Eingangszitat stammt aus Peter Grays Buch „Befreit Lernen", 2013 im Drachenverlag erschienen.

Schule in Zeiten von Corona

„Selbstbestimmte Bildung ist die einzige Rettung junger Menschen vor der Willkür von PädagogInnen."

Meine Antwort auf eine als „alte Pädagogenweisheit" bezeichnete Aussage von Heinz-Elmar Tenroth: „Die Schule ist die einzige Rettung der Kinder vor der Willkür der Eltern."

„Schule is voll Kacke."

Alte SchülerInnenweisheit

Infolge der Ausnahmesituation durch das Corona-Virus seit Februar/März 2020 konnte man gewisse in diesem Buch beschriebene Aspekte unseres Bildungswesens und unserer Gesellschaft sehr gut beobachten.

Für unsere Familie muss ich zwar sagen, dass sich gar nicht so viel veränderte. Klar, wir kamen nur noch zum Einkaufen aus der Wohnung und unsere normalerweise üblichen Besuche in der Bibliothek und an anderen Orten fielen erst einmal aus. Ansonsten lief aber alles wie auch vor der Krise. Wir hatten unser Leben ohnehin bereits so eingerichtet, dass wir so viel zum Leben verdienen, wie wir brauchen, und trotzdem genügend Zeit für uns als Familie oder für die uns wichtigen Themen haben. Ich habe schon immer teilweise Home-Office betrieben. Drei Kinder besuchen sowieso keine Schule, weshalb es auch keine Aufgaben für sie gab Für viele Familien stellte die Situation jedoch eine nicht unerhebliche Herausforderung dar.

***

Aufbewahrungsfunktion von Schulen

"Wenn die Schulen noch länger geschlossen bleiben, werden die Eltern noch vor den Forschern einen Impfstoff entwickeln!"
Sehr häufig – meist zustimmend – geteilter Spruch bei Facebook in Zeiten von Corona

Der Ausstieg aus einem meist durchgetakteten Leben mit Vollzeitbeschäftigung und Unterbringung der Kinder in Institutionen war – und das kann ich durchaus nachvollziehen – nicht einfach. Als die Schulen geschlossen wurden, musste das Leben so organisiert werden, dass die Kinder versorgt waren.

Viele Eltern beklagten sich darüber, dass ihre Kinder die ganze Zeit zu Hause waren, was dazu führte, dass sie ihre Erwerbsarbeit um diese herum organisieren mussten. Natürlich handelte es sich um eine Ausnahmesituation. Die Kinder sollten sich so wenig wie möglich im Freien aufhalten und nicht mit Freunden treffen. Das war eine Herausforderung und sicher häufig – gerade für Familien mit mehreren Kindern oder Alleinerziehende – nicht einfach, das ständige Beisammensein, meist zu Hause, vermutlich stressbehaftet.

Dennoch hatte ich auch oft das Gefühl, manche Eltern waren tatsächlich nicht in der Lage, ein gemeinsames Familienleben zu führen oder wollten es nicht. Bei manchen Äußerungen schien es mir, dass es geradezu als unnatürlich empfunden wurde, dass Familien zusammen waren und nicht jedes Mitglied sich stundenlang an einem anderen Ort aufhielt. Das einleitende Zitat spricht diesbezüglich Bände. Wie konnte es dazu kommen, dass ein solch zynischer Spruch heute zu einem Großteil allgemeine Heiterkeit hervorruft? Sehen wir unsere Kinder wirklich lieber in Institutionen als mit uns?

Die Corona-Krise zeigte letztlich deutlich, dass unsere Gesellschaft nur funktioniert, weil unsere Kinder in Schulen verwahrt werden können. Und das wird, spätestens seit der Industrialisierung, auch ein Hauptgrund für deren flächendeckende Durchsetzung gewesen sein, auch wenn andere Gründe vorgeschoben wurden. Die Eltern wurden für die Arbeit gebraucht, die Kinder sollten halbwegs sicher untergebracht sein. Die Frage, wessen Bedürfnisse damit am besten befriedigt werden konnten, sollte erlaubt sein. Ich persönlich glaube nicht, dass es die der Kinder waren. Dass sie es auch heute nicht sind, sollte an dieser Stelle bereits klar geworden sein. Und auch mein Bedürfnis als Mutter ist es nicht, den Großteil des Tages ohne jede Kontaktmöglichkeit zu meinen Kindern zu verbringen.

Dass die Wirtschaft nach wie vor eine wichtige Rolle spielt, zeigt eine Studie des Deutschen Instituts für Wirtschaftsforschung, in der im Jahr 2020 festgestellt wurde, dass die Ganztagsbetreuung unserer Kinder einen hohen volkswirtschaftlichen Nutzen haben könnte. Obwohl der Ausbau viel koste, bringe er letztlich auch Mehreinnahmen in Form von Steuern und Sozialversicherungsbeiträgen. Die Ausgaben für Sozialleistungen würden sinken. Abgesehen davon, dass ich das nicht glaube, da die Wirtschaft nicht unendlich viele Jobs zur Verfügung stellen kann, schon gar nicht außerhalb des Billiglohnsektors, empfinden ja heute schon etwa 35 Prozent der Bevölkerung ihre Jobs als sinnlos.

Deutlich wurde die Wichtigkeit der Aufbewahrungsfunktion von Schulen für die Wirtschaft vor allem auch, als im April 2020 einerseits die Maskenpflicht eingeführt und vor einer zweiten Infektionswelle gewarnt, die Situation also nach wie vor als bedenklich eingeschätzt, wurde, andererseits aber die Schulen wieder öffnen sollten. Der Grund dafür ist simpel: Diese Öffnung stellte die wichtigste Voraussetzung dafür dar, dass viele Eltern wieder geregelt ihrer Lohnarbeit nachgehen konnten, und musste forciert werden, bevor die Wirtschaft wieder vollkommen hochgefahren werden konnte. Behauptet wurde natürlich, dass den Kindern sonst zu viel Bildung verloren ginge.

Wir sollten uns dringend fragen, ob es wirklich Sinn ergibt, dass wir Menschen einen Großteil unserer Lebenszeit – spätestens ab dem 6. Lebensjahr – für die Wirtschaft optimieren? Können wir unsere Gesellschaft nicht auch ganz anders organisieren, andere Prämissen setzen? Ich glaube – ja. Und ich glaube auch, dass wir dies tun müssen, wenn wir unsere Demokratie weiter entwickeln wollen und wenn es in dieser vor allem um das Wohlergehen von Menschen gehen soll, nicht um wirtschaftliches Wachstum, den Markt und den Konsum.

Ich glaube sogar, dass wir mit der Idee, dass dem Aufenthalt von Kindern in Schulen eine ungeheure Wichtigkeit beizumessen ist, ganz unbewusst unser Gewissen darüber beruhigen wollen, dass wir sie quasi dorthin abschieben, um unserer Arbeit nachgehen zu können. Wenn Schulen ein Naturgesetz darstellen, unsere Kinder also ohne diese keine Bildung erlangen können, dann muss es ja sein, dass sie diese besuchen und wir müssen uns keine Vorwürfe machen, selbst wenn unser Gefühl uns manchmal sagt, dass Schulen gar keine so tollen Orte für unsere Kinder sind. Vermutlich halten wir deswegen auch so hartnäckig an dieser Idee fest und bestehen auch zu Hause auf das Abarbeiten der schulischen Aufgaben. Eine Lösung könnte ja – scheinbar! – nur in weniger Lohnarbeit und somit in weniger Einkommen bestehen, was für viele Menschen überhaupt keine denkbare Alternative darstellt.

Dies macht deutlich, dass eine grundlegende Veränderung unseres Bildungswesens von einer Neuausrichtung unserer gesamten gesellschaftlichen Strukturen begleitet werden sollte. Eine Welt mit weniger Lohnarbeit für den Einzelnen und mehr Zeit für die eigenen Bedürfnisse ist heute mehr denn je möglich. Sicher ist es nicht einfach, sich alternative Gesellschaftsstrukturen vorzustellen und zu verwirklichen, zumal wir – gerade in Schulen – alles dafür tun, die bestehenden zu erhalten, aber ich glaube, dass es sich für alle Beteiligten, vor allem für unsere Kinder, lohnen würde.

Tatsächlich hat die Corona-Krise ja auch gezeigt, dass plötzlich viele Jobs auch im Home-Office möglich waren. Einige Menschen erklärten, dass sie für ihre Arbeit zudem viel weniger Zeit benötigten, als sie normalerweise im Büro verbrachten. Natürlich kann nicht jede Arbeit im Home-Office erledigt werden, aber kürzere Arbeitszeiten sind überall möglich. Und sicher lassen sich auch noch viele andere menschenorientierte Lösungen finden, wenn wir es wirklich wollen. Wir sollten uns von dem Gedanken, dass diese angeblich aus wirtschaftlichen Gründen nicht möglich sind, nicht länger abschrecken lassen. Ich bin mir sicher: Es gibt bereits jetzt genügend Reichtum in dieser Welt, um allen Menschen ein sorgenfreies Leben zu gewähren, wenn auch sicher nicht im Luxus der derzeitigen oberen Zehntausend. Die Frage ist, wie dieser Reichtum verteilt wird. Darüber – nicht über noch weiteres Wachstum – sollten wir uns in Zukunft Gedanken machen.

***

Homeschooling

„Der Umgang und gefühlte Druck vieler Eltern, die durch das aktuelle Homeschooling sichtbar werden, offenbaren die Haltung und Ängste, die auch einem Wandel der Schul- und Bildungslandschaft im Wege stehen."
Emil Zitlau

Plötzlich war Homeschooling in aller Munde, denn die LehrerInnen gaben nicht wenige Aufgaben mit nach Hause, oft mit der Androhung, dass deren Bearbeitung kontrolliert, geprüft und benotet werden würde. So mussten die Eltern noch mehr als bisher schon zu HandlangerInnen von Schulen werden, denn es war klar, dass die wenigsten Kinder ihre Aufgaben allein erledigen würden. Das fängt schon damit an, dass die Eltern zu deren Bearbeitung anregen, auffordern oder sie häufig sogar mit Druck durchsetzen mussten.

Es funktionierte nicht sonderlich gut. Viele Eltern waren bereits nach den ersten zwei/drei Tagen sehr frustriert. Die Kinder sicher nicht weniger. Da – meist ungebetener! – Unterricht eins der wichtigsten Probleme unseres Schulsystems darstellt, ist dies natürlich auch der Fall, wenn er zu Hause stattfinden soll. Dort kommt hinzu, dass er die Eltern-Kind-Beziehung ganz entschieden stört. Das soll nicht heißen, dass Homeschooling hier und da nicht auch funktionieren kann, vor allem, wenn die Eltern auf die Bedürfnisse ihrer Kinder achten. Wobei aber schon fraglich ist, wie erfolgreich im Sinne von nachhaltiger Bildung der heimische Unterricht letztlich ist. Es handelt sich um das selbe Abarbeiten von Lehrplaninhalten wie in Schulen, völlig unabhängig davon, ob die Kinder ein Interesse daran hegen oder nicht. Da sie zu ihren Eltern in der Regel aber eine Bindung haben, wie auch immer diese im Einzelnen geartet sein mag, werden sie anders reagieren als in Schulen, sich schneller verweigern, ihrem Frust schneller Ausdruck verleihen und so weiter. Sie werden sich diesbezüglich in der Regel mehr trauen als in der Schule, da sie dort im Allgemeinen keine Bindung zu ihren LehrerInnen haben und die schulischen Strukturen, vor allem verschiedene Disziplinierungsmaßnahmen, sie gehorsamer halten können.

Nicht wenige Eltern und Kinder werden daher das Experiment Homeschooling als gescheitert betrachten, wenn die Schulen wieder starten. Zu Recht, wie ich finde. Es ist auch nicht das, was mir vorschwebt. Nicht gescheitert ist indessen Selbstbestimmte Bildung, denn diese wurde gar nicht praktiziert beziehungsweise von nur sehr wenigen Familien. In Zeiten von Corona wäre auch das eine Herausforderung gewesen, jedoch trotzdem mit viel weniger Stress verbunden. Kinder finden immer und überall eine Möglichkeit zum Spielen – und damit zu nachhaltigem Lernen! – und natürlich dürfen ihnen Angebote gemacht werden. Tun sie, was sie interessiert, werden sie dies mit Spaß und Interesse tun. Familiäre Konflikte sind in einer Situation wie der Corona-Krise natürlich nie ausgeschlossen. Der Zwang, sich täglich für mehrere Stunden mit vorgegebenen Aufgaben zu beschäftigen, dürfte jedoch noch zusätzlich erheblichen Stress erzeugt haben.

Dass es vielen Eltern schwer viel, die schulischen Aufgaben zu ignorieren, was sie in meinen Augen hätten tun sollen, lag sicher zum einen an der Androhung, dass deren Bearbeitung kontrolliert werde, zum anderen aber auch an dem Glauben, dass den Kindern weniger Bildung zuteil werden würde,

wenn diese ihre Aufgaben nicht erledigten. Dabei bringt
– ungebetener – Unterricht, wie bereits erläutert, kaum
wirklich einen Zuwachs an Bildung.

***

Schulisches Lernen als Arbeit

Die meisten Eltern stellten also leider nicht in Frage, dass
ihre Kinder auch zu Hause schulische Aufgaben zu erledigen
hätten. Sie waren vermutlich froh, ihnen eine – in ihren
Augen! – sinnvolle Beschäftigung vorsetzen zu können. Sie
einfach einmal in Ruhe zu lassen, kam den Wenigsten in den
Sinn. Wie die Erwachsenen in ihrem – vornehmlich Erwerbs-
– Leben sollten auch die Kinder ihre Zeit produktiv nutzen,
sollten sie unter Anleitung arbeiten und nicht etwa faul
herumtrödeln, oder anders gesagt: sich nicht selbstbestimmt
beschäftigen.

So wie sie in Schulen arbeiten müssen, sollten sie das
auch weiterhin zu Hause tun. Die Kontrolle über sie musste
aufrecht erhalten bleiben. Es wäre, so äußerte ein Schulleiter,
ein fatales Signal an die SchülerInnen, während der Zeit der
Schulschließungen auch das Homeschooling abzuschaffen.
(Das war eine witzige Bemerkung, denn tatsächlich ist
Homeschooling in Deutschland nie legalisiert worden, ganz
im Gegenteil – es war bisher verboten.). Damit würde man
der Bedeutung von Schule nicht gerecht. Allein über diese
Bemerkung könnte man psychologische Doktorarbeiten
schreiben. Worum geht es hier tatsächlich – um das
Wohlergehen und die Bildung von SchülerInnen oder um die
Daseinsberechtigung von Schulen?

Jovial wurde aber auch empfohlen, es mit dem Homeschooling nicht zu übertreiben. Zwei Stunden lernen am Tag seien genug, was aber eigentlich bedeutet, dass sich die Kinder zwei Stunden lang mit Dingen beschäftigen sollen, die sie – wie in Schulen, so auch zu Hause – vermutlich wenig interessieren, weil sie ihnen vorgegeben werden. Dieses stupide Abarbeiten von Lehrplaninhalten hält doch gerade vom echten Lernen ab oder erschwert dieses mindestens. Die Eltern verschwenden damit die Zeit ihrer Kinder ebenso, wie es Schulen allermeistens tun. Die Pädagogin, von der dieses Statement stammte, ergänzte, dass auch der Rest des Tages durch die Erwachsenen strukturiert und Beschäftigungen dem Kind "schmackhaft gemacht" werden sollten. So könnten die Eltern Spiele mit ihm basteln und diese zur Belohnung(!) dann auch spielen. Die Kinder sollten also möglichst – natürlich zu ihrem Vorteil – rund um die Uhr manipuliert werden.

Selbst wenn ein gewisses Verständnis für die Probleme in den Familien vorhanden war, empfohlen wurde, die Kinder nicht zu sehr zu drängen, und versichert wurde, dass die Aufgaben nicht geschafft werden müssten. Ganz ohne ein „Du musst!" ging es dann doch nicht, denn einer entsprechenden Äußerung eines Pädagogen folgte der Satz: Dies sei aber kein Freibrief, faul zu sein. In den Köpfen von PädagogInnen ist ein Kind faul, wenn es sich nicht mit schulischen Vorgaben beschäftigt. Es muss seine Arbeit erledigen. Leider glauben das auch viele Eltern.

Eine Empfehlung des Grundschulverbandes gab Tipps, wie Kinder sinnvoll (im Auge von Erwachsenen) beschäftigt werden können. Obwohl die Ideen durchaus schön waren, stammten sie – und zwar aus pädagogischen/erzieherischen Gründen – aus den Köpfen von Erwachsenen. Immerhin folgte der Hinweis, dass die Eltern ihre Kinder fragen sollten, was diese wollen. Ideal wäre es jedoch, wenn sie ihre Kinder einfach mal machen ließen und nur zur Verfügung stünden, wenn diese signalisierten, dass sie sie brauchen. Auch wenn Corona die Möglichkeiten sehr einschränkte, wäre das doch einmal ein wirklich interessantes Experiment gewesen. Zudem wesentlich stressärmer. Hierfür hätten die Schulen einfach einmal für ein paar Wochen jegliche Ansprüche an ihre SchülerInnen aussetzen müssen. Die Familien hätten so die Möglichkeit gehabt, ein wirkliches Familienleben zu führen, die Kinder, sich selbstbestimmt zu beschäftigen. Das heißt übrigens nicht, dass gemeinsame Aktivitäten – auch auf Vorschlag der Eltern – tabu sind, es bedeutet lediglich, dass die Kinder ihren eigenen Wünschen folgen und nicht permanent bevormundet werden.

Erwähnen möchte ich noch eine Äußerung, die ich in einem Artikel las, nämlich dass infolge der schulischen Aufgaben keine Zeit bliebe, etwas Schönes mit den Kindern zu machen. Dabei sollte doch Lernen schön sein, nein, muss es, um nachhaltig zu wirken. Hier tritt der Aspekt des Lernens als Arbeit, abgetrennt von Spaß und Spiel, welche doch eigentlich untrennbar mit dem Lernen verbunden sind, sehr deutlich zu Tage.

***

PädagogInnen als ExpertInnen

„Wir LehrerInnen sind so unersetzlich."
                                        Denken offenbar viele.

„Unerträglich!"
                         Spontane Korrektur durch meine Tochter.

Immerhin empfahlen PädagogInnen auch, Schule nicht zu imitieren. Zum Beispiel sollten die Kinder ausschlafen, denn die meisten seien um acht Uhr noch nicht fit. Zu lange „Schule zu spielen" bringe zudem nur Streit. Aus irgendeinem Grund scheint das beides für Schulen nicht zu gelten, sondern nur für zu Hause. Streit gibt es vermutlich mit den LehrerInnen meist tatsächlich weniger, aber was liegt dem Streit mit den Eltern zugrunde? Es ist doch der Unwille des Kindes, die Aufgaben erledigen zu wollen. Zu Hause hat es jedoch die Möglichkeit, dies – zur Not auch im Konflikt mit den Eltern – auszudrücken. In Schulen hat es gar keine Wahl. Gelegentliche Ausbrüche von Kindern und Jugendlichen gegenüber LehrerInnen gibt es bekanntermaßen trotzdem.

Es gab auch eine Petition zur Abschaffung des „Fernunterrichts", gemeint war Homeschooling, da dieses die Familien überfordere. Ich stimme dem uneingeschränkt zu. Jedoch schwang auch hier die übliche Anschauung mit, dass Eltern keine PädagogInnen seien und daher ihren Kindern keine Bildung bieten könnten.

Die Überforderung der Eltern wurde also gesehen, jedoch die Ursache nicht wirklich erkannt. Diese besteht in der Idee, dass Kindern etwas beigebracht werden muss, ob diese wollen oder nicht. Und das ist sowohl für LehrerInnen nervenaufreibend – wir erinnern uns an die vielen Burnouts et cetera gerade in dieser Berufsgruppe – als auch für die Eltern. Letztere werden jedoch zusätzlich abgewertet, indem behauptet wird, ihnen würden besondere Fähigkeiten fehlen, die nur LehrerInnen hätten, nämlich sowohl das fachliche als auch das ach so wichtige pädagogische Wissen und Können.

Und Eltern glauben das leider auch oft selbst. In einer absolut berechtigten Schimpftirade über den schulischen Lernstoff für zu Hause erklärte eine israelische Mutter unter anderem wütend: „Jetzt werden unsere Kinder herausfinden, wie dumm wir wirklich sind". Sie meinte es eventuell augenzwinkernd. Aber es stimmt ja: Eltern können erstens nicht alles wissen oder verstehen, wofür es ja auch in Schulen verschiedene LehrerInnen gibt. Aber zweitens: nur, weil sie das meiste aus ihrer Schulzeit vergessen haben, sind sie nicht dumm. Sie haben dieses Wissen einfach niemals gebraucht. Interessant ist: Obwohl viele Eltern diese Erfahrung gemacht haben, muten sie ihren Kindern doch wieder zu, sich mit all diesen Dingen ebenfalls beschäftigen zu müssen. Sie glauben fest daran, dass dies unbedingt notwendig ist.

Der weit verbreitete Glaube, dass Eltern die Lehrkompetenz, also die Fähigkeit, Unterricht vorzubereiten und durchzuführen, fehle, stimmt vermutlich oft. Aber die Frage ist doch, ob sie diese überhaupt benötigen. Unterrichten ist ohnehin der falsche Weg. Beide – Eltern und LehrerInnen – tun mit Unterricht und Homeschooling etwas, das nicht besonders erfolgreich ist, wie ich bereits beschrieben habe. Das Ergebnis wird bei beiden Methoden das selbe sein. Bis zum nächsten Test mag einiges „Gelernte" im Kopf bleiben, dann verschwindet es. Es sei denn, das jeweilige Thema hat das Kind besonders interessiert.

Eine Lehrerin, die sich über das elterliche „Jammern" über Homeschooling aufregte, sprach von der „Notbetreuung" ihrer SchülerInnen. Als würden die Kinder zugrunde gehen, wenn sie nicht täglich schulische Aufgaben bekämen. Sie fragte ganz verwundert, wieso Eltern glaubten, diese würden mehr als nur ein Angebot darstellen. Nun, weil die meisten LehrerInnen das so kommunizierten. Meine älteste Tochter zum Beispiel, die derzeit wieder eine Schule besucht, wurde angezählt, weil sie sich ihren Aufgaben bisher nicht gewidmet hatte. Anderen Kindern und Jugendlichen erging es ebenso. Zudem glauben auch die meisten Eltern und Kinder, dass ihre Bildung von diesen Aufgaben abhängt, wie es ihnen ja auch permanent suggeriert wird. Eine Aussage dieser Lehrerin – 'Ist doch klar, dass zu Hause nicht so gelernt und geübt werden kann wie im Unterricht" – wäre eine eigene Abhandlung wert. Er zeugt einerseits von totaler Selbstüberschätzung, denn er meint ja sicher – wieder einmal –, dass Homeschooling nicht so „gut" wie schulisches Lernen funktionieren kann. Tatsächlich tut es das aber – es funktioniert fast gar nicht, wie schulisches Lernen auch. Nur, den Eltern wird ebenso herablassend unterstellt, dass sie nicht unterrichten können, wie überzeugt behauptet wird, LehrerInnen könnten es erfolgreich.

Interessant ist auch diese Ausführung der selben Lehrerin: „Aus der Bearbeitung von Lernmaterialien nun 'Home-Schooling' zu machen, finde ich gewagt. Wäre das so ohne Weiteres umsetzbar, wäre mein Beruf ja überflüssig. Gott sei Dank ist er das nicht! Das zeigen die Erfahrungen der selbst ernannten 'Home-Schooler'." Auch daraus spricht Selbstüberschätzung und Wichtigtuerei. Erstens ist das gemeinsame Abarbeiten der schulischen Aufgaben – wie gesagt, werden Eltern in der Regel dahinter stehen, sprich antreiben und helfen, müssen – sehr wohl als „Homeschooling" – nämlich ungebetener Unterricht zu Hause – zu bezeichnen. Zweitens: Ja, ich denke, sie hat – sicher unbeabsichtigt – ins Schwarze getroffen. Da Unterricht – in Schulen und zu Hause – recht erfolglos ist, sind LehrerInnen beziehungsweise ist das ganze System vermutlich überflüssig. Sie meint, dass dies nicht so wäre, würden die Erfahrungen mit Homeschooling zeigen. Das ist jedoch ein Trugschluss, denn dieses funktioniert nur einfach genau so schlecht wie schulischer Unterricht.

Ich glaube, dass Didaktik – also die „Kunst" des Lehrens und Lernens, letztlich des Unterrichtens – maßlos überschätzt wird. Sie entstand meines Erachtens nur aus der Notwendigkeit heraus, dass gleichzeitig vielen jungen Menschen, die sich größtenteils zum entsprechenden Zeitpunkt nicht für das Dargebotene interessieren, der Lehrstoff zum Konsumieren „mundgerecht vorgekaut" werden muss. Dies ist jedoch überhaupt nicht notwendig, wenn ein Mensch sich für ein Thema interessiert. Dann wird er von sich aus auf die in seiner Gesellschaft existenten entsprechenden Informationen zugreifen und sie sich erschließen, unter Umständen auch mit der Hilfe einer kompetenten Person, die ihm jedoch keinen Lernstoff präsentieren muss, sondern Fragen beantwortet oder gewünschte Instruktionen gibt. Es kommt also auf das Interesse des Menschen an, der etwas wissen oder können möchte, nicht auf die didaktischen Fähigkeiten desjenigen, der ihm eventuell dabei hilft, dies zu erreichen. Wichtig ist, dass die Helfenden ihr Fach wirklich gut verstehen. Ist dem so, können sie es auch erklären. Dafür braucht es keine didaktische Aufbereitung von Unterrichtsstoff.

Die längste Zeit unserer Existenz ist Wissen und Können ohne jede Didaktik von Mensch zu Mensch weiter gegeben worden. Dass LehrerInnen mit all ihren hoch gehaltenen didaktischen Kompetenzen dagegen nicht gerade erfolgreich sind, sollte uns doch sehr zu denken geben.

***

Exkurs: Überschätzte Didaktik

In Potsdam gibt es ein naturwissenschaftliches Mitmachmuseum – das Extavium. Seit geraumer Zeit war es von Schließung bedroht, da die Stadt Potsdam ihre Entscheidung über die finanzielle Unterstützung hinauszögerte. Unter anderem war wohl fraglich, wie das Extavium einzustufen ist – als Museum oder als Bildungseinrichtung. Eine Vertreterin des Potsdamer Bildungsausschusses erklärte, dass es vor allem am Nachweis von didaktischen Konzepten fehle.

Nicht nur, dass dort regelmäßig Veranstaltungen für SchülerInnen stattfinden, Schulen das Angebot also gern annehmen, auch wir als Familie besuchen das Extavium des Öfteren. Bisher haben uns die Erläuterungen der MitarbeiterInnen außerordentlich viel Freude bereitet. Man merkte, dass sie selbst Spaß daran hatten und wussten, wovon sie sprachen. Eine, wie auch immer geartete, Didaktik war uns – kurz gesagt – ziemlich Wurscht. Wir führten schlichtweg Gespräche mit den MitarbeiterInnen. Wir hatten Spaß und mit Sicherheit haben meine Kinder von dort mehr mitgenommen als aus jeder Unterrichtsstunde.

Ein solch wirklich gutes Bildungsangebot hätte beinahe ein Ende gefunden, weil einige PädagogInnen die in ihren Augen ach so wichtige Didaktik vermissten. Ich will nicht leugnen, dass die Experimente und Ausstellungsstücke in einer gewissen Form präsentiert werden, was auch der Didaktik zugerechnet werden kann. Aber sie stellen eben nur Angebote dar. Was der einzelne Besucher daraus macht, ist allein seine Sache. Der aktive Part im Lernprozess ist der lernende Mensch. Er wird sich letztlich die Inhalte, die ihn interessieren, selbst erschließen. Wenn er sich Erklärungen holt, ist es möglich, dass der eine Mitarbeiter ihm die Dinge besser erklären kann als ein anderer. Das hat aber viel mehr mit der Persönlichkeit dieses Menschen zu tun als mit seiner didaktischen Kompetenz.

Anfang April – kurz vor Beendigung dieses Buches – erreichte mich die gute Nachricht, dass das Extavium infolge der Übernahme durch einen neuen Träger gerettet ist.

Eltern benötigen weder eine Lehrkompetenz noch müssen sie Allround-Talente sein, um ihre Kinder beim Selbstbestimmten Lernen zu unterstützen. Das, was sie wissen und können, zeigen sie diesen bei Bedarf selbst, für die anderen Dinge helfen sie, die richtigen AnsprechpartnerInnen zu finden. Das ist ganz einfach. Voraussetzung ist natürlich das Interesse für die Bedürfnisse der Kinder. Sicher erschwerte die Situation infolge von Corona auch Selbstbestimmtes Lernen, aber unmöglich ist es auch in solchen Zeiten nicht. Es erfolgt aber eben nicht nach Lehrplan und auch nicht unter permanenter Anleitung durch die Eltern.

***

„Bildungsferne" Familien

„Aber für mich als Lehrer sieht es eher so aus: Die Schulen an sich sind bereits eine Hauptursache für schwache Familien und schwache Gemeinschaften. Sie trennen Eltern und Kinder von der lebenswichtigen Interaktion miteinander und von echter Neugierde auf das Leben der jeweils anderen. Die Schulen ersticken die Originalität von Familien, indem sie die Zeit, die für tief greifende Familienbande benötigt wird, begrenzen – und dann geben sie der Familie die Schuld dafür, dass sie scheitert."

John Taylor Gatto

Die Opfer der Krise seien, so konnte man vielerorts lesen, besonders Kinder aus „bildungsfernen" Familien, da sie nicht in die Schule gehen dürften. Die Lehrerin, die sich über jammernde Eltern ärgerte, meinte zum Beispiel, dass die Notbetreuung einiger Kinder dringend notwendig wäre, erschließe sich von selbst. Sie meinte vermutlich, dass manche Kinder dringender schulische Aufgaben benötigen würden als andere, weil sie zu Hause keine Bildung erhalten, eben „bildungsfern" sind (Sie benutzte dieses Wort allerdings nicht.).

Abgesehen von der Arroganz, die schon im Wort „bildungsfern" und in der zugrunde liegenden Einstellung steckt, und von der ich bereits schrieb – vermutlich war die Situation wirklich schwierig für Kinder aus gewalttätigen und vernachlässigenden Familien. Der Anstieg von häuslicher Gewalt wurde in allen von Isolationsmaßnahmen infolge von Corona betroffenen Ländern beobachtet. Jedoch ist dies zum einen, wie bereits erläutert, nicht nur ein Problem von ressourcenarmen Familien. Leider gab es diesbezüglich kein wirklich gutes Krisenmanagement, was angesichts der Neuartigkeit der Situation wohl auch kaum anders zu erwarten war. Zum anderen: Haben diese Kinder tatsächlich einen höheren Bedarf an schulischen Aufgaben oder nicht eher einen an Unterstützung ihres Lebens im häuslichen Umfeld?

Ich habe mich weiter oben bereits grundsätzlich zu dieser Problematik geäußert, die Schulen kaum lösen. Häusliche Gewalt und Vernachlässigung gibt es nach wie vor in beträchtlichen Größenordnungen, trotz absoluter Schulpflicht. Es darf auch kein Argument pro Schule und vor allem pro Schulpflicht sein, dass die vernachlässigten oder geschlagenen Kinder in den Schulen – eventuell! – gesehen werden. Hier sind viel mehr das Wächteramt des Staates und eine individuelle Betreuung der betroffenen Familien gefragt. Außerdem sind für eine nachhaltige Verbesserung der Situation – wie ich bereits ausgeführt habe – gesamtgesellschaftliche Veränderungen notwendig.

Wahrscheinlich konnten Eltern aus ressourcenarmen Familien tendenziell bei den schulischen Aufgaben weniger gut helfen und waren aufgrund des Mangels an verschiedenen Ressourcen schneller frustriert und gestresst als andere. Es geht aber komplett in die falsche Richtung, zu glauben, dass das Problem im Fehlen von durch Schulen gewährleisteter Bildung besteht, wie viele Menschen es taten und sich sorgenvoll gegenseitig versicherten, wie sehr diese armen Kinder bald den Anschluss verlieren würden. Derartige Aussagen zeugen von bildungsbürgerlicher Selbstgefälligkeit, von dem Glauben, dass der eigene Bildungskanon das Maß aller Dinge sei. In wirklicher Bildung kann man keinen Anschluss verlieren, da sie individuell und nicht mess- oder vergleichbar ist. Im Sinne des Lehrplanes kann man dies schon, aber wie wichtig ist das? Sicher meinten die besorgten Menschen vor allem, dass diese Kinder in Tests schlecht abschneiden würden, denn anders ist ja dieser „Anschluss" nicht zu überprüfen. Dass diese Tests aber ein sehr fragwürdiger Indikator für Bildung sind, habe ich bereits erläutert. Zudem werden gerade Menschen, die nicht dem mittelständischen Normkind entsprechen, ohnehin in Schulen benachteiligt. Dass immer wieder behauptet wird, Schulen würden gerade ihnen nützen, ist wirklich eigenartig.

Wie ich bereits ausgeführt habe, glaube ich, dass Menschen ihre Bildung trotz aller schulischen Einflüsse mehr aus ihrem sozialen Umfeld außerhalb von Schulen erhalten, als wir glauben. In einem Artikel wurde auf die „Sommerschmelze" hingewiesen. Studien würden zeigen, dass das schulische Wissen in den Ferien bei Kindern aus (wieder dieses diskriminierende Wort) „bildungsfernen" Familien wesentlich mehr „zusammen schmelzen" würde als von Kindern aus „besseren Elternhäusern" (Ja, so stand es dort!). Bei letzteren gäbe es sogar einen Zuwachs an Kompetenzen. Für mich zeigt das zum einen, dass schulisches Wissen – vor allem, wenn es nicht die eigene Welt widerspiegelt – eben schnell vergessen wird. Zum anderen weist für mich der Zuwachs an Kompetenzen bei Kindern aus ressourcenreichen Familien darauf hin, dass dort die jungen Menschen das Bildungsangebot ihres Umfeldes schlichtweg auch in den Ferien genutzt haben. Vermutlich nicht einmal bewusst. Natürlich ist es auch möglich, dass die Kinder Nachhilfen besuchen mussten und daher den Schulstoff nicht so vollständig vergessen konnten wie andere. So oder so resultierten die besseren Testergebnisse dann aber aus den größeren Ressourcen der Familien.

Argumentiert wurde auch, dass „bildungsferne" Familien die Schule mit all ihren Pflichten nicht ernst nähmen. Nun ja, das tun wir auch nicht und ebenso auch viele Eltern in ressourcenreichen Familien. Zu denken ist an die von mir bereits an anderer Stelle beschriebene Fassade von Schule. Natürlich ist Vernachlässigung von Kindern ein Problem, Schulen aber nicht ernst zu nehmen, halte ich eher für ein vernünftiges Verhalten. Hätten sie die jungen Menschen nicht – scheinbar! – in der Hand, weil sie diese mittels Zertifikaten auf Lebenschancen selektieren, würde sie niemand ernst nehmen.

Im selben Artikel fiel auch der schöne Satz: „Manche Eltern denken, die Kinder lernen ja auch etwas, wenn sie auf der Couch sitzen und Playstation spielen". Und ja – genau so ist es. So wie überall und gerade im Spiel, lernt der Mensch auch beim Spielen mit Medien. Unser Sohn hat beim Spielen mit dem Nintendo lesen gelernt, beide jüngeren Kinder mit Computerspielen Englisch. Diese herablassenden Aussagen von PädagogInnen über alle Tätigkeiten, die nicht in ihrem Lehrplan enthalten sind, empfinde ich als arrogant und unerträglich.

Das Problem ist in meinen Augen nicht die fehlende Schule, wohl aber die fehlende Unterstützung für ressourcenarme Familien oder Familien, in denen es zu Gewalt und Vernachlässigung kommt. Einige Tage nach den Schulschließungen sah ich eine kurze Dokumentation über ein Angebot des Vereins „Die Arche". Junge Menschen durften dort einzeln an Computern arbeiten und einfach einmal von ihrem stressigen zu Hause Abstand nehmen. Es ist sehr gut, dass es solche Angebote gibt, vor allem in so schwierigen Zeiten. Sie unterstützen die jungen Menschen und eventuell auch deren Familien wirklich. Für diese

Unterstützung, gern verbunden mit Bildungsangeboten, braucht es, auch nach Corona, keine Schulen mit all den hier beschriebenen Nachteilen. Dafür genügen Institutionen wie die „Arche", die ich als sehr wertvoll empfinde. Von solchen Angeboten muss es viel mehr geben, denn dort werden junge Menschen nicht mittels der hier beschriebenen Mechanismen zu UntertanInnen erzogen. Sie sind keine Machtinstrumente, sondern es wird den Kindern in ihren jeweiligen Situationen geholfen. Sie werden wesentlich mehr als gleichwertig anerkannt und haben wesentlich größere Freiheiten zu entscheiden, was sie tun wollen. All das wird ihnen viel mehr helfen, sich zu selbstbestimmten Menschen zu entwickeln, als es in jeder Schule möglich wäre.

Ich glaube nicht, wie es die gleiche Dokumentation suggerierte, dass die jungen Menschen wirklich die Schule, das bedeutet vor allem: den Unterricht, vermissten. Ich denke, sie vermissten soziale Kontakte und die Möglichkeit, draußen unterwegs zu sein. Dass Unterricht für SchülerInnen nicht so wichtig ist, zeigen ja die entsprechenden Statistiken immer wieder. Wenn sie äußerten, dass sie die Schule vermissten, so sicher, weil diese einfach die Orte sind, an denen ein Großteil ihres Lebens stattfindet und ohne die sie sich, wie fast alle anderen Menschen, eine Welt nicht vorstellen können. Das sollte aber von Seiten der Verantwortlichen nicht als der Wunsch nach Schule (Unterricht) missverstanden werden, was es aber leider regelmäßig wird.

Die Idee, dass alle Menschen die gleiche Bildung besitzen sollten und dadurch Chancengleichheit gegeben wäre, ist in mehrfacher Hinsicht gescheitert. Zum einen ist es nicht möglich, Menschen Lerninhalte aufzuzwingen, wenn sie sich nicht dafür interessieren. Bildung wird immer individuell sein. Wir können Menschen nur in ihrer Sozialisationstätigkeit unterstützen, indem wir ihnen möglichst viele, allen frei zugängliche, Bildungsangebote machen. Zum anderen sollen Schulen selektieren, also gar nicht dafür sorgen, dass alle Menschen die gleiche Bildung erhalten. Und auch, wenn das ginge, würden letztlich doch die Ressourcen der jeweiligen Familien über Karrieren entscheiden.

***

Corona-Partys

Ich möchte auch noch etwas zu den berüchtigten „Corona-Partys" äußern. Der Begriff kam auf, als es trotz der Bitte, zu Hause zu bleiben, immer noch Menschen gab, die sich trafen und feierten, oft Jugendliche. Ich glaube, dass diese einerseits glücklich darüber waren, dass ihre Schulen geschlossen hatten. Im Internet findet sich ein kurzes Video, in dem der Jubel von SchülerInnen über die Schließung aller Schweizer Schulen festgehalten wurde. Ähnliche Szenen wird es überall gegeben haben, wo junge Menschen in Schulen gezwungen werden. Warum geben uns solche Szenen eigentlich nicht schwer zu denken? Was tun wir unseren nachwachsenden Generationen mit der Institution Schule an, wenn solch ein Jubel ausbricht, wenn sie davon plötzlich befreit werden?

Auf der anderen Seite wurden die Partys eventuell auch aufgrund von widerständigem Verhalten gefeiert. Wer junge Menschen immer nur als Menschen zweiter Klasse behandelt, die zu gehorchen haben, muss sich über eine derartige Reaktion nicht wundern. Es ist die von ungehorsamen UntertanInnen. Würden wir junge Menschen gleichwertig behandeln, ihnen Vertrauen entgegenbringen und sie Ernst nehmen, ihnen einfach alle Menschen- und BürgerInnenrechte zugestehen

(Sie zum Schulbesuch zu zwingen, ist ja überhaupt nur möglich, weil wir dies eben nicht tun.), würden sie vermutlich auch selbstbestimmter und daher verantwortungsvoller handeln. Der bereits erwähnte Daniel Everett machte bei den Pirahã eine interessante Beobachtung. Die Jugendlichen dieser Jäger- und Sammlergruppe im Amazonasgebiet seien durchaus auch pubertär, neckten ihn zum Beispiel heftig und waren sehr albern. Jedoch würden sie sich niemals verantwortungslos benehmen. Ich glaube, dass dem so ist, weil diese jungen Menschen sich schlichtweg von ihrer Gesellschaft angenommen fühlten, da sie von Beginn an die Möglichkeit hatten, sich selbstbestimmt und gleichwertig in diese zu sozialisieren. Das sollte uns zu denken geben.

**

Fazit

Letztlich hat die Corona-Krise drei wesentliche Aussagen meines Buches bestätigt:

1. Die Aufbewahrungsfunktion von Schulen ist ein essentieller Pfeiler unserer Gesellschaft.

2. Homeschooling ist Unterricht zu Hause und verschiebt damit nur das Problem. Das Ziel einer Bewegung zur Veränderung unseres Bildungswesens kann daher nicht, wie einige Menschen es anstreben, die Legalisierung von Homeschooling sein. Es muss die Abschaffung des derzeitigen Schulsystems angestrebt werden. Einen Vorschlag, wie ein ganz neues Bildungswesen aussehen könnte, habe ich oben skizziert.

3. Corona hat auch gezeigt, dass eine Veränderung unserer Arbeitswelt möglich und – angesichts unseres Umgangs gerade mit systemrelevanten Berufen – auch notwendig ist. Dies sollten wir weiter verfolgen, um das Ermöglichen von Selbstbestimmter Bildung sinnvoll zu begleiten.

Literatur:
Das Eingangszitat des Unterkapitels „'Bildungsferne' Familien" stammt aus John Taylor Gattos Buch „Verdummt nochmal! Der unsichtbare Lehrplan oder Was Kinder in der Schule wirklich lernen", erschienen 2009 im Genius Verlag.
Das Eingangszitat von Heinz-Elmar Tenroth stammt aus seinem Aufsatz „Bildungsminimum und Lehrfunktion: Eine Apologie der Schulpflicht und eine Kritik der „therapie"-orientierten pädagogischen Professionstheorie" in „Was macht Schule", 2004 bei Beltz herausgegeben von Gruehn, Kluchert und Koinzer.
Die Studie des Deutschen Instituts für Wirtschaftsforschung findet sich unter https://www.diw.de/documents/publikationen/73/diw_01.c.702895.de/diwkompakt_2020-146.pdf, abgerufen am 3. April 2020.
Da ich aus einem der erwähnten Artikel besonders viel wörtlich zitiere, sei er hier genannt:
https://m.focus.de/familie/eltern/von-wegen-home-schooling-grundschullehrerin-aergert-sich-ueber-jammernde-eltern_id_11805074.html ?fbclid=IwAR1tj0taAsy8i2JeXZvH05ffiwPfN04HPDseWC4Wy bvMJabxPdAT7GuPoPY, abgerufen am 6.April 2020. Tatsächlich sind aber alle Artikel beziehungsweise die daraus erwähnten Aussagen nur als Beispiele für viele andere – ganz ähnliche – zu verstehen.

Mut zur Demokratie!

„Wir wollen mehr Demokratie wagen."

Willy Brandt

Wenn Menschen heute gefragt werden, wo sie ihre Bildung erhalten haben, werden wohl die meisten antworten: selbstverständlich in der Schule. Nach dem hier Gesagten sollten wir die Möglichkeit in Erwägung ziehen, dass dem nicht so ist. Schulen sind – wie ich hier zeigen wollte – nicht das Naturgesetz, für das sie die meisten Menschen halten. Vielmehr stellen sie eine Art kollektive Illusion dar. Sicher auch, weil wir uns schon seit Jahrhunderten darauf konditionieren, dass Bildung ohne Schulen nicht möglich ist.

Schulen sind jedoch nicht die guten Bildungsorte, als die wir sie uns seit Beginn ihrer Existenz weismachen. Sie dienen bis heute den Zielen der Eliten der Gesellschaft. Heute geht es um das Erlangen von Zertifikaten. Es spielt dabei keine Rolle, wie gut junge Menschen etwas wirklich verstanden haben oder ob sie es überhaupt wissen wollten. Was zählt, ist die Bewertung ihrer Fähigkeit, dieses Wissen zu konsumieren und wiederzugeben. Sie lernen also meist auswendig und kotzen aus, es sei denn, ein Thema interessiert sie wirklich gerade zu dem Zeitpunkt, an dem es dran ist.

Um die besten Bewertungen zu erhalten, passen sich die jungen Menschen an gewünschte Vorgaben an und übernehmen vorgegebene Informationen – scheinbar – kritiklos. Ich glaube aber, dass sie das, was sie wirklich denken, schlichtweg für sich behalten, denn dies ist ihren LehrerInnen tatsächlich gar nicht wichtig. Was zählt, ist die Wiedergabe des für die gute Bewertung notwendigen Lerninhaltes und dazu zählt auch die erwünschte Meinung, zum Beispiel zu politischen Themen.

Die guten Noten bilden die Grundlage für gute Zertifikate und somit die Möglichkeit, auf die besten Lebenschancen verteilt zu werden, das heißt zunächst die beste weiterführende Schule und später ein prestigeträchtiges Studium oder eine entsprechende Ausbildung. Dabei werden einige Menschen bevorzugt, andere diskriminiert. Das gehört zum System, so lange selektiert werden soll.

Menschen aus ressourcenarmen Familien können tendenziell weniger gut mithalten. Selbst, wenn sie das Abitur erreichen, haben sie schlechtere Voraussetzungen. Sie waren vielleicht fähig, den schulischen Anforderungen – Lernen für gute Noten, Anpassung an den Heimlichen Lehrplan – zu genügen. Jedoch hatten sie in ihrem Leben weniger Möglichkeiten, sich in „Mittelstands-Situationen" zu sozialisieren und haben daher in der Regel auch eine weniger der Norm entsprechende Bildung erfahren, was sich vermutlich meist auch in einem weniger mittelständischen Habitus äußert. Im Kampf um die guten Karrieren wird ihnen genau diese Bildung oft fehlen, wie auch allgemein ein ressourcenreicher familiärer Hintergrund.

Ein solches Bildungssystem ist zutiefst undemokratisch, da es Menschen ungleich behandelt. Gleichbehandlung meint eben nicht, dass allen Menschen exakt die gleichen Bildungsinhalte aufgezwungen werden, was ohnehin, wie beschrieben, nicht funktioniert. Stattdessen sollten allen Menschen die gleichen Bildungsmöglichkeiten prinzipiell zur Verfügung stehen, aus denen jedoch jeder Mensch nach seinen Interessen und Bedürfnissen wählen kann. Auch das bringt keine gleich gebildeten Menschen hervor. Dies ist mit Sicherheit auch gar nicht möglich – und wenig sinnvoll!

Bilden sich Menschen nach ihren Interessen, werden sie viel besser herausfinden, was sie begeistert und womit sie sich – auch beruflich – beschäftigen möchten. Sie könnten ihren Platz in der Gesellschaft besser finden und zufriedener leben, als es heute oft der Fall ist.

Das von mir skizzierte Bildungswesen würde dabei hilfreich sein, da es die Abhängigkeit von familiären Ressourcen bei der Nutzung von Bildungsangeboten mindestens verringert. Ganz werden gesellschaftliche Unterschiede, und auch entsprechende Dünkel, wohl niemals aufgehoben werden können. Mehr Chancengleichheit wäre aber möglich.

Die Veränderungen, die nötig sind, um zu verhindern, dass die Schere zwischen Arm und Reich immer weiter auseinander geht, oder dass es zunehmend zu größerer Armut und zur Diskriminierung von bestimmten Bevölkerungsteilen kommt, seien das Arbeitslose, Menschen mit Migrationsgeschichte oder andere, müssen politisch erreicht werden. Dies wird aber meines Erachtens nicht in einer Leistungsgesellschaft funktionieren. Die Idee der Leistung suggeriert, dass alle Menschen die gleichen Chancen haben, wenn sie bereit sind, die geforderten Leistungen zu erbringen. Dies ist jedoch eine Lüge. Menschen haben ganz unterschiedliche Startpositionen, vor allem infolge ihrer familiären Hintergründe, die es ihnen schwerer oder leichter machen. Stattdessen müssen wir eine konsequent demokratische Gesellschaft schaffen, die sich von Macht- und Hierarchiedenken abwendet und jeden Menschen vollständig als solchen anerkennt, das heißt ihn weder ab- noch aufwertet, sei es anhand seiner Leistung oder anderer Kriterien.

Außerdem sind die in Schulen tatsächlich zu erbringenden Leistungen mehr als fragwürdig. Es geht um Anpassung und Gehorsam. Das sind Verhaltensweisen, die Menschen besonders gut in diesen erlernen und die sie wiederum besonders erfolgreich im Erreichen der angestrebten Zertifikate sein lässt.

Und das ist schädlich für unsere Demokratie. Die großen Verbrechen der Menschheit – Kriege oder beispielsweise der Holocaust – wurden und werden von gehorsamen Menschen ausgeführt. So lange Menschen zum Gehorsam erzogen werden, kann für derartige Verbrechen immer wieder leicht über diese verfügt werden.

Gehorsam wird, wie beschrieben, durch Gewalt hervorgebracht. Diese findet sich vielerorts in unserer Gesellschaft, aber vor allem in Schulen, auch wenn sie nicht mehr so offensichtlich ist, wie sie es bis vor wenigen Jahrzehnten noch wahr, als SchülerInnen physische Gewalt über sich ergehen lassen mussten. Heute ist es „nur" noch die psychische Gewalt in Form von Disziplinierung und Fremdbestimmung – totaler Kontrolle. Zu denken wäre an Anschreien, Ermahnen, Vorschreiben, Bloßstellen, Ausschluss, Einträge ins Hausaufgabenheft oder Klassenbuch, Elternbriefe, Strafarbeiten, die nach wie vor sehr beliebt sind, an Trainingsräume (Bitte selber googeln. Ich möchte das hier gar nicht ausführen.), an die neuerdings vorgeschlagenen und durch die jungen Menschen nicht mit bestimmbaren Verträge mit der Schule oder einzelnen PädagogInnen, die den Anschein einer Partnerschaft schaffen sollen und doch nur schulische Forderungen enthalten, und an so vieles mehr. Dies alles ist nur nötig, weil die jungen Menschen sich in den ihnen zugewiesenen Schulen um jeden Preis aufzuhalten haben. Sie können nicht einfach weggeschickt, müssen also diszipliniert werden. Sie wissen das und viele verhalten sich vermutlich allein schon deswegen mit wenig Achtung gegen LehrerInnen und Einrichtungsgegenstände. Zudem sind sie nun einmal nicht freiwillig dort und haben überhaupt keinen Antrieb, von sich aus irgendwelche schulischen Regeln einzuhalten, die ihnen, ebenso wie der Schulbesuch selbst, aufgezwungen werden. Entsprechend widerständiges Verhalten zieht stärkere Disziplinierungsmaßnahmen nach sich, was bei vielen letztlich doch zu gehorsamen Verhalten führt.

Gehorsame Menschen können aber weniger gut selbstbestimmt an ihrer Gesellschaft teilnehmen, wie es in einer Demokratie jedoch unbedingt notwendig ist. Sie identifizieren sich mit den Mächtigen und ordnen ihre eigenen Bedürfnisse deren Wünschen unter.

Widerständige Menschen haben es in unserem Schulsystem viel schwerer als andere, höhere Zertifikate zu erreichen. Sie wollen sich nicht fügen und sind damit vermutlich und tragischerweise genau die mündigen Menschen, die dieses System behauptet, schaffen zu wollen. Tatsächlich werden sie aber wie dessen „Ausschuss" behandelt, durch schlechtere Bewertungen benachteiligt und als weniger intelligent, hilfsbedürftig oder gar krank oder kriminell diffamiert.

In Zeiten, in denen einzelne MonarchInnen oder kleine Eliten über die Bevölkerung herrschten, sollten Schulen dazu dienen, Menschen mit verschiedenen für die Erhaltung der bestehenden Verhältnisse notwendigen Fertigkeiten zu erziehen, die zudem die jeweilige Herrschaft nicht in Frage stellten. Die Schulen spiegelten in ihrer Struktur die patriarchalen Gesellschaften, aus denen sie entstanden waren, und wirkten mittels Gewalt und Zwang, häufig sogar mit Hilfe militärischer Organisationsformen.

Die in der Neuzeit entstandenen Demokratien erbten diese Schulen. In den Köpfen der Menschen waren sie bereits als Orte des Lernens verankert. Einzelne Aspekte, wie die Prügelstrafe, wurden zwar abgeschafft, jedoch wurde es geflissentlich vermieden, das System ganz in Frage zu stellen. Im Gegenteil: auch heute sollen Schulen die bestehende Gesellschaft, das heißt vor allem Wirtschaftsform, reproduzieren, also in den Köpfen der jungen Menschen verankern.

Dass Schulen eine gute Bildung vermitteln können, schließe ich aus. Unsere Bildung stammt meines Erachtens nach wie vor zum viel größeren Teil aus unserer eigenen Sozialisationstätigkeit und wird vor allem durch unsere Herkunft und gesamte soziale Umgebung bestimmt. Schulen ändern daran nichts. Sie beeinflussen unsere Sozialisation allerdings durchaus negativ.

Ich glaube, dass der Unterricht, durch den unsere Gesellschaft reproduziert werden soll, zum Beispiel der über das Funktionieren von Demokratien, genau so wenig Erfolg aufweisen kann wie der zu anderen Themen des Lehrplanes. Da sich Menschen selbständig in die sie umgebende Gesellschaft sozialisieren und dabei an den vorherrschenden gesellschaftlichen Gegebenheiten orientieren, wird der Heimliche Lehrplan, der die schulische Gesellschaft repräsentiert, wesentlich stärker auf die SchülerInnen wirken als jeder per Unterricht vermittelte Lehrplaninhalt. Also selbst, wenn wir versuchen, per Unterricht demokratische Werte zu transportieren, werden diese Bemühungen durch das Schulleben, das von Machtstrukturen, Gewaltverhalten und Hierarchien geprägt ist, überdeckt.

Da hinein müssen sich die jungen Menschen sozialisieren. Und sie tun dies mit mehr oder weniger großem Erfolg. Am erfolgreichsten ist, wer gehorsam ist, sich am besten anpassen kann, mit den gegebenen gesellschaftlichen Bedingungen abgefunden hat und seine Möglichkeiten darin am besten zu nutzen weiß. Diese Menschen bevorzugt das Schulsystem.

Sie werden selbst zu Macht- und Gewaltverhalten neigen, Machthierarchien akzeptieren und sich um eine möglichst hohe Position darin bemühen. Zudem werden sie Schwierigkeiten haben, sich ab ihrem 19. Lebensjahr demokratisch zu verhalten, wo sie doch bis dahin selbst undemokratisch behandelt wurden, dieses Verhalten zum Vorbild genommen haben und damit erfolgreich waren.

Natürlich sind nicht nur unsere Schulen noch sehr patriarchal strukturiert, das betrifft unsere ganze Gesellschaft. Viele PädagogInnen behaupten, dass sich Schulen erst verändern können, wenn sich die Gesellschaft verändert hat. Dies ist jedoch trotz vieler patriarchaler Überbleibsel bereits geschehen – wir haben uns Demokratien geschaffen. Schulen stammen jedoch aus vordemokratischen Zeiten und hinken dieser Entwicklung schlichtweg hinterher.

Richtiger wäre es, wenn PädagogInnen eine Vorreiterrolle einnehmen und für ein völlig neues Bildungswesen, auch gegen gesellschaftspolitische Widerstände, eintreten würden. Aber dafür müssten sie sich aus ihren – angesichts der tatsächlichen Zustände ja auch nur scheinbaren – Komfortzonen herausbewegen.

Wir leben meiner Meinung nach derzeit in einer Übergangsphase von altem Macht- und Herrschaftsdenken, das nicht zu einer demokratischen Verfassung passt, hin zu echter Demokratie. Jedoch stockt diese Entwicklung seit geraumer Zeit und das alte Denken verfestigt sich eher wieder. Das zeigt sich unter anderem in der Beobachtung, dass sich mittlerweile 40 Prozent der Bevölkerung eine autoritäre Staatsführung vorstellen können, was in meinen Augen auch eine Folge unseres Schulsystems ist.

Demokratien sind per definitionem egalitäre Gesellschaften – alle Menschen sind gleich. Es gibt keine besseren und schlechteren. Es gibt nur Mitglieder der Gesellschaft, die sich nach ihren Möglichkeiten einbringen. Umgesetzt ist dies bei weitem noch nicht. Grund dafür ist das Festhalten an patriarchalem Macht-, Hierarchie- und Herrschaftsdenken. Und dieses wird vor allem in Schulen reproduziert. Das muss gestoppt, hier muss der Anfang für Veränderungen gesetzt werden.

Im Gegensatz zu früheren Gesellschaftsordnungen, in denen einzelne HerrscherInnen versuchten, ihre Macht über andere Menschen zu erhalten, sind Demokratien auf das Mitwirken jedes einzelnen Menschen angewiesen. Es kann daher nicht sein, dass ein Teil der Gesellschaft Macht über einen anderen Teil ausübt, wie es beispielsweise – aber nicht nur – in Schulen der Fall ist. Die Folge ist, dass damit eben gerade keine Demokratie in den Köpfen der jungen Menschen verankert wird. Stattdessen sozialisieren sie sich in überkommene und in einer Demokratie unbrauchbare Macht- und Gewaltmuster. Heute wird also versucht, junge Menschen in einem System, das durch seine Strukturen antidemokratisch wirkt, zu DemokratInnen zu erziehen.

Das Interesse einer demokratischen Gesellschaft an ihrer Reproduktion ist durchaus verständlich. Der einzige Weg dahin führt jedoch meines Erachtens über deren kompromissloses Vorleben und die Akzeptanz von ständiger Veränderung. Wie Humboldt bereits darstellte, muss in einer Republik jedem Menschen die Möglichkeit gegeben werden, in seine Gesellschaft selbstbestimmt hineinzuwachsen, damit er als BürgerIn selbstbewusst entscheiden kann, ob er deren Verfassung für ausreichend gut oder verbesserungswürdig hält. Nur so – ohne vorherige Anpassung an die bestehende Ordnung – kann er frei sein Mitbestimmungsrecht ausüben.

Das klingt vielleicht ein wenig riskant. So als würden die jungen Menschen wild herumexperimentieren, wenn man sie tun lässt, was sie wollen. Ein wichtiger Grund für viele Menschen, am Bisherigen festzuhalten, dürfte die Angst genau davor sein, die Angst, die Kontrolle über die Jugend zu verlieren. Meines Erachtens müssen wir aber keine Angst davor haben, dass ein Mensch sich gegen ein System wendet, in dem er spürt, dass er gleichberechtigt mitbestimmen kann. Erinnern wir uns: Der Mensch sozialisiert sich in die ihn umgebende Welt. Wenn er sich in eine Demokratie sozialisiert, die ihn von Anfang an demokratisch behandelt, wird er sich selbst demokratisch verhalten. Und zwar nur dann. Vielleicht wird er sich für die Veränderung einzelner Teile der Verfassung einsetzen, aber er wird in der Regel Werte wie Meinungsfreiheit und Menschenrechte zu schätzen wissen und im Zweifelsfall auch verteidigen. Wenn er sich aber in eine Gesellschaft sozialisiert, die ihn bevormundet, einschränkt, bewertet, demütigt, jeden Raum für Selbstbestimmung nimmt, wird es nicht mehr viel nutzen, ihm von Demokratie zu erzählen. Er wird sich Verhaltensweisen aneignen, die er erlebte und die er benötigt, um in dieser undemokratischen Gesellschaft zu (über)leben. Demokratiefeindliches Verhalten kann sich unter autoritären und patriarchalen Bedingungen, wie sie eben auch in Schulen herrschen, sehr gut erhalten.

Es liegt also in unserer Verantwortung. Wir müssen den Umgang mit unseren nachwachsenden Generationen überdenken. Es dürfen weder die Eltern noch der Staat über das Schicksal der jeweils jungen Generation bestimmen, sondern das muss diese selbst tun. Das heißt nicht, dass wir sie in ihrer Sozialisationstätigkeit allein lassen sollen. Sie brauchen uns ins vielerlei Hinsicht – zum Beispiel als

Vorbilder und Bezugspersonen. Das heißt aber, dass wir ihnen lediglich Unterstützungsangebote machen, die sie auch ablehnen dürfen, wenn sie andere Pläne haben. Das heißt auch, dass wir sie ihren Bedürfnissen und ihrer Entwicklung entsprechend versorgen und pflegen. Dies muss aber damit verbunden sein, dass ihnen alle demokratischen Menschen- und BürgerInnenrechte von Anfang an uneingeschränkt zugestanden werden, so wie allen anderen Mitgliedern der Gesellschaft auch. Wie Frauen sich ihre Bürgerinnenrechte erkämpfen mussten, müssen das auch endlich die jungen Menschen tun.

Ich glaube daran, dass wir alle mehr oder weniger negativ durch unsere Schulerfahrungen geprägt worden. Glücklicherweise wurde jedoch bisher offensichtlich noch kein Totalschaden verursacht. Glücklicherweise sind Menschen widerstandsfähig. Ich freue mich darüber, dass in letzter Zeit viele junge Menschen für ihre Zukunft lautstark eingetreten sind, und hoffe sehr, dass daraus in naher Zukunft eine Emanzipationsbewegung entstehen wird, die in ihren Forderungen noch wesentlich weiter geht. Statt nur zu verlangen, dass die Politik oder andere etwas ändern, sollten die jungen Menschen unbedingt ihre uneingeschränkten Menschen- und BürgerInnenrechte auf die Liste ihrer Forderungen setzen und dann selbst aktiv an der Gestaltung ihrer Gesellschaft teilnehmen!

Heute treten, mit der Ausnahme einzelner Mitglieder, alle politischen Parteien für eine absolute Schulpflicht ein. Einige Liberale haben diese zwar mittlerweile kritisiert. Es geht ihnen aber scheinbar nur um die Schaffung einer Bildungspflicht. Zwar wäre Homeschooling dann möglich, jedoch mit jährlichen Prüfungen. Dies würde aber den Unterricht nach vorgegebenen Lehrplänen lediglich ins familiäre Umfeld verschieben, was noch schädlicher für eine gute Eltern-Kind-Beziehung sein dürfte als der Druck, dem Familien bereits im derzeitigen Schulsystem mit seinen Anforderungen ausgesetzt sind. Das zeigte die Corona-Krise ganz deutlich.

Besonders enttäuschen mich hier die linken Parteien. Sie haben bis heute offensichtlich nicht erkannt, wie sehr sie mit dem Festhalten an der absoluten Schulpflicht an überkommenen Macht- und Herrschaftsstrukturen kleben, die sie doch eigentlich überwinden wollen.

Diese Streitschrift hat ein politisches Ziel. Da vor allem die Pädagogik und die wirtschaftspolitischen Eliten aus je eigenen Gründen kein großes Interesse daran haben dürften, endlich ein Bildungswesen zu schaffen, das auf demokratischen Grundsätzen fußt, müssen Änderungen „von unten" herbeigeführt werden. Das muss nicht zwangsläufig Revolution und Straßenkampf bedeuten. Wir können die bereits vorhandenen demokratischen Mittel nutzen. Außerdem gibt es auch den friedlichen Widerstand, den zivilen Ungehorsam. Es müssen nur genügend Menschen Veränderungen wünschen.

Ich hoffe auf eine politische Bewegung, die sich die Emanzipation von jungen Menschen und die Trennung von Bildung und Staat auf ihre Fahnen schreibt. Der viel zitierte „Mut zur Erziehung" war gestern. Er weist zurück in patriarchale und vordemokratische Zeiten. Wir sollten stattdessen endlich mutig weiter in Richtung Demokratie voranschreiten und die Idee von Erziehung und Schulen als Sinnbild dieser Zeiten und Bestandteil eines obsolet gewordenen Macht- und Herrschaftsdenkens hinter uns lassen.

Aufruf zum Widerstand!

„Stell dir vor, es ist Schule und keiner geht hin!"
Frei nach Carl Sandburg

Ich werde euch hier und jetzt nicht zu – derzeit noch – rechtswidrigen Handlungen auffordern. Welche Art von Widerstand jeder Mensch bereit ist zu leisten, sei ihm überlassen. Aber wenn ihr – wie ich – der Überzeugung seid, dass sich schnellstens etwas ändern muss, fordere ich euch auf, nach euren Möglichkeiten zu handeln!

Ich bin sicher: Es braucht eine große Bewegung – eine Emanzipationsbewegung, deren Ziel die Trennung von Bildung und Staat sein muss, zumindest insofern, dass der Staat nicht mehr über Schulen die Gesellschaft zu reproduzieren und die Mitglieder der Gesellschaft in seinem Sinne zu selektieren und kontrollieren versucht. Außerdem müssen sich die jungen Menschen selbstbestimmt bilden können. Ich bin sicher, dass daraus mündige StaatsbürgerInnen erwachsen, die sich aktiv an der Gestaltung der Gesellschaft beteiligen wollen und können. Aber selbst, wer da noch skeptisch ist, sollte erkennen, dass unsere Schulen zutiefst undemokratische letzte Bollwerke des absoluten Gehorsams darstellen. Dies gilt es auf jeden Fall zu ändern.

Ein paar Worte an diejenigen, die zufrieden mit unseren Schulen sind und wollen, dass alles so bleibt, wie es ist: Es kann theoretisch auch weiterhin Schulen wie unsere heutigen geben, jedoch mit einigen wichtigen Modifikationen. Wenn wir auch jungen Menschen endlich alle Menschen- und BürgerInnenrechte zuerkennen, dürfen die Funktionen von Schulen nicht beibehalten werden, ebenso wie

Disziplinierungen und anderes mehr. Jedoch können Ablauf und Struktur – also Unterricht im 45-Minuten-Takt, homogenisierte Klassen, Wissensvermittlung anstelle von Selbstbestimmtem Lernen und so weiter – ja durchaus bestehen bleiben. Ihr könntet solche Schulen gern weiterhin bevorzugen. Aber ihr dürftet eure Kinder nicht zu deren Besuch zwingen. Sie allein würden entscheiden, welches Bildungsangebot sie nutzen wollen. Es wäre durchaus spannend mitzuerleben, wie lange solche Einrichtungen unter diesen Bedingungen existieren könnten.

Wie würde ein von mir skizziertes Bildungswesen den einzelnen Beteiligten nützen?

"Die Politik": Ihr würdet Menschen gewinnen, die wirklich selbstbestimmte und verantwortungsvolle StaatsbürgerInnen wären – keine angepassten UntertanInnen.

„Die Wirtschaft": Euch würden Bewerber zur Verfügung stehen, die ihr Leben lang mit Begeisterung gelernt hätten, deren Kreativität nicht eingeschläfert worden wäre, die selbst denken und selbständig arbeiten könnten. Ihr müsstet aber auch damit rechnen, dass euch selbstbewusste Menschen gegenübertreten würden, die eigene Vorstellungen von ihrem Leben hätten und unter Umständen anderen Wegen als dem der Lohnarbeit folgen würden oder diese nur unter attraktiven Bedingungen auszuführen bereit wären.

BeamtInnen und Angestellte von Schul- und Jugendämtern: Ihr bräuchtet nicht mehr von vornherein davon auszugehen, dass Menschen, die keinen Schulbesuch wünschen, psychisch krank oder kriminell sind oder dass der Nichtschulbesuch per se eine Kindswohlgefährdung darstellt, sondern ihr könntet speziell für Menschen mit familiären Schwierigkeiten in partnerschaftlicher Zusammenarbeit nach guten Lösungen suchen, wie es euer eigentlicher Auftrag ist.

<u>BildungswissenschaftlerInnen und PsychologInnen:</u> Ihr könntet euch aus der Handlangerrolle für staatlich-wirtschaftliche Interessen emanzipieren und im Namen eures wirklichen Klientels wahrlich grenzenlos forschen. Jedoch würde letztlich das Klientel auch darüber entscheiden, ob und wie es eure Forschungen für wichtig erachten, umsetzen und nutzen möchte. Aber so ergeht es ja anderen WissenschaftlerInnen von jeher.

<u>LehrerInnen:</u> Ihr könntet endlich das tun, weswegen ihr – höchstwahrscheinlich – Lehrerin oder Lehrer geworden seid: jungen Menschen etwas beibringen. Ihr könntet ganz darin aufgehen, denn ihr hättet es nur mit an euren Angeboten interessierten Personen zu tun. Ihr bräuchtet nicht junge Menschen abstrakt zu bewerten, sie durch irgendeine Art von Lernstoff zu jagen, eure Themen übers Jahr abzuarbeiten. Ihr würdet mit Sicherheit viel weniger disziplinieren, denn uninteressierte Personen könnten einfach gehen. Ihr könntet ganz für euer Klientel da sein. Menschen könnten so lange bei euch lernen, bis sie alles begriffen haben – oder nicht mehr wollen. Ihr könntet euch pädagogisch und didaktisch austoben, um herauszufinden, wie ihr euer Thema am besten darbringen könnt. Euer Klientel würde jedoch entscheiden, ob ihm das Ergebnis eurer Bemühungen zusagt.

<u>Eltern:</u> Ihr könntet sicher sein, dass eure Kinder gut versorgt sind, so lange ihr es für notwendig erachtet und bis diese die Regie über ihr Lernen selbst übernehmen können.

Es gäbe keinen Stress wegen zu frühen Aufstehens, denn es würden sich ganz schnell die Angebote durchsetzen, die zu einer angemessenen Zeit beginnen. Es gäbe keinen Streit um Hausaufgaben – es gäbe sie nicht oder nur, wenn euer Kind diese wünscht. Urlaub wäre immer möglich, denn die Angebote bräuchten sich nicht an Ferien zu halten. Diese würde es wahrscheinlich gar nicht geben. Das Familienleben könnte wesentlich entspannter werden. Eine Herausforderung für euch wäre wahrscheinlich zunächst, dass ihr auf die Neugier und Lernlust eurer Kinder vertrauen müsstet, ohne sie zu bestimmen oder zu kontrollieren.

<u>Die jungen Menschen selbst</u>: Es geht um eure Zukunft! Ich vertraue auf euch – eure Neugier, eure Fähigkeit zur Selbstorganisation, eure Lust am Lernen. Worauf müsstet ihr verzichten ohne unser Schulsystem? Auf Fremdbestimmung, Druck, Zwang, Bewertungen, Disziplinierungen, Anpassung, den erzwungenen Aufenthalt in bestimmten Gebäuden über viele Stunden des Tages hinweg, wahrscheinlich auch Mobbing und Gewalt, denn ihr könntet dem jederzeit aus dem Weg gehen, und auf einiges mehr. Worauf müsstet ihr nicht verzichten? Auf Bildungsmöglichkeiten, Freundschaften und GleichgesinntInnengruppen sowie Prüfungen und Bildungsnachweise, wenn ihr diese wünscht. Ich weiß, dass ihr in der großen Mehrheit von einem Bildungswesen, wie von mir skizziert, mehr profitieren würdet als von unseren heutigen Schulen, vor allem in Form eines größeren Selbstbewusstseins und Selbstvertrauens. Und das braucht ihr für die Aufgaben, die ihr in naher Zukunft zu meistern habt.

Ihr alle könnt euch gemeinsam für ein neues Bildungswesen stark machen!

Der Familientherapeut Jesper Juul wurde einmal gefragt, was er als erstes tun würde, wenn er deutscher Bundeskanzler wäre. Er antwortete:

"Ich würde das deutsche Schulsystem abschaffen, alle Schulleiter und Verwaltungsbeamten feuern und es mit der Hilfe von Menschen, die wissen, wovon sie sprechen, neu erfinden. Das bestehende System – mit wenigen schönen Ausnahmen – tötet den Geist der Lehrer, vernichtet den Verstand und die Seelen der Kinder und verbreitet Furcht und Angst unter den Eltern, die sich genötigt fühlen, ihren Kindern Dampf zu machen, obwohl alles dagegen spricht. Das bestehende System dient weder dem Staat (den Staaten) noch den Menschen, die jeden Tag dort arbeiten. Man kann es nur als ein wirtschaftliches, kulturelles, intellektuelles und menschliches Desaster beschreiben, und ich warte auf den Tag, an dem deutsche Eltern genug haben und den Mut haben, für ihre Kinder aufzustehen."

(Quelle: Familienbund der Katholiken, 56. Jahrgang, Heft 6, 2009, S. 24)

Er selbst wird diesen Tag nun leider nicht mehr erleben.

Aber lasst uns gemeinsam daran arbeiten, dass seine Hoffnung sich erfüllt.

Ich rufe alle Menschen, die sich angesprochen fühlen, dazu auf, sich an der Emanzipationsbewegung für die Trennung von Bildung und Staat und für Selbstbestimmte Bildung zu beteiligen. Organisiert euch, stellt Forderungen, setzt euch für Veränderungen ein. Und vor allem – seid nicht gehorsam! Lasst uns dafür sorgen, dass unsere Demokratie erwachsen wird!

Danksagung

Dieses Buch ist das Ergebnis meiner Erfahrungen mit Schulen, zunächst als Schülerin, später als Mutter. Ich danke allen, die ihren Anteil daran hatten, im positiven wie im negativen Sinne. Wenn ich auch nicht dankbar dafür bin, dass ich einen erheblichen Teil meiner Lebenszeit in Schulen verschwenden musste, so haben doch auch diese Erfahrungen meine hier dargelegte Meinung geformt. Meinen Eltern, die mir immer vertrauten, mich unterstützten und die Schule nie so wichtig nahmen, dass sie bereit gewesen wären, für diese Druck auf mich auszuüben, bin ich sehr dankbar. Genau so auch Menschen, die mir echte Lernerfahrungen ermöglichten, durchaus auch in Schulen, an der Uni, aber vor allem im Leben. Ich danke meinen Kindern dafür, dass es sie gibt und dafür, dass sie mir das Thema Schule erneut nahe brachten und mir letztlich zeigten, dass Selbstbestimmtes Lernen funktioniert. Vielen FreilernerInnen, die mir im Laufe der Jahre begegneten, bin ich dankbar, dass sie uns in die Welt der radikalen Schulkritik einführten und uns auf unserem Weg begleiteten. Hervorheben möchte ich den Bundesverband Natürlich Lernen (BVNL). Ich danke meinem Mann und meinen zwei erwachsenen Töchtern dafür, dass sie die Gedanken in diesem Buch über Jahre mit mir entwickelten und wertvolle Tipps gaben. Auch ihre sprachliche Kreativität war ausgesprochen hilfreich. Mein Lektor David gab sehr nützliche Hinweise. Danke dafür. Leider konnte er krankheitsbedingt das Projekt nicht bis zum Ende begleiten. Nicht zuletzt danke ich dem Autumnus Verlag für die Unterstützung und das Vertrauen.